江苏紫金传媒智库项目资助

民生智库丛书

彭华民 / 主编　吴英姿 / 副主编

服务为本的国家治理

NATIONAL GOVERNANCE BASED ON SERVICES

孔祥勇　主　编

吴英姿　彭华民　副主编

社会科学文献出版社
SOCIAL SCIENCES ACADEMIC PRESS (CHINA)

目录

第一篇　实践探索

第二篇　理论研究

第三篇　决策参考

第一篇　实践探索

现代社会治理下行政解纷机制改革

孔祥勇*

行政机关在社会纠纷解决中发挥着不可替代的作用。在当代中国社会矛盾多发背景下，信访机关亦被赋予解纷职能，并发挥着越来越大的作用。本章以信访制度为例，探索现代社会治理结构中行政解决纠纷机制的进一步发展之路。信访制度是党和政府联系群众的桥梁、倾听群众呼声的窗口、体察民情民意的重要途径，是构建社会主义和谐社会的基础性工作。在妥善处理人民内部矛盾、维护群众合法权益、促进社会和谐稳定等方面，信访工作职能不可或缺、地位无法替代、作用不容置疑。信访工作作为一项长期任务，随着经济社会深入发展，新情况新问题不断涌现，必须坚持与时俱进，大力弘扬改革与法治的主旋律，深入推进信访体制机制改革，才能更好地适应形势和工作任务的需要，才能将法治建设的决策部署落到实处、取得实效。为此，2016年，我们结合南京实际，就“信访体制机制改革”进行了调研和思考。

一 信访制度在现代社会治理中的重要作用

最近几年，是南京信访工作发展史上极不平凡的时期。面对复杂的信访形势和繁重的工作任务，全市信访系统坚持围绕中心、服务大局，积极创新思想举措，不断健全长效机制，在化解矛盾、维护稳定、构建和谐南

* 孔祥勇，南京市委副秘书长、南京市信访局局长。

京中发挥了不可替代的作用。

（一）信访工作成为党委政府了解社情民意的重要渠道

信访工作作为党的群众工作的重要组成部分，通过信访窗口能够简便、直接、迅速地反映群众意愿。近年来，南京市信访系统积极畅通信访渠道，着力打造“信、访、网、电”四位一体的投诉服务体系；擦亮群众服务窗口，长期坚持开展“文明窗口”创建活动；新建市人民来访接待中心，建立完善联合接访体系；注重信访信息化建设和运用，自主创新研发“南京和谐信访信息系统”，不断提高信访服务保障效能，为党委政府及时了解社情民意、解决群众诉求、消除群众焦虑发挥了桥梁纽带作用。

（二）信访工作成为党委政府科学民主决策的重要保障

南京市通过创新联席会议工作机制，推行领导干部“三访一包”制度，夯实信访工作基层基础，构建了系统完善的信访工作责任体系；在强化源头治理、落实排查预警、加强风险评估、维护信访秩序等方面进行了科学规范；坚持从分析研判信访一线的直接真实信息入手，及时对涉及中心工作的有关热点难点问题进行综合研究，积极履行完善政策、改进工作和责任追究三项建议职责，提出决策意向，为各级党委政府科学民主决策、规范行政行为、完善文明和谐治理，发挥了重要的“烽火台”和“晴雨表”作用。

（三）信访工作成为促进社会矛盾纠纷化解的重要平台

近年来，全市信访系统连续组织开展信访积案集中化解攻坚活动，协调解决了一大批“硬骨头案”、“钉子案”。2016 年以来，我们又先后组织了进京、赴省、来市重复访集中化解，结合“两学一做”活动推动化解信访积案专项行动，通过全市上下共同努力，截至 9 月底，省市交办的 95 件重复访事项化解 38 件，化解率为 40%；结合“两学一做”活动交办的 115 件信访积案已化解 72 件，化解率达 62.6%。实践充分证明，在当前社会矛盾高发频发的新形势下，信访工作仍然是重要的矛盾调解和定分止争方式，特别是在中央和省、市都高度重视并强调加强和创新社会治理的大背景下，作为加强群众工作、协调多方利益、化解社会矛盾的一种制度，信访工作具有十分重要的平台作用。

（四）信访工作成为社会治理创新的重要手段

“十二五”期间，全市信访系统聚焦和谐稳定“首位市”目标，开拓创新，打造信访工作南京品牌。在全国首创信访工作专家智囊协会，第三方介入106件特殊复杂疑难信访问题和信访积案，成功化解77件；与省联席办、省信访局联手开展省市信访稳定工作共建合作，圆满完成了青奥会、国家公祭日等一系列重大活动的信访保障任务，得到广泛赞誉；深入开展“一助一牵手”行动，全市243名信访干部与243名困难信访群众牵手结对，加强情感沟通，缓和化解信访矛盾做法，得到国家信访局的肯定与推广；加强信访工作理论研究，并与实践良性互动，形成了“柔性社会管理”、“社会矛盾化解方式多元化机制的构建与完善”等一批研究成果。

二 当前信访工作面临的严峻形势

近年来，通过全市各级各部门的共同努力，全市信访形势总体平稳有序、持续稳中向好，但受到经济下行压力等多方面影响，社会矛盾面广量大，新老问题叠加交织，群体诉求多元复合，个体诉求抱团互动，群众上访择机施压，信访形势仍严峻复杂，不容有丝毫乐观。

（一）信访矛盾体量较大

20世纪90年代以来，全国县以上党政信访工作机构受理的信访总量每年在1000万件（人）次的高位，我市信访形势与全国大趋势基本同步。2006~2011年，来市信访总量年均在3万件（人）次左右，2012年首度突破4万件（人）次，之后两年屡创历史新高，特别是集体访、过激访呈现“井喷”态势。2015年，信访形势出现逆转，来市信访总量、集访量同比分别下降17.6%、13.5%。但从总体上看，全市信访总量仍居高位，积案存量仍然较多。

（二）民生信访占比较高

经过多年治理，征地拆迁、改革改制、劳动社保等民生类问题逐步消减，但矛盾体量仍然很大，约占来市信访总量的2/3，不少问题由于诱因复杂、历时久远，受政策法规制约，关乎政治和全局，一时难以突破。其中，征地拆迁类层面问题虽然得到有效化解，但是单访串联进京高发，占非访（即非正当上访，下同）总量的75%。此外，“涉房”矛盾和物业纠纷、金融风险和市场经营问题、非法集资和民间借贷，以及新一轮城市建设引发的群体访有所增加，一度形成新的热点问题，可能转变为社会经济领域内新的风险点。

（三）重点群体互动频繁

相关利益群体逐步向更严密、更稳定组织趋向转变，有牵头人物、有组织网络、有行动计划。比较突出的有，市城建集团市政总公司、民政系统福利企业、住建委原市修建公司、农垦集团下属农场退休职工因绩效工资待遇问题，发展为捆绑式、抱团式反映诉求，每周三定期来市集访；近三年，市政总公司、民政福利企业职工等群体来市去省集访200余批次。此外，进京上访特别是非访老户频繁组织串联，逢节必访，逢会必闹，有的以老带新抱团访，有的家庭成员轮值访，“墨池效应”凸显。

（四）控减非访任务较重

进京非访是信访不信法、信上不信下、信闹不信理等诸多疑难问题的多重复合体，也是上访老户的惯用伎俩。近年来，由于受全国大环境、大气候的影响，我市部分上访老户越逢敏感时点越是进京，越是敏感部位越要闯；少数老户不但重复非访、恶意登记，而且采取穿状衣、呼口号、沿街行乞、扬言或企图自杀等缠访闹访方式造势施压。2013年全市进京非访实际数、被中央联席办登记数分别创下历史峰值。通过两年多的有效治理，虽然总量持续回落，信访秩序趋稳向好，但在全省占比仍然较大，影响了江苏在全国的信访工作排名，形势依然不容乐观。因此，控减进京非访不容有丝毫闪失，必须持续用力，工作任务依然繁重。

产生以上问题的原因是多方面的，既有客观诱因，也有人为因素；既有利益之争，也有体制之痛。归纳起来，主要有四个方面：一是城市转型中的信访矛盾呈现多层次、多领域高发频发态势，干扰了正常的社会秩序。随着经济社会双重转型和利益格局深刻调整，深层次的社会矛盾日益凸显、向上聚集，表现得异常繁多而复杂。在司法、行政等法定救济手段难以满足民众维权诉求的情况下，各类社会矛盾在信访渠道聚集、沉淀，信访体制近乎超载。二是现行信访体制受理对象范围过于宽泛，纵横受理边界模糊，造成了矛盾累积和上行。从工作端口看，信访入口过于宽泛，信访出口严重梗阻，信访渠道尚未实现全过程畅通有序。从工作过程看，横向边界划分不清，造成职能办理方向上的扯皮、推诿。同时，纵向运做出现紊乱，信访群众可以任意跨越行政层级、打破常规上下分工上访。三是行政行为不规范、不作为、乱作为，导致了区域性矛盾和问题日益复杂尖锐。有的维稳观念存在偏差，有的以“摆平就是水平，没事才是本事”的心态指导和开展信访工作，有的对群众诉求存在“体制性迟钝”，工作力度取决于上级重视程度和群众诉求强度，增加了矛盾化解的复杂性，致使问题间歇反复。四是信访人造势、博弈心理驱动，诉求表达方式的组织化和非理性化趋势十分突出。群众的民主意识、维权意识不断增强，但法制观念相对淡薄，在博弈心理驱动下，老信访户坚守以闹求解决的信条，重复访、越级访、进京非访和煽动串联、集结规模访高发频发，导致信访秩序乱象丛生，群体性事件和个人极端事件隐患增多。

三　现行信访体制存在的弊端

信访形势与信访体制有着千丝万缕的关联，从一定程度上讲，信访形势是表象，体制弊端是根源，特别是在改革攻坚期、发展关键期与矛盾凸显期叠加的阶段，这一状况更为突出。

（一）现行体制下存在与法治化不适应现象

一是信访法律体系不健全。《信访条例》只是一个行政法规，效力较低、调整范围较窄，原则性较强、操作性不足，与行政复议、诉讼、仲裁等的边界关系没有理顺，不能支撑起一个独立的法律体系。二是信访受理范围过宽。《信访条例》对行政机关受理信访事项的范围没有做出明确规定，而是以信访事项所针对的行为主体为标准来判断信访的受理范围，导致信访受理范围宽泛化和非类型化，造成信访部门受理对象、受理领域、诉求"正误"、受理职能和责任"四个全覆盖"，可以说几乎无所不包。三是对行政行为的约束力不够。其结果是导致职责不清，产生了"六个错位"：职能错位、功能错位、权责错位、裁判和执行错位、缠闹者和老实人得失错位、舆情错位。

（二）现行体制下存在诸多责权利失衡现象

一是权责失衡。信访部门只有程序性权力，没有实质性权限，看起来所有问题都可以接收下来，但最后几乎所有问题又不能自行解决。二是功能失衡。信访部门的定位和功能模糊，造成行政机关"大胆惹事"，事后责任交由信访、政法机关，加大了解决问题的复杂性。三是制度失衡。非法治化的花钱买平安、信访救助资金的延伸使用、在京滋事和公安处置异地管辖等制度，使信访人博弈加剧。四是实体和程序失衡。职能边界不清，应当由职能部门管辖处理的事项有了推托的渠道和出口；对管辖边界不清的矛盾，推诿扯皮成为习惯性作为，导致信访渠道"爆棚"，专业性、政策性化解滞后。

（三）现行体制下存在基层体制外治理现象

主要体现在"三个加剧"：上下口径一致的接访制度设计，造成各级职责同构，共同管理事项过多，加剧了群众唯上、崇上和"青天"情结；对信访人缠访闹访、进京非访及滋事等违法行为，缺乏必要的成本和代价追究，造成行为越大胆越得利，加剧了对群众诉求表达的反向诱导；对重点信访人漏管失控的责任追究和责任倒查，以及"钦差式"高压推动解决问题的制度设计，使基层越发困惑和焦虑，加剧了基层体制外手段的广泛使用和治理的无序。

（四）现行体制下存在信访人法外收益现象

延续数千年的信访文化和清官情结，使信访不信法有着传统文化支撑，造成政法不分、相互协作不畅的局面，行政职能被过度使用和低成本解决诉求，使得无序上访难以遏制，形成恶性循环，引发了“五个乱象”：信访人信访不信法，引发信访洪峰；信访人信上不信下，引发进京越级访高潮；信访人闹而得利，老实人吃亏，引发缠访闹访的现象；信访人进京非访，对基层实行倒查追责和高压通报，引发基层化解稳控措施的异化；司法和信访终结事项终而不结，引发进京闹访和非访行为“墨池效应”。

四　加强信访体制机制改革的对策建议

既往的信访制度不可替代，现在的信访制度运行不可持久，未来的信访制度不可不创新突破，突破的视角有以下五点。

（一）坚持问题导向，切实完善顶层制度设计

一是国家层面要完善信访立法，克服《信访条例》执行中的诸多问题。更加体现权威性，更加体现受理对象的确定性，更加体现源头治理的责任性，更加体现对违法行为的约束性和法治性。二是上级信访部门要取消四项不合理的制度设计，使信访秩序在法治下运行。取消高压式通报施压的制度设计，依法逐级分级开展工作；取消省市县在京劝返接人的制度设计，让信访人回归理性，依法有序维权；取消信访人在京非访得好处、落实惠的普惠机制，在京一律不接谈、不给钱，不登记、不通报，让恶意寻求通报施压的信访人回归常态化信访渠道；取消信访人在京滋事的公安异地处置的制度设计，坚决推行事发地违法，事发地管辖、事发地负责，回归正常的法治程序和北京治安秩序。三是出台信访不信法、无理缠闹访、非访恶意登记，以及组织串联煽动集体进京访的治理通则，细化处置预案、处置责任、法律界限、法治条款、各级分工的标准性规定，使职业信访人无缝隙可钻。四是强化源头治理，加强信访工作专项督查和问责，使信访人

合法合理权益得到坚决维护，让大闹大解决、违法在京滋事行为没有制度支持、市场及舆论支持。

（二）坚持法治化导向，营造最佳运作环境

主要是进一步完善五个工作机制：一是建立划片区的诉求甄别机制。建议取消国家层面的接访制度，群众进京走访一律不予接待，改为在全国划片派驻若干接待点，分区域接待群众来访。二是建立涉法涉诉、控告类信访的甄别退出机制。让符合条件的相关事项在法律程序内得到及时妥善处理，在信访系统真正落实不统计、不通报、不考核。三是建立行政行为的责任倒查机制。强化职能部门和单位的源头预防责任，落实信访工作专项督查和问责制度，对因行政不作为、乱作为而引发信访事件的，坚决依法依纪追究相关责任领导和责任人的责任。四是建立信访听证机制。进一步完善相关工作流程和规范，为公众充分表达意见提供法律平台，通过新闻媒体和社会舆论促进信访矛盾化解，增强工作实效性和透明度。五是建立失信信访人员诚信记录的惩戒机制。坚持道德自律与制度约束并重，对无理缠闹访、非访滋事和组织串联越级上访的人员，一律记入个人的诚信档案，鼓励守信者，惩戒失信者。

（三）坚持法定途径优先导向，提高执行水平

法定途径优先的核心是谁主管、谁负责，各相关部门要履职尽责、各司其职，把权力范围、授权范围内的事项办好，从信访的角度来看，就是主动和实施好多元化化解、对接信访矛盾的机制。一是依法梳理各部门通过法定途径分类处理信访投诉请求清单，源头上厘清信访部门与其他部门的职能边界，全力推进法定途径优先。二是完善源头治理、依法行政的规则，找准执法、司法工作和社会治理的最佳结合点，使权力不任性、不越界，始终在阳光下运行，减少不必要的矛盾和问题发生。三是厘清信访矛盾分类处理的职责分工和对接渠道，注重整合领导、部门、第三方的多方资源，协调推进解决“三跨三分离”信访事项的化解，确保各类矛盾纠纷不空转。四是建立社会矛盾多元化解机制，用好用足基层服务办事资源，加强信访与调解等矛盾化解方式的资源整合、系统统筹，形成多元衔接、

联动调处的运行机制。五是制定好各级越级受理和跨级督查的规范规则，使层级职责分明，责、权、利统配平衡，否则，上不理事却有权无职责，下遭罪做事但无权担责，群众信上不信下、信访不信法的根源始终难以清除。

（四）坚持责任导向，彰显职责担当与新作为

责任信访的核心在于依法行政的源头治理责任，在于属地管理分级负责的责任，在于信访人依法信访、依法维权的责任，在于信访部门程序性办理的责任，这四个维度的责任缺一不可。要针对现行责任机制的缺失，研究改革的措施和对策，才能达到事半功倍的效果。一是大力推进依法逐级走访，用“一卡通”权益保障卡锁定责任门槛、制约无序上访行为，切实把群众诉求对接在各级各层的首问首办环节、担责担当环节和应办速办环节，倒逼行政机关依法履职、信访群众逐级投诉。二是大力推进网上信访、互动式信访，着力构建便捷高效的阳光受理平台、公开透明的阳光办理模式、公正权威的阳光督查机制，倒逼信访部门认真服务群众诉求，认真履行程序性职责。三是大力推进依法有序、合理信访，澄清缠闹访、过激访和非访的概念和认识，明确信访行为的合法性标准，对违法行为坚决依法打击处理，倒逼信访人自觉规范信访行为，依法有序维护自身合法权益。四是大力推进分级管理、分级负责的责任制落实，结合“两学一做”学习教育强力推进积案化解，倒逼基层各级以严的要求、实的作风，坚定不移促改革、厉法治，切实担负起应有责任。

（五）坚持创新突破导向，努力实现持续超越

持续推动改革创新，要求站得更高、看得更远，跳出信访看信访，越过制度屏障看信访，跨越时空看信访。为此，一要坚持依法信访、阳光信访、责任信访、和谐信访，使信访制度跟上现代社会治理的节奏。做到源头治理、系统治理、依法治理、综合治理，在信访人、行政机关、信访机构、属地单位的四维空间，用网格化的服务方式对接到位，实现社会治理的长治久安。二要坚持多渠道、多形式、多领域整合各类资源，实现社会的良性治理。要满足“互联网+信访”信息化趋势，用网上代理服务对接

好群众诉求；要满足公平、公正、公开的新趋势，引入第三方介入的新机制，公平公正化解社会矛盾；要满足调节贫富差距拉大的新趋势，运用“一助一牵手”、和谐信访救助资金等方式，救助帮扶特殊困难信访群众，缩小贫富差距，避免极端行为。三要坚持理论实践互动，提高信访制度改革的层次和水平。要注重建设信访矛盾研究智库，依托高校、科研院所，加强对信访理论和实践问题的研究，寻求创新突破，通过高校研究生到信访部门岗位实践、信访干部进大学校园等方式，提高兴趣和互动层次，使心理调适、理论实践互动找到平台和载体。

社会矛盾多元化解方式对接路径

孔祥勇*

党的十八届三中全会指出，要改进社会治理方式，“坚持依法治理，加强法治保障，运用法治思维和法治方式化解社会矛盾”，创新有效预防和化解社会矛盾体制，“完善人民调解、行政调解、司法调解联动工作体系，建立调处化解矛盾纠纷综合机制”。这一重要论述对做好新形势下的社会矛盾化解工作提出了新的更高的要求。根据这一指导思想，本文从研究当前社会矛盾的多元化态势入手，通过梳理化解社会矛盾的基本方式，明确社会矛盾化解方式多元化的必要性，进而从社会矛盾化解方式多元化的视角研究信访矛盾及信访工作，探索信访矛盾化解与社会矛盾化解方式多元化的对接路径。本文以信访工作现实问题研究为基础，提出：社会矛盾多元化决定了化解社会矛盾必须遵行多元化思路，信访工作只有进一步与社会矛盾化解多元化机制相衔接，才能突破当前困境，实现创新发展。

一 当前社会矛盾的多元化态势

当前，我国已进入改革发展的关键阶段，“四个深刻”在给发展进步带来巨大活力的同时，也带来这样那样的矛盾和问题。社会多元化带来利益多元化、文化多元化、社会意识多元化、价值取向多元化，所有这些都给社会矛盾带来多元化的变化。

* 孔祥勇，南京市委副秘书长、南京市信访局局长。

（一）社会矛盾多元化的表现

社会矛盾多元化的表现有诸多指征，就其主要方面而言，表现有五。

1. 矛盾主体多元化

不仅单一矛盾主体多种多样，而且还有多个主体汇聚一个矛盾或多矛盾、多主体交织；社会矛盾不仅发生在个人之间，而且发生在个人与法人之间，个人与社会团体和组织之间，社会团体和组织之间，甚至发生在党员干部与群众之间；既有平等民事主体之间的矛盾，也有非平等民事主体之间的矛盾。

2. 矛盾客体多元化

矛盾客体即矛盾双方共同指向的对象，涉及民主政治权利、经济、文化、意识形态、思想道德等方面，基本上涵盖了人们生活的各个领域，既有物质利益，也有人格尊严；既有有形的如征地拆迁经济补偿，也有无形的如民主政治权利。很多时候，矛盾指向的对象一般不是一个，而是两个甚至多个，多个矛盾指向一种客体，使矛盾客体更显多元复杂。

3. 矛盾结构多元化

通过近40年的改革发展，目前我国的组织结构体系由原来几乎只有国家组织的格局，逐渐过渡形成政府组织、市场组织和社会组织三个新型组织结构体系，既有三者之间力量不均衡的矛盾，也有在发挥服务民众和表达利益作用方面的矛盾。突出表现在四个方面：一是社会基础结构（人口、家庭）变动引发的就业和养老矛盾；二是社会空间结构（城乡结构和区域结构）变化引发的城乡矛盾、区域矛盾；三是社会关系结构（所有制结构、阶级阶层结构和利益关系结构）变化引发的阶层矛盾、利益矛盾；四是社会规范（情、理、法）变化引发的价值观念矛盾等。

4. 矛盾诉求多元化

虽有政治参与方面的矛盾，但更多的还是物质利益方面的矛盾，基本都属于人民内部矛盾。不同地区、阶层，不同社会群体、社会成员之间都有不同的利益诉求，既涉及劳资纠纷、医患纠纷、环境污染等，也有非法集资、股市房市投资受损等问题，指向上几乎涉及经济社会各个方面。

5. 表现方式多元化

打官司、上访等传统矛盾表现方式发生剧烈变迁，以前受“和为贵”

传统思想的影响，矛盾表现比较温和、克制，如今矛盾表现更多地体现为激进。群体性、突发性的表达方式时有发生，近年来更是出现了在敏感区域“散步”、进京乞讨等变通方式。个体行为则表现得更加“任性”，甚至出现了非访老户企图自杀、跳金水桥等极端行为。

（二）多元化社会矛盾的类型

习近平总书记在庆祝中国共产党成立95周年大会上的讲话指出，我国仍处于并将长期处于社会主义初级阶段的基本国情没有变，人民日益增长的物质文化需要同落后的社会生产之间的矛盾这一社会主要矛盾没有变，我国是世界上最大发展中国家的国际地位没有变。这是基于世情、国情、党情所做的准确判断，也是几十年以来一直坚持的基本认识。在社会主要矛盾之下，依据矛盾对社会的影响度（最为突出的社会矛盾），当前社会矛盾类型可以归为四类。

1. 贫富矛盾

贫富矛盾是个大概念。改革开放之初提出了“少数人先富起来，先富带后富”，目前看来，“少数人先富”早已实现，而“先富带后富”效果甚微，贫富差距进一步拉大，并且有“稳定化和制度化”趋向。城乡矛盾、地区矛盾、行业矛盾归根到底也都是贫富矛盾。

2. 干群矛盾

通过开展群众路线教育实践活动、“三严三实”专题教育活动，党群干群关系进一步融洽，全国上下一致的同向性、同步性不断增强，但仍然存在不少芥蒂。一方面，一些干部坚守“公权超越私权”的陈旧观念；另一方面，一些群众尚不善于正确运用私权，导致干群之间时有摩擦。

3. 政社矛盾

有些地方政府大权独揽、小权不放，要么对社会组织不放心，要么认为社会组织不听话、碍手碍脚，习惯于跳过社会组织，充当直接政府、无限政府，不把社会组织看作“第三部门”，自然也影响了“第三部门”的发展，于是政社矛盾频现。

4. 文化矛盾

从现实文化矛盾来看，具体表现在三个方面。一是导向意图与大众接受有矛盾，比如报刊头版头条很重要，群众却从犄角旮旯看起。二是文化产品的输入与输出有矛盾，进出口几乎不成比例、严重失衡，如书籍、影片。三是“形而上”的文化与“形而下”的物质有矛盾，一味追求物质的富有，导致思想文化的匮乏，就如同一味追求GDP，导致资源稀缺、环境破坏等一系列社会问题的产生一样。

（三）多元化社会矛盾的特点

1. 多因突发性

即复杂性、综合性。多种矛盾可能源于一个诱因，多个诱因也可能作用于一个矛盾，呈交叉感染状态，触点多、燃点低，一触即发、猝不及防。有些群体性事件根本没有严格意义或传统意义上的组织者。

2. 规模持久性

社会矛盾主体规模有增大趋势，动辄逾万人，直接相关者介入，非直接利益者也介入。从化解历程上看，“病来如山倒，病去如抽丝”，来得快、退得慢，看似消退，实则影响广泛、旷日持久。

3. 组织严密性

不少集体上访、群体性事件的背后，都有召集人、挑头人，组织策划滴水不漏。矛盾双方都善于利用新技术、新手段，网上动员、雇用水军、人肉搜索，奇葩招数频出。虚拟世界有时不但同现实世界相对立，而且直接影响现实世界的价值判断。

4. 暴力危险性

为一点鸡毛蒜皮的事情而暴发肢体冲突的案例频频见诸报端，动刀动枪的恶性事件也不在少数。有的社会矛盾发生后呈几何倍数迅速扩散，大事小事都会被炒作得沸沸扬扬，甚至传遍全世界，引发多方评论。小事情引发大事件成为可能，一般事件升级为社会、政治事件的风险加大，稍不留神就会满城风雨，引发社会动荡。

5. 间歇反复性

即周期性。要么是“一波未平一波又起”，要么是“祸不单行”。一地发生的矛盾被化解，过不了多久这样的矛盾在另一地“原版再现”。如拆迁矛盾、城管执法问题，一些地方“前赴后继”暴力执法，虽然存在体制机

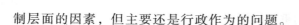

制层面的因素，但主要还是行政作为的问题。

（四）社会矛盾发展趋势

当前社会矛盾基本上都是人民内部矛盾，人民内部矛盾主要是物质利益矛盾。从目前实际情况看，社会矛盾总体呈现以下四个趋势。

1. “中国特色”将持续显现

其他国家和地区同等发展阶段所面临的各种社会矛盾问题，在中国几乎一应俱全，同时中国还出现了不少别的国家和地区同等发展阶段所不曾有或不多见的矛盾问题，如强行征地拆迁问题、“农民工”问题、企业改制买断工龄问题等。

2. “连锁反应”将更加明显

社会矛盾的连带性很强、波及面十分广泛，相互影响、相互叠加，使社会矛盾从总体上看更加复杂化。在特定的条件、情境下，原本属于个案化的矛盾有时会演变为整体化的社会矛盾。

3. “新三问题”将愈加凸显

社会矛盾大多集中在同民众日常生活有直接关系的领域，比如就业难问题、收入差距过大问题、社会保障滞后问题等（即“新三问题”）。“新三问题”将会对工薪阶层、农民阶层的生存状态和发展前景产生广泛的不利影响。

4. “劳资矛盾”将成为热点

随着城市化进程的加快，农业人口比重不断降低，被劳动关系覆盖的人口不断增多，劳动关系所影响的社会面越来越大，尤其是由于近年来经济下行压力加大，金融领域和涉企矛盾增多，导致相关企业经营困难、资金链断裂、法人“弃船跑路”等问题多发，将构成新的社会热点问题。

二　社会矛盾化解方式及其多元化选择

社会矛盾化解是一项浩繁的社会工程。面对日趋凸显高发和多元复杂的社会矛盾，如何改进社会矛盾化解方式，提高化解实效，是加强社会建设、创新社会治理亟待解决的重大问题。

（一）化解社会矛盾的基本方式

目前，化解社会矛盾的方式多种多样。就其基本方式而言，有手段、方法、渠道三个方面。

1. 手段

化解社会矛盾的基本手段主要有经济手段、法律手段、政策手段。经济手段是通过持续发展经济，把国民财富的蛋糕做得更大，分配得更公平，更好地满足人民群众日益增长的物质文化需要，有效减少因蛋糕太小、分配不均而引发的矛盾和问题。法律手段是通过运用法治思维和法治方式指导工作、解决问题，建立健全利益表达机制和法律调节机制，引导社会成员和社会组织以理性合法的方式和途径表达利益诉求、依法按政策解决问题，把各种社会矛盾和冲突控制在适度范围。政策手段是通过制定完善和落实经济、社会和文化政策，统筹兼顾各方面群众的合法权益。对涉及面较大的社会矛盾，研究出台配套政策成片化解矛盾；对相对弱势的社会群体和社会成员，在财政投入及其他社会资源分配中，适当给予政策倾斜，从而减少矛盾诱因，从源头上降低冲突发生的概率。

2. 方法

长期以来，解决矛盾纠纷的主要方法是人民调解、行政调解和司法调解，简称“三调”。人民调解是在依法设立的人民调解委员会的主持下，在双方当事人自愿的基础上，以国家法律、规章、政策和社会公德为依据，对民间纠纷当事人进行说服教育、规劝疏导，促使其互谅互让、平等协商、自愿达成协议，消除纷争的一种群众自治活动。行政调解是行政机关以国家法律、法规及政策为依据，处理职权管辖范围内行政纠纷的重要方法。在行政机关的主持下，以争议各方自愿为原则，通过说服劝导，促使当事人互让互谅、平等协商、达成协议，解决有关争议。司法调解又称法院调解或诉讼调解，是指人民法院受理的民事案件、经济纠纷案件和轻微刑事案件，在审判人员的主持下，诉讼双方当事人通过平等协商达成协议，经人民法院认可后，终结诉讼程序，使纠纷得到解决。

3. 渠道

主要有复议、诉讼、仲裁三个重要渠道。复议一般指行政复议，是公民、法人或者其他组织不服行政主体做出的具体行政行为，认为具体行政行为侵犯其合法权益，依法向法定的行政复议机关提出复议申请，行政复议机关依法对该具体行政行为进行合法性、适当性审查，并做出行政复议决定的行政行为。行政复议是具有一定司法性因素的行政行为，是国家行政救济机制的重要环节。诉讼是国家专门机关在诉讼参与人的参加下，依据法定权限和程序，解决具体案件的活动。诉讼带有强制性，只要一方当事人向有管辖权的法院起诉，另一方就应当应诉，争议双方都无权选择法官。仲裁是纠纷当事人在自愿基础上达成协议，将纠纷提交非司法机构的第三者审理，由第三者做出对争议各方均有约束力裁决的一种解决纠纷制度。仲裁在性质上兼具契约性、自治性、民间性和准司法性。

（二）目前社会矛盾化解方式存在的问题

经过多年实践，目前化解社会矛盾经常采用的手段、方法、渠道，有些已经固化成为模式，并在实践中发挥了极为重要的作用。但是，随着社会发展变化，矛盾类型、性质、特点的变化，传统的化解社会矛盾的方式也面临着诸多挑战。

1. 社会矛盾化解方式自身局限性

任何一种化解社会矛盾的方式，都与特定的社会结构及相应的矛盾特性相关联。在目前快速变动的社会中，化解社会矛盾的一些方式已经呈现滞后性，自身原有的局限性也凸显而来。主要表现在：诉讼具有专业性、程序性等特点，但成本高、周期长、执行难；非诉讼纠纷解决机制的社会认同和公信力相对缺乏，矛盾纠纷解决能力偏弱，如仲裁高成本、高风险，调解达成和解难、反悔率高；信访门槛低、成本低，带有人治色彩，终结退出较难。以较为多见、常用的“三调”为例：人民调解作为一项具有中国特色的法律制度，地域性、自治性、低耗性、广泛性、民间性较强，但由于人民调解组织依地区设立并以基层自治组织成员为主体，导致其在处理新型矛盾纠纷中的专业性、确定性和强制性明显不足。行政调解具有权威性强、影响力大、效率高、成本低等优势，但随着现实生活中矛盾纠纷日益复杂，一些政府主管部门也有可能成为矛盾纠纷的主体，造成其既当裁判员又当运动员，公正性受到质疑。同时，政府过多地参与解决社会事务或市场行为引起的矛盾纠纷，不利于职能转变。司法调解具有专业性、程序性等特点，但也存在成本高、周期长、执行难等问题。

2. 各种社会矛盾化解方式使用不平衡

化解社会矛盾的资源原本有限，有限资源没有得到合理的分配使用，导致有的矛盾化解方式过度采用，而有的化解社会矛盾方式却较少使用甚至近乎闲置，如复议、仲裁，民间调解更是日渐弱化。相比之下，信访和诉讼过度使用的问题尤为突出，信访方面，原本作为司法救济的有益补充，司法之外化解矛盾纠纷的辅助手段，如今却成为政府和群众都青睐的“法宝”，以至于产生“信访洪峰”。诉讼方面，近年来法院受理和审结的案件数量屡创新高，而且案件类型不断增多、法律关系更为庞杂，导致“诉讼爆炸”，长期以来形成的诉讼难、执行难、息诉难等问题仍然突出。

3. 社会矛盾化解方式缺少有效衔接和综合利用

虽然已经形成了协商和解、调解、行政处理、仲裁、诉讼等多种矛盾化解方式，但各种方式之间程序衔接、功能互补、良性互动、统配平衡的多元化机制还没有建立，各自为政、适用依据不一、规范程序随意、社会公信力缺乏。过于倚重信访和诉讼解决矛盾纠纷，表明诉讼外纠纷解决方式发展不平衡，有的规范化、组织化程度较高，在实践中作用突出，有的则形同虚设。这些都是目前社会矛盾化解总体效力不高的诱因。

（三）社会矛盾化解方式多元化的必要性

社会矛盾化解方式多元化是相对于单一性而言的，其意义在于避免把化解矛盾单纯寄予单一的方式方法并将其绝对化。一个趋于和谐的社会，应当为不同类型的社会矛盾提供相应的解决渠道。每一种矛盾解决方式应当占据各自的位置、发挥应有的作用，并且相互补充、相互协调。

1. 社会矛盾化解方式多元化，是以人为本服务理念的具体体现

多元化社会矛盾化解方式，体现了科学发展和群众路线的基本要求。多元化社会矛盾化解方式有利于兼顾方方面面的利益，调节处理好各种具体的利益关系，促进整个社会全面协调、可持续发展。同时，矛盾解决方式的多元选择，赋予当事人更广泛、更适当的选择权，能够满足不同社会成员和社会组织的不同需求，不但有利于节约社会资源、妥善化解矛盾，

而且意味着国家对公民权利的多途径、多层次保障，充分体现了以人为本的价值观。

2. 社会矛盾化解方式多元化，是加快推进法治建设的必然要求

法治化是一个循序渐进的过程，矛盾多元化解决机制具有保障法治可持续发展的重要作用。建设现代化法治国家并不意味着每一个矛盾纠纷都必须经由法庭解决，从法治建设的实际情况看，法治不但不排斥诉讼外解决方式，而且特别需要借助外力。多元化矛盾解决方式，不仅有利于强化依法办事理念，增强司法渠道化解社会矛盾的实际效果，而且有利于平衡诉讼资源的供需关系，促进司法资源和社会资源的优化组合，使专门司法机关腾出更多时间和精力去提高司法水平和司法权威，为司法现代化创造稳定发展的时间和环境。

3. 社会矛盾化解方式多元化，是创新社会治理不可或缺的要素

经济社会转型时期，社会矛盾的交叉性、复合性、关联性不断增强，许多矛盾尤其是久解不决的难题，都属于深层次的体制性、结构性问题，单一的经济或法律手段很难破解，必须调整社会政策、改革社会体制、创新社会治理，因时、因地、因人、因事统筹兼顾，综合施策加以解决。多元化机制是新形势下观察和分析社会矛盾的新视角，也是解决社会矛盾的新方法，有助于把各类矛盾化解方式有机结合起来，形成综合性强、权威性强、公信力强的多元化矛盾纠纷调处机制，这是提高社会治理水平、切实化解社会矛盾的有效手段。

4. 社会矛盾化解方式多元化，是从根本上解决社会矛盾的重要举措

社会矛盾化解多元化机制以有序疏导、高效化解为追求，实现多种手段互动衔接和解决矛盾效率最大化。当前，社会利益关系日趋复杂，很多纠纷已不能简单地归结为权利、义务关系，更多涉及的是利益之间的平衡问题。在利益平衡中，虽然也可以通过判决做出胜负分明的判断，但是往往打开了当事人之间的“法结”，不一定能打开“心结”。通过协商解决纠纷，可以使当事人得到更多的尊重，可以更好地维系家庭温情、邻里礼让、交易诚信，可以更多地增强社会宽容和社会责任，从而达到各方当事人“共赢”的效果。

三　多元化社会矛盾中的信访矛盾

信访矛盾是社会矛盾的一部分，而且是最为特别的一部分：首先是因为社会矛盾的多元化特性在信访矛盾中体现得尤其明显，信访矛盾比一般社会矛盾更加多元繁杂；其次是因为化解信访矛盾更加需要多元化方式。尤其是化解情、理、法三者不兼备的时候，更加需要动员多种资源、调动多方力量，多策并举。

（一）信访矛盾基本特点

信访矛盾作为社会矛盾的一部分，除了具有一般社会矛盾的共同特点，还有一般社会矛盾没有或少见的特点。

1. 复杂性——主体多元化、利益多元化、区域多元化、行业多元化带来信访矛盾复杂化

信访矛盾涉及领域不断扩大，既有社会矛盾、经济利益矛盾，也有体制矛盾、思想观念矛盾，还有相互交织的复合性矛盾。信访矛盾种类繁杂，信访诉求包罗万象、纷繁复杂，甚至还有涉外信访。信访统计中信访内容就有18类110项，其中既有与人民群众经济利益直接相关的信访问题，又有特定困难群体的民生问题，既有反映特定历史阶段、社会特点的信访问题，又有近年来不断增多的新矛盾。

2. 集群性——利益诉求多元化带来不同群体争取自身利益的最大化

利益驱动下，具有相同利害关系的社会成员通过集资、聚会、网络等形式组织串连，进行有目的、有组织的沟通和动员，以集体上访、越级上访的形式表达诉求。共同利益问题极易产生共鸣，群体性上访事件发生的频率越来越高。

3. 艰巨性——单一行政管理体制和架构很难及时有效对接和化解矛盾

一方面，社会管理主体的单一，导致社会服务缺乏差异性，难以满足民众需求；社会管理方式的刚性过强、柔性不足，容易引发社会冲突。近些年，在征地拆迁、城市管理综合执法等领域，不同程度地存在着工作方

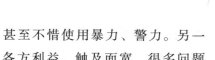

式简单、粗暴的问题，动辄取缔、罚款，甚至不惜使用暴力、警力。另一方面，群众信访较多涉及现实问题，牵扯各方利益，触及面宽，很多问题不是一个部门或一个地方能够解决的，有的很难依据现有政策法规解决，问题处理难度大。

4. 择机性——以非访闹访方式加大博弈筹码，向地方政府施压

一些人不管其问题是否合情合理合法，始终"坚信"上级领导越重视，越容易解决所反映的问题，不仅动辄越级进京上访，而且专门选择时机和特定的时间上访，选择全国性、省级和地方政府有重大活动或节日期间越级上访，其目的是将问题扩大，影响搞广，引起上级领导重视并通过上级领导向地方领导施压来达到自己的诉求。

5. 危害性——信访矛盾已然成为影响社会和谐稳定的重要因素

在当前影响社会稳定的群体性事件中，大规模集体上访已排在首位，成为维护社会稳定中一个非常突出而又关键的问题。越来越多的社会矛盾涌入信访渠道，信访矛盾对社会稳定的影响度越来越大，不仅表现在诉求表达行为激烈，而且普通上访事件被少数别有用心的人所利用，使简单问题复杂化。国外敌对势力不断渗透，极个别上访人在不知不觉中被收买和利用，为上访人"告洋状"提供方便，丑化我国政府，激化我国人民内部矛盾。这极不利于我国政治稳定、社会和谐和经济健康发展。

（二）信访矛盾结构特点

上述关于信访矛盾一般特点的研究，主要是从"质"上对信访矛盾进行研究。以下以南京市为样本，着重从"量"的角度研究信访结构特点。

1. 高位——信访总量始终处于高位运行态势

20 世纪 90 年代以来，全国县以上党政信访工作机构受理的信访总量全年在 1000 万件（人）次的高位，如果加上各系统、各部门及县以下各级机构受理的群众信访，数量还要更大；一些地区和部门的信访量仍然呈上升趋势，新的问题、新的情况不断出现。规模巨大的信访，冲击着公共秩序和政治稳定，成为构建社会主义和谐社会中一个必须应对的政治社会问题。南京信访整体形势与全国大趋势基本同步，2012 年达到"洪峰"，来市信访首度突破 4 万；去省上访与十年来最高位即 2010 年数量基本持平；进京上

访也达到十年来极值。2013 年，群众来市信访、进京上访量又同比上升 8%、142%，再创峰值。2014 年、2015 年，虽然来市去省进京信访量出现局部回落，但由于受宏观政策调整以及全市改革发展的波及影响，信访总量高位运行的态势没有改变。

2. 风险——信访问题转变成群体性事件甚至政治事件的风险加大

规模巨大的信访，冲击着公共秩序和政治稳定。在当前全面深化改革、加快转变经济发展方式的攻坚时期，各种利益冲突引发的矛盾点多面广、新老叠加，社会矛盾的关联性、聚合性和敏感性不断增强，统筹协调各方利益关系的要求更高、难度更大。加之社会大众尤其是网络媒体对信访的关注度越来越高，境内外敌对势力插手利用信访问题，信访工作的外部环境愈加复杂，风险明显增多。例如，前几年某地访民在京集体喝农药事件在全国引起轩然大波，事发地县委书记、常务副县长等 14 名相关责任人受到党纪政纪处分。据有关媒体调查报道，该事件是经不法“维权人士”策划、导演的一场闹剧。

3. 热点——民生类信访矛盾占据总体信访数量的绝大多数

城乡建设、劳动社保等方面的信访问题与群众切身利益直接关联，民生类信访矛盾占信访总量的一半左右。有些信访问题解决难度较大，演变成“信访突出问题”或“历史遗留信访问题”，成为去省进京上访的重要方面。当前和今后一个时期，迫切需要下大力气解决涉及民生的信访问题，尤其是那些涉及人数较多、积压时间较久的突出信访问题。近年来，南京市信访热点主要集中在劳动社保、城乡建设两个方面。2015 年，这两个方面的来市信访量分别占全年来市信访总量的 28.5%、22.6%。当前和今后一个时期，迫切需要下大力气解决涉及民生的信访问题，尤其是涉及人数较多、积压时间较久的“硬骨头”。

4. 难点——群体性、政策性矛盾突出

在共同利益驱动下，利益受损群体极有可能形成较强的凝聚力和较大的抗争力，通过集体上访的形式表达诉求，集体访一旦处置不慎，极有可能变成群体性事件。南京市 2015 年来市、去省、进京集体上访人次占上访总人次的 84.2%，到区集体上访人次占上访总人次的 71.8%。集访是表象，政策是根源。集访矛盾与政策的关联度很大，很多集访的诱因都是政策，很多集访反映的都是政策性问题。如拆迁信访问题：1998 年以来，南京市先后制定城市房屋拆迁办法近 10 部，其中有 4 次重大政策调整，对安置和补偿作了较大修改。前后政策的差异性，必然造成房屋拆迁补偿标准差异，群众心理失衡，进而诱发上访。“翻烧饼”肯定不行，解释疏导难以奏效。政策引发的矛盾，归根到底还是要通过完善、制定政策来解决。

5. *焦点——控减进京上访的任务相当艰巨*

进京上访问题一直是信访工作的焦点，当前尤为显现，从中央到地方都极为重视和关注。控制和减少进京上访已经成为一项严肃的政治任务，也是评价地方党委政府信访工作的重要方面。目前南京市群众进京上访仍在高位运行，重复进京上访、进京非正常上访问题依然突出，尤其是择机抱团、组织串联进京上访渐成“气候”，几乎所有的重大活动或重要节日都要形成一轮进京上访高潮。部分上访老户互传经验，互造声势，有的甚至通过告洋状、穿状衣乞讨等极端方式表达诉求，增加博弈分量，驻京劝返和源头控减的工作难度较大。

（三）目前信访态势诱因分析

目前现实信访态势的成因非常复杂，但在纷繁复杂的表象背后，终有具有普遍性的诱因，这就是不协调导致矛盾出现。

1. *改革力度与群众接受程度之间难以协调*

改革的力度与人民群众的接受程度、利益群体的接受程度密切相关。我国的改革已进入深水区，各种深层次问题和矛盾浮出水面，许多问题盘根错节地纠缠在一起。改革开放前 30 年是兴利阶段，现阶段已进入除弊阶段，改革的共识与动力有很大的差距。因此，度的把握很困难：不改革分配体系，社会各阶层的差距越来越大；继续改革，公共财政、公共服务配套改革任务更加艰巨，垄断行业、垄断企业、事业单位的绩效、公务员工资福利将成为社会广为诟病的焦点。接下来的供给侧改革任务艰巨、困难不容低估，它不是一个简单地重启改革的问题，而是对以往改革的再改革，将会对经济社会的方方面面产生极其深远的影响，不改不行，一改就会触动各方利益群体的敏感神经。

2. *发展速度与稳定风险程度之间难以协调*

发展是硬道理，没有发展，一切赖以生存的物质基础就无从谈起，地区社会落后，群众就无法得实惠。但发展的速度，一定要经得起科学发展的考验，不能因为速度，破坏人与自然的生态平衡；不能因为速度，影响了食品药品安全和人民生命财产安全。有些区域一味强调发展速度，不顾人民群众的切身利益，征地拆迁资金不落实、房源不落实、政策补偿不落实，群众利益受到损害，社会稳定的风险肯定就会提高；我国众多地区的行政中心搬迁、行政区域调整、环境改造工程以及征用农民用地过程中因工作不细致、政策不透明引发的群体性事件比比皆是。

3. 建设广度与群众维权程度之间难以协调

提升城市品质，需要建设项目大踏步前进。只有大建设、大改造、大发展，群众的生活条件才能改善，交通、生态环境才能改善，城市功能品质才能提升。推进建设的同时，如何统筹兼顾不同群体的利益需求，改善市民群众的生存条件；建设和改造过程中如何切实做到尽力而为、量力而行，把握好尺度，拿捏好节奏，这些已经成为考验地方政府及领导执政智慧的问题。

4. 畅通渠道与控减进京上访之间难以协调

一方面，党和国家领导人要求畅通信访渠道，广开言路，体现国家以人为本、亲民爱民的政策；另一方面，各级政府部门抓通报、抓登记，硬性要求稳控，重要时期看死盯牢，不让越级访。由于我国现行的这种体制和模糊的信息，造成了不良导向：只有找大领导才能解决问题，不闹不解决，小闹小解决，大闹大解决。同时，进京越级访产生了令人堪忧的两条“灰色产业链”，一条是信访群众的代理产业链，另一条是信访机构的公关产业链，前些年甚至出现了奇闻报道：北京上访村“热销国家领导人通信录”。

四　社会矛盾化解方式多元化视角下的信访工作

作为多元化化解社会矛盾方式之一，信访工作目前已经在很大程度上成为化解社会矛盾的“主阵地”、“主博弈场”，这种态势还呈现越来越拓展、越来越扩张之势。这是社会治理面临的问题，更是信访工作面临的困惑。从理论上来讲，化解社会矛盾的方式越是多元化，化解社会矛盾的效率就会越高，信访矛盾的数量就越来越少，信访渠道的压力也会随之减小，但现实却并非如此。从以上分析不难看出，目前信访工作遭遇到很大的瓶颈。“研”以致用，研究社会矛盾化解方式多元化，就是为了从多元化的角度打破制约信访工作的“瓶颈”。

（一）新时期信访工作面临的问题

首先必须肯定的是，信访工作为改革发展服务的同时，自身也得到了不断发展，在社会建设中发挥了极为重要的、不可替代的作用，信访战线的每一个部门、每一个工作人员都付出了极为艰辛的劳动，功不可没，功德无量。与此同时，信访工作面临的环境也愈加复杂，遇到的问题也愈加突出。

1. 信访制度过度强化

信访制度的初衷是关注民生、体察民情、了解民意、掌握群众诉求，起到联系人民群众的桥梁纽带作用。信访制度的功能主要在于下情上达，信息反馈，但实践中信访制度已逐渐被异化为一种超越法律救济之上的权利救济手段，一种无所不包、无所不能的极为特殊的矛盾纠纷解决方式。

2. 信访方式过度采用

解决矛盾纠纷的方式有很多种，最主要的应当是法律方式。由于信访方式相对法律和司法方式而言，成本较低，程序较简便，被不少人视为权利救济的首选方式，导致大量社会矛盾涌入信访渠道，积聚发酵。由于法律程序烦琐等原因，涉法涉诉当事人不想打官司，也上访要求政府解决处理问题。信访不信法，不仅破坏了公共资源的合理配置和公平使用，而且越来越多地侵占了政府的人力、物力、财力，是一个难以根除的、普遍的社会“顽症”。

3. 信访调解过度承担

信访调解作为行政调解的组成部分，作为多元化解机制中的一元，调解对象、调解手段都有限，但目前在很大程度上成了调解社会矛盾的主要方式。在一些职能部门中，“信访工作就是信访部门的工作、信访部门的工作就是解决信访问题”的观念根深蒂固，本应当由职能部门解决的矛盾，也通过各种方式推向信访部门。这与目前正在着力解决的化解社会矛盾渠道单一化、主体单一化问题背道而驰。

4. 信访部门过度超载

信访部门与信访工作是不可分割的关系。从现实体制来看，信访部门既是政府负责信访工作的行政机构，也是党委负责信访工作的部门，代表党委政府组织、指导信访工作，协调处理有关信访事项。信访部门一般情况下不是直接解决信访问题的行政主体，绝大多数情况下对信访事项的处理都是程序性处理而非实质性处理。从理论上来讲，受理、交办、转送信访事项及督促检查信访事项的处理，应当是信访部门投入时间和人力最多的本职工作，精确分流信访事项和督查信访事项处理是信访部门的主要工作内容。但是从目前实际情况来看并非如此，信访部门现在无法只做本职工作，不得不把大量精力投向参与信访事项的实质性处理甚至维稳等其他工作。信访部门面对的不仅仅是信访的当事人，同时还要面对错综复杂的难题，有的难题是任何一个部门甚至一级政府都难以解决的。信访部门的法律地位与所承担的任务极不适应，因包打天下而应接不暇，因救火救急而力不从心。

（二）制约信访工作发展的若干瓶颈

目前，党和政府对信访工作的重视程度前所未有，信访工作具备了诸多良好的发展机遇和有利条件。与此同时，制约信访工作发展的因素也在不断变化，既有上述“四个过度”产生的不良后果，也有社会发展带来的问题；既涉及宏观方面，也涉及微观领域。从实务层面来看，制约信访工作发展的瓶颈主要有四个矛盾。

1. 信访活动点多面广，不符合法治建设的精神

国家强调依法治国，法律和各项规章制度在逐步完善，社会主义市场经济本质就是法治经济，没有规矩不成方圆。原本应该走调解、仲裁、诉讼渠道的矛盾纠纷却纷纷涌入信访渠道，形成了法治建设和信访应对双轨运作制。信访渠道成本低、能迅速见效，把它作为维稳项目，各级重视程度高，资源整合力度大。2000 年以来，全国性的“信访洪峰”使信访部门和人员处于高压力、超负荷状态，疲于应付，从表象上是固化和强化了“人治”色彩，削弱了法治的权威。一段时期，涉法涉诉、三级终结案也来上访，这是对法治的严重挑战。

2. 缠访闹访法外获利，不符合依法维权的倡导

延续数千年的信访文化和清官情结，使信访不信法有着传统文化支撑，

造成政法不分、相互协作的局面，行政职能被过度使用和低成本解决诉求，使得无序上访难以遏制，形成恶性循环，引发了“五个乱象”：信访人信访不信法，引发信访洪峰；信访人信上不信下，引发进京越级访高潮；信访人缠访闹访，引发闹而得利、老实人吃亏的现象；信访人进京非访，实行倒查追责和高压通报，引发基层化解稳控措施的异化；司法和信访终结事项终而不结，引发进京闹访行为“墨池效应”。例如，唐慧现象冲击司法公信力，山东潍坊“访民声援团”背后的利益链现象。

3. 责权失衡视为常态，不符合依法履责的要求

一方面，群众认为有事就应该找信访；另一方面，信访渠道推动解决的矛盾纠纷越多越高效，各部门就将“难活儿”全推给信访，形成恶性循环。加之对行政行为的约束力不够，产生了“六个错位”，即：职能错位、功能错位、权责错位、舆情错位、裁判和执行错位、缠访闹访者和老实人得失错位，进而导致了“四个失衡”。一是权责失衡。信访部门只有程序性权力，没有实质性权限，看起来所有问题都可以接收下来，但最后几乎所有问题又不能自行解决。二是功能失衡。信访部门的定位和功能模糊加大了解决问题的复杂性，行政机关“大胆惹事”，事后责任交由信访、政法机关，导致一些信访人进入“信访怪圈”。三是博弈失衡。非法治化的花钱买平安制度、信访救助资金的延伸使用制度、在京滋事和公安处置异地管辖制度等，使信访人博弈加剧。四是实体和程序失衡。职能边界不清，应当由职能部门管辖处理的事项有了推托的渠道和出口，对管辖边界不清的矛盾，推诿扯皮成为习惯性动作，导致信访渠道“爆棚”，专业性、政策性化解滞后。

4. 基层治理手段异化，不符合依法行政的原则

主要体现在“三个加剧”：上下口径一致的接访制度设计，群众可以任意打破上下层级分工，加剧了群众唯上、崇上和“青天”情结。缠访闹访、进京非访及滋事、违法行为，对信访人和违法人无经济、政治、行为的成本和代价追究，反而其行为越大胆，劝回越得利，加剧了群众诉求表达行为的反向诱导。实施漏管失控的责任追究和责任倒查、高压推动解决问题的制度设计，使基层越发困惑和焦虑，加剧了基层治理的无序状况和体制外手段的广泛使用。

（三）新时期信访工作的发展趋势

近年来，虽然各级信访部门做了大量卓有成效的工作，但从相对微观和实务操作层面来看，信访工作在当前和今后一个时期，面临的形势将依然严峻，担负的任务将会更加繁重。

1. 信访主体进一步多元化，弱势群体将继续作为信访的“主力军”

信访主体涉及各个阶层。基于社会分配制度的完善和落实很难一步到位，贫富差距很难在短时间内有很大改变，相对“贫”的社会弱势群体将继续是上访的主体。信访这一需要耗费大量时间、精力，但却无须多少经济成本的维权方式，将继续成为这些个体和群体维权或寻求救济的首选方式。

2. 信访方式进一步多样化，群众走访将继续作为主要的信访方式

电话、网络已经成为现代生活中的主要联系方式，也使信访结构发生了一定的变化。不少行政机关都设立了服务热线，并开通了网上信箱，虽然群众使用电话、电子邮件方式反映诉求不断增加，写信上访在信访总量中的比重会有所下降，但是群众走访这一传统方式不会有根本性的减少。

3. 信访矛盾进一步复杂化，利益诉求将继续占据信访总量的绝大多数

与个人或群体利益相关的求决类信访矛盾是各类信访矛盾的主要部分，并且将是最为激烈、最容易影响社会稳定的一部分。传统的信访问题源自于信访人的现实利益受损，随着改革进入深水区和群众维权意识的不断增强，群众对未来产生的感知、忧虑或防御也会引发上访，而且诉求表达也异常激烈。

4. 信访焦点进一步凸显化，控减进京访将继续作为重要政治任务

近十几年来，各级党委政府在控制进京访方面所作的努力和取得的成效有目共睹，但目前仍处于强力治标阶段，尚未实现有效治本，治理效果与投入还不够匹配，总体态势还不尽如人意，原因很复杂，各方很纠结。

5. 信访行为进一步激烈化，信访人“博弈”行为将继续持续并且手段不断翻新

不闹不解决，小闹小解决，大闹大解决的上访逻辑，现阶段“屡试不爽”。目前，群体访组织化程度明显提高的现象值得关注，上访活动聚散有

序、进退自如，呈现内部问题社会化、相关问题连锁化、行为的违法性与要求的合理性相互交织等特点，这是群体性事件的重大诱因。

五　信访工作与社会矛盾化解方式多元化对接

信访工作与社会矛盾化解方式多元化的对接，是新时期信访工作澄清困惑、走出困境的有效举措。在对接路径选择上，需要立足于两个基本点：一是中国特色的信访制度，这是一个无法改变或者一时无法改变的客观实际。二是社会治理背景下的群众工作、信访工作，这是中央和地方都正在积极探索的新模式。实际操作层面上，要着力从以下四个方面下功夫。

（一）准确把握信访制度功能，通过完善机制、衔接互动，实现信访工作与“多元化”机制有效对接

信访工作得到前所未有的重视，主要是由于当下空前的社会变革带来的社会矛盾高发，而相关法律制度以及机制建设还没有完全跟上。强化或者弱化信访制度的观点，均不可取也不现实，需要在准确把握信访制度功能的基础上，进一步构建社会矛盾化解方式多元化机制，以此实现信访工作与各种矛盾化解方式有机衔接。

1. 正确认识信访制度功能，构建多元化社会矛盾化解机制，实现社会矛盾有序分流

信访制度是实现直接民主的重要途径，是民主政治发展的必由之路，是中国特色民主政治的重要组成部分。信访制度的定位是法律救济制度的有益补充，以维护现有法律制度权威为前提，这就决定了不能把信访制度作为容纳社会矛盾的主渠道、化解社会矛盾的主方式。要着力构建多元化社会矛盾化解机制，积极推进和解、调解、行政处理、仲裁、诉讼等多种纠纷解决方式的综合运用，推动诉讼和非诉讼纠纷解决机制良性互动、互相衔接、彼此支持、相互补充，实现法律调控与非法律调控、诉讼解决与诉讼外调解协调联动，使各种社会矛盾化解方式各就其位、各尽其责。要着力建立信访进入、退出机制，严格按照《信访条例》和相关法规受理信访事项，不该受理的坚决不受理；对不属于信访受理处理的事项、信访程

序终结的事项，该退出信访渠道的坚决予以退出。通过有限限制，做到法治的归法治、行政的归行政、信访的归信访，促进社会矛盾有序分流。

2. 充分发挥“大调解”作用，提高“大调解”机制运行效益，实现各种调解有机衔接

调解绝不仅仅是一种矛盾解决的技术或方式，而是社会治理的一种制度性或体制性存在。在充分发挥各种调解组织优势和作用的同时，要着重发挥好目前已经建立的“大调解”机制作用，切实把人民调解、司法调解和行政调解有机结合在一起，将人民调解的合情合理、行政和司法调解合法性特点融会贯通，使调解既合法又具权威性，还能体现说理性和灵活性，从而更好地发挥调解功能，及时化解矛盾纠纷。目前各地在党政统一领导下，从县级到乡镇一级都成立了社会矛盾调处服务中心或调解中心，但还需要着力解决“大调解”机制存在的不足，重点是通过加强人民调解与行政调解、人民调解与司法调解、行政调解与司法调解“三调对接”，进一步建立完善良性互动的大调解工作机制，提高“大调解”机制的工作能力，改变人民调解、行政调解和司法调解各自为政的调处方式。

3. 妥善运用信访调解手段，改进信访调解与其他调解结合互动，实现信访调解良性运行

一方面，行政机关和有关组织、企事业单位不能没有区别、没有限制地把社会矛盾都交由信访协调，可以采取其他调解手段的一般不宜采取信访调解。另一方面，信访调解要严格依照法律、法规和政策，按法定程序办事。此外，还要善于利用其他调解手段，与其他调解手段适时、适当对接，引导信访当事人更多地通过人民调解、司法调解等手段解决问题，确保有限的信访调解资源得到有效利用。

（二）准确把握信访工作定位，通过社会建设统揽、齐抓共管实现信访工作与“大信访”格局有效对接

信访工作以化解信访矛盾为己任。信访工作的政治性、政策性决定了信访工作遍布党委政府工作的方方面面，并非一个部门所能全部承担，各职能部门必须共同参与，构建大信访，实现大联动。

1. 正确认识信访工作定位，用社会建设统揽信访工作

信访工作是党的群众工作的重要组成部分，是党和政府的一项重要工

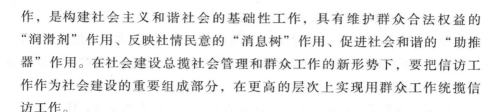

作，是构建社会主义和谐社会的基础性工作，具有维护群众合法权益的“润滑剂”作用、反映社情民意的“消息树”作用、促进社会和谐的“助推器”作用。在社会建设总揽社会管理和群众工作的新形势下，要把信访工作作为社会建设的重要组成部分，在更高的层次上实现用群众工作统揽信访工作。

2. 构建完善“大信访”格局，充分发挥职能部门作用

大信访格局是信访制度的重大创新成果。要进一步完善统一领导、部门协调，统筹兼顾、标本兼治，各负其责、齐抓共管的大信访格局，加强对职能部门信访工作绩效考核，充分调动党委、政府职能部门的积极性，发挥职能部门在制定政策、执行政策、宣传政策、化解政策性信访矛盾中的独特作用。职能部门要严格按照《信访条例》及时受理职责范围内的信访事项，妥善处理各种矛盾，适时向党委、政府提出解决政策性信访问题的建议，做到思想高度重视、主动服务基层，各方齐抓共管、工作扎实有效，及时分流化解信访问题。

3. 创新运用信访工作平台，着力解决信访突出问题

要把妥善处理信访突出问题和群体性事件、敢于和善于化解各种矛盾纠纷作为衡量各级领导班子和领导干部政治意识和大局意识的重要依据，作为驾驭复杂局面、维护社会稳定能力的重要评判标准。努力适应社会矛盾化解方式多元化的需要，进一步改进和创新信访工作载体和平台，促进各级各部门在解决处理信访突出问题上互相配合，形成合力。

（三）准确把握信访矛盾规律，通过综合施策、整合资源，实现信访工作与“高效率”目标有效对接

信访矛盾普遍存在，不同时期、不同地区的信访矛盾具有特殊性。信访矛盾的萌芽、出现、发展，以及信访矛盾化解的时机、方式、方法，都有一定规律可循。需要在认识和把握信访矛盾规律的同时，从改善民生源头预防、把握规律防止矛盾等方面入手和延伸，提高信访工作效率。

1. 坚持科学决策、民生优先，着力从源头上减少信访诱因、化解信访矛盾，不断提升社会成员满意度、幸福感

坚持把维护群众利益作为制定完善政策的出发点和落脚点。制定政策时，要综合考虑改革力度、发展速度和社会可承受的程度，统筹兼顾各方

面利益，广泛听取广大群众和社会各方意见，科学、民主、依法决策。要把改善民生放在突出位置，最大限度地为群众谋幸福，最大限度地清老账、不欠账，使群众真切感受到党和政府的关怀与温暖，提高群众的幸福指数和对社会的满意指数。

2. 坚持立足现实、着眼长效，着力从机制上创新方式方法、提供支撑保障，不断增强信访工作的及时性、有效性

整合现有机制，剔除机制之间交叉、重复部分，兼顾各种化解方式，形成条块明确、实际管用、便于操作、总体统一的化解社会矛盾工作机制。从化解现实信访矛盾着手，依据相关法律、法规，着力建立全面、长效、可持续的工作机制，为开展信访工作、化解信访矛盾提供机制上的支撑保障，实现信访工作制度化、常态化。

3. 坚持借助优势、资源共享，着力从方式上积聚各方之智、调动各方之力，不断提高社会组织的积极性、参与度

引导和调动一切积极力量参与社会矛盾化解，构建齐抓共管、全社会广泛参与的新局面，积极引导矛盾纠纷当事人选择适用的方式定分止争，实现社会矛盾有序分流，减少司法、信访渠道的压力。2011 年 4 月，南京市利用高层、高端人才聚集的优势，在全国率先成立“预防和化解突出信访问题专家智囊团”，2013 年 7 月，“专家智囊团”沿革为“专家智囊协会”，由政府部门管理下的专家机构转变为民间组织。5 年来，各位专家先后介入 106 件特殊复杂疑难信访问题和信访积案，成功化解 77 件，化解率达 72.6%，取得了很好的社会效果。

（四）准确把握信访矛盾性质，通过宣传引导、强化规范，实现信访工作与“法制化”方略有效对接

信访矛盾主要是人民内部矛盾，“人民币”是解决人民内部矛盾的一种方式，但“人民币”不能解决所有人民内部矛盾。化解包括信访矛盾在内的人民内部矛盾，需要建立在法制的基础之上。当前尤其要高度重视信访法制化建设，把信访工作切实纳入法制化轨道。

1. 确立依法治国理念，以依法行政为切入点，平衡“公权”与“私权”关系

依法治国的核心是确立以宪法和法律为治国的最具权威的标准，要求

一切国家活动、社会活动和组织行为都必须把法律作为最基本的准则。这一点，对国家行政机关尤为重要。近年来，征地拆迁、综合执法等问题引起的社会矛盾和群体性事件时有发生，行政复议、行政诉讼案件和信访数量不断上升，很多与行政机关不严格依法办事有关。一是加大依法行政力度，增加行政“透明度”，增加社会对行政行为监督的广度和深度，杜绝行政机关滥用公共权力资源。二是加强服务型政府建设，着力解决越位、缺位问题，坚决防止和克服公权与私权争利，从行政源头上减少“官民矛盾”。三是健全和落实社会稳定风险评估机制，切实做到“应评尽评”、失误必究，减少社会波动，防止出现群体性社会矛盾和事件。

2. 确立法律至上理念，以法制宣传为切入点，维护法律尊严和司法权威

目前很多本应通过司法程序解决的社会矛盾，都走上了信访途径，在加剧信访渠道拥堵的同时，也使政府的形象、法律的权威受到很大影响。一是进一步确立司法途径是解决各类社会矛盾的基本途径和最后底线的理念，不论目前司法、法律本身有多大的不足，也不论老百姓对司法、法律有多少非议，法律手段依然是化解社会矛盾的主要方式，是合法的、最有效的，也是最终的矛盾解决手段，这一点不能有丝毫动摇。二是进一步加强普法工作，把提高全民法律意识和法律素质，提高全社会法治化管理水平，作为“六五”普法的重点，推动形成自觉学法守法用法的社会环境。三是进一步优化法治环境，着力解决法律尊严和司法权威不高、依法维权意识不强、信权信访不信法、寻找权力干预、非法治维权手段滥用等问题，切实增强全社会对司法的信任感，维护司法在化解社会矛盾中的主导地位。

3. 确立依法信访理念，以“双向规范”为切入点，确保信访渠道畅通有序

坚持把贯彻落实《信访条例》与推进信访工作法制化建设相结合，把解决问题与培育法治意识相结合，通过形式多样、坚持不懈、大张旗鼓地宣传教育，努力营造和谐有序的信访环境。一是严格规范信访工作行为，从信息预警、窗口接待、现场处置、督查督办、奖励惩戒等方面，明确各级各部门信访工作各个方面的责任，并切实加强责任追究。二是严格规范群众信访行为，按照“上访必须到指定场所、集体上访必须选举 5 名以下代表"的要求，坚持先规范上访秩序再接待处理。三是加大对非正常上访的处置力度，对挑唆串联、无理取闹、严重影响机关工作秩序的少数信访人，及时采取训诫谈话、治安拘留等措施，教育引导信访人理性合法地反映问题，依法有序地进行信访活动。

第三方介入型解纷新模式探索

孔祥勇*

近年来，社会主义市场经济体制的不断完善，以及政治环境、社会生活、文化观念的变迁，为社会组织的孕育和发展创造了一定基础和空间。党的十八大报告指出："加快形成政社分开、权责明确、依法自治的现代社会组织体制"，"引导社会组织健康有序发展"。这一重要指导思想，标志着党和政府执政理念、执政思维的新变化，体现了党和政府对社会组织由管制逐步走向规制、培育与支持。在这一历史进程中，南京信访工作充分把握历史机遇和形势任务需要，利用南京人文荟萃、学术资源雄厚的优势，在全国信访系统首创信访工作专家智囊协会，在服务信访群众、协调利益关系、化解信访矛盾、维护社会稳定、构建和谐南京中，发挥了举足轻重的作用。

一　第三方社会组织的基本概念

新中国成立以后，党和政府对我国社会组织的称谓经历了由社会团体、民间组织、自治组织、中介组织最终统一到社会组织的历史过程。[①] 党的十六届六中全会通过的《关于构建社会主义和谐社会若干问题的重大决议》，

---

* 孔祥勇，南京市委副秘书长、南京市信访局局长。

① 张海军：《"社会组织"概念的提出及其重要意义》，《社团管理研究》2012 年第 12 期。

作为首次提出“社会组织”概念的中央文献，具有里程碑意义。党的十七大进一步明确了“重视社会组织建设和管理”，这既是战略部署，也可以理解为对“社会组织”概念的进一步确认。学术界关于“社会组织”问题的研究始于20世纪80年代，现有研究成果主要集中于理论层面，研究探讨实践问题相对薄弱。关于社会组织的概念，研究者的理解也各有差异。一般而言，“社会组织”有广义与狭义之分。广义上的社会组织泛指人们基于某种社会需求和利益目标，有目的地建立起来的从事特定活动的社会共同体。狭义上的社会组织是指在党的领导下，依法建立的、相对独立于国家政府系统和政党系统，以社会成员的自愿参加、自我组织、自我管理为基础，以社会公益活动或互益活动为主旨的非营利性、非政治性的一类组织。① 基于对狭义上社会组织的研究探讨，并从信访工作实务的理论视角出发，我们理解并谓之“第三方社会组织”，这是一种新型社会组织形态，彰显中国特色，富有信访实践特征，同时区别于西方NGO组织形式，从而使理论研究更加具有现实指导意义。

（一）第三方社会组织是具有鲜明中国特色、顺应时代发展潮流的新型社会组织形态

党的十八届三中全会明确提出了“推进国家治理体系和治理能力现代化”。这一战略目标超越了原“四个现代化”的物质范畴，科学回答了协调推进制度现代化、人的现代化等一系列重大理论和实践问题。从社会意义上来看，社会治理的成效决定着国家治理的成效。在党委领导、政府主导、社会协同、群众广泛参与的社会治理四个维度中，各类社会组织、行业协会的协同、承接职能不可或缺、作用无法替代，通过多元社会力量的有效整合运用，为推进社会治理和国家治理体系现代化奠定坚实的社会基础。

（二）第三方社会组织是介于政府、企事业单位之外，又有别于西方NGO的社会形态

推进社会治理创新，关键在于实现政府和社会多方参与主体的互动，

---

① 王勇：《试论社会组织的功能及在政府治理中的作用》，《信访与社会矛盾问题研究》2015年第4辑。

形成协调联动、共同治理的生动局面。第三方社会组织作为社会治理结构的重要主体之一，已承担起越来越多的社会功能。在广泛参与、交流和合作中，让公民逐步培育养成文明行为，这充分体现了政治文明进步和时代发展要求；让公权力多说理、决策更民主，有利于加强党的执政能力建设，贯彻立党为公、执政为民的执政理念，这与西方 NGO 社会形态既有互通之处，又有本质差异。

（三）第三方社会组织是社会矛盾、社会结构多元化状况下中立公正的社会组织形态

公平正义是社会主义基本价值取向。要驾驭一个正在发生剧烈变迁的社会，党和政府迫切需要吸纳各方面的意见建议，社会共识需要通过制度的可预期性、可持续性、可救济性和公正性来凝聚。第三方社会组织作为政府服务的承接者与相应群体的代言人，具备充分条件成为维护社会公平、公正性的重要力量。通过建立利益整合、沟通协调、冲突预警和专业服务机制，在政府、市场、社会等多元主体协调互动中寻求动态平衡，公平公正地解决问题。

（四）第三方社会组织是有效促进人与人、人与自然、人与社会和谐共处的社会形态

近年来，社会问题高发频发，其中不少问题涉及的法律、政策法规和其他专业技术知识种类繁多，通过司法途径、信访渠道难以及时就地有效化解，“诉讼爆炸”、“信访洪峰”在全国各地屡见不鲜、影响至今。我们知道三角结构最稳固，这是几何学基本原理。第三方社会组织具有非政治性、非经济性特征，既不谋求政治利益，也不谋取经济利益，而是以社会的共同利益作为价值追求，无疑是促进人与人、人与社会、人与自然理性科学互动、多方和谐共处的一个重要支点。

二　构建第三方介入机制的必要性和现实意义

改革开放以来，我国经济社会建设取得了辉煌成就，国家综合实力显

著增强，人民群众生活水平得到了极大的改善和提高。但经济、社会发展不平衡的问题随之而来，使现阶段成为社会不和谐因素的活跃期和各类社会矛盾的高发期。城市动迁、产业调整、失业下岗、社会分化、贫富差距、干群矛盾、心态失衡等多种因素，诱发了大量社会矛盾。这一不利局面，不仅使改革发展的不确定性愈加凸显，而且对国家治理和社会治理构成了严峻挑战。要解决这些矛盾和问题，亟须建构分工协作、责任共担、多元共治的体制机制，抓紧处理好政府、市场与社会的关系，这同时也是社会体制改革的核心议题。

（一）构建第三方介入机制是贯彻习总书记治国理政新方略的需要

加强和创新社会治理，是社会主义社会发展规律的客观要求。对此，习总书记曾经有过经典表述，“治理和管理一字之差，体现的是系统治理、依法治理、源头治理、综合施策”。《中共中央关于制定国民经济和社会发展第十三个五年规划的建议》针对社会治理领域存在的突出问题，就进一步加强和创新社会治理做出了全面部署。学习贯彻党中央和习总书记的决策部署，要求我们深入推进党委领导、政府主导的社会治理体制创新，着力构建政府治理和社会自我调节、居民自治良性互动的善治格局，最大限度地激发社会活力。

（二）构建第三方介入机制是对接社会治理现代化发展要求的需要

社会并非空洞的大概念，有社会就应当有社会的行动主体。随着社会分工精细化、专业化，“全能政府”遭遇前所未有的巨大挑战，市场主体由于趋利性而多遭社会诟病。事实证明，第三方社会组织在供给公共物品和公共服务方面具有重要作用。政府与市场之间迫切需要其协调接轨，第三方社会组织通过有序组织社会公益事业和社会服务活动，加强社会与市场、政府的互动、磨合和交融，使社会资源得以有效整合、运用，这是创新社会治理、推动社会发展的现实需要。

（三）构建第三方介入机制是加强社会矛盾源头预防和治理的需要

第三方社会组织是开放式的，既有官办的、半官办的，也有民办的、

“草根式”的。作为社会力量，第三方社会组织坚持用专业的人，办专业的事，以扎根于社会基层的实践活动来体验现实生活、洞察民情民生，最直观、最真实地了解掌握人民群众的需求；善于从专业、理性的角度去分析处理问题，以不同视角提出有深度的理解见解，拿出合理化的对策方案；不但有利于从源头上促进社会资源配置精确、高效地流向需求方，而且能够及时为公众排忧解难、超前化解矛盾。

（四）构建第三方介入机制是推动社会矛盾和信访问题化解的需要

1. 创新第三方介入机制是新形势下信访矛盾及其特点使然

改革开放以来，我国经历了计划经济向市场经济的变革，人们由“单位人”转变为“社会人”。随着市场化改革的深入推进，社会流动愈加频繁、阶层关系愈加复杂、利益关系的协调难度也越来越大，给当前信访形势和社会矛盾的结构、特点带来了深刻变化。建立第三方介入机制，着力打造综合性更强的社会建设组织体系，创建包容性更强的矛盾化解机制，这既是完善新型基层管理服务体制的长远之策，也是统筹协调各方利益关系的现实之需。

2. 信访矛盾多元化趋势客观上要求我们建立第三方介入机制

经济和社会的结构性调整，导致利益格局、利益关系多元复杂的特征愈加明显，这决定了化解社会矛盾也必须遵行多元化思路。然而现实情况是，信访工作作为社会矛盾化解多元化中的一元，受到社会公众的普遍“青睐”，信访制度因过度超载而力不从心，化解问题的能力难以持续。建立第三方介入机制，对于推动各类社会矛盾在相应社会组织平台上消解冲突、达成和解，对于解决当前信访工作诸多不适应、不符合问题，都是应时应势之举。

3. 信访矛盾主客体变化带来构建第三方介入机制的必要性

早期的信访矛盾，大多发生在个人与个人、个人与单位、个人与企业之间。现在，更多的则是群众与政府、群众与政策的矛盾，行政动议、行政行为是重要诱因。要规避具有优势话语权的既得利益群体左右公共政策，公平公正地解决政策实施和改革推进中所引发的诸多矛盾和问题，政府和信访等行政机关不可既当运动员又当裁判员，以免陷入不必要的矛盾之中。

构建第三方介入机制，不但为观察和分析新形势下信访矛盾提供了全新视角，而且有效增强了社会矛盾调处的权威性和公信力。

4. 构建第三方介入机制是综合协调处理社会矛盾的必然要求

许多社会矛盾尤其是久解不决的信访难题，都属于深层次的体制性、结构性问题。仅靠单一的法律、行政或经济手段，化解效果并不理想。在多种矛盾化解方式的统筹运用中，推动矛盾解决的成效往往取决于工作"短板"。第三方力量的介入，能够因时、因地、因人、因事统筹兼顾，综合采取心理疏导、政策咨询、法律援助、困难帮扶等手段加以解决。这种反应迅速、运作灵活、覆盖全面的独特优势，为综合协调处理复杂疑难信访矛盾补齐了工作短板、增强了化解矛盾的效果。

三　南京市第三方介入机制的成功实践

南京信访工作利用本地人力智力的资源禀赋，创建信访工作专家智库，成功打造第三方介入机制，较好地发挥了第三方社会组织的表率、示范作用。

（一）发展演进过程

1. 成立信访工作专家智囊团的动议

2011 年，在市委、市政府的重视支持下，南京市在全国率先成功组建信访工作专家智囊团，汇聚南京大学、河海大学、南京师范大学、省社会科学院和省委党校等科研院所一批顶级的社会学、心理学、法学、政治学、公共管理学专家。通过组织专家学者对可能影响社会稳定的信访突出问题进行预判、分析，提出合理化应对措施，及时有效地化解信访工作遇到的各类复杂疑难问题。成立信访工作专家智囊团，主要基于三个方面的考虑。一是社会治理的复杂性。作为区域中心城市和经济发达地区省会城市，南京社会管理领域的新情况、新问题比其他城市更早出现，社会管理工作多元复杂，要求我们以探索创新的精神，把智力、理论优势和南京的实际有机结合起来，不断提高社会管理和信访工作的科学化、现代化水平。二是矛盾化解的艰巨性。对接市委市政府提出的全省科学发展、改革创新、和谐稳定“首位市”目标，信访工作在全市大局中地位更重要、任务更艰巨。特别是南京作为古城、兵城，积案存量多，历史包袱重；作为青奥会主办城市，进入青奥建设周期之后，大量历史遗留问题与现实问题叠加缠绕，社会矛盾错综复杂，信访稳定压力凸显。三是信访稳定的特殊性。南京的历史和现实地位，以及在国际国内的社会影响力、受关注度，决定了和谐稳定工作有着省内其他城市无法比拟的特殊性。省委省政府和市委市政府对南京信访稳定工作十分重视，建立了省市信访稳定共建合作机制，这既是关心支持，也是更高更严的要求。

2. 专家智囊协会的身份转变及运作模式

经过两年的探索实践，专家智囊团以卓有成效的工作，实现了化解复杂信访矛盾、增进信访理论与实践良性互动、推动信访工作创新发展的多重功效。同时我们也深入分析了专家智囊团体制机制方面的深层次问题。为了突破制约瓶颈，实现创新发展，2013 年，智囊团迅速转型为信访工作专家智囊协会，成为正式的第三方社会组织。协会以信访工作联席会议机制为依托，借助信访工作联席会议办公室会办督办平台，建立专家问案化案、分析研判、协调会办制度，在介入复杂疑难信访问题化解方面，取得了突破性进展。协会第三方介入信访矛盾化解的流程和方法主要包括六个方面。一是精选案例，协商定案。市联席办成立专案工作小组，每年年初围绕信访热点、难点问题，在信访积案和信访突出问题中挑选“骨头案”、“钉子案”，征求有关责任区、责任单位和专家意见后，报市联席办负责人批准。在协会年会上正式发包，落实专家问案化案责任。二是倾力投入，深度调研。由责任单位提供案件基本资料和有关政策规定，说明当事双方磨合的差异点。专家在全面研阅卷宗和有关材料的基础上，带队驻点调研，与百姓互动，从矛盾源头开展工作，循序渐进，反复挖潜，找准破解矛盾的切入点和突破口。三是科学研判，完善方案。组织专家与信访人疏导沟通，与有关部门法规政策衔接互动，拿出彻底息诉停访的初步方案和意见，报专案工作小组和市联席办负责人审阅。召开专家专题座谈会，提出化解矛盾的路径、方法和具体方案，征寻各有关方面的意见。四是协调会办，形成决议。市联席办搭建会办平台，召开联席办主任、协会专家、责任单位、有关部门和群众共同参加的会办听证会，提出会办意见，形成会议纪要。专案工作小组认真做好有关资料汇总、整理和存档工作，会议纪要报市联席会议召集人审定。五是成果转化，推动落实。协会专家和专案工作小组对会议纪要落实情况进行监督，督促当事双方履行约定义务。对落实不到位的地方，报请市联席会议组织专项督查、跟踪督办，真正攥成拳头，使会议纪要转化为有关部门和责任单位的行政行为，力促案结事了。六是总结经验，打造品牌。定期总结分析专家问案化案的工作情况，形成专家化解信访积案的典型经验、规律和做法，扩大南京信访工作的特色优势和品牌效应，引领社会组织积极参与社会矛盾化解，共促社会和谐。

3. 新型专家智库的构建及其功能定位

2016年年初，协会成功纳入“江苏紫金传媒智库”建设，升级为“江苏紫金传媒智库”信访与社会矛盾研究中心，成为全省唯一一家信访工作专家智库。其主要职能包括三个方面。一是围绕中心，服务大局。新型专家智库坚持党管智库原则，以维护人民利益、大局利益为根本出发点，紧紧围绕党委的战略问题和公共政策需求，开展前瞻性、针对性、储备性政策研究，为党委政府提供高质量的建设性政策建议，从更高层次上发挥好第三方作用。二是完善机制，搭建平台。中心侧重于政策理论研究，协会重在介入化解复杂疑难问题，搭建了理论研究与实践结合的高端平台，完善了理论研究与实践结合的制度体系，为信访工作的理论与实践互动确立新的政策支撑、架设新的引擎动力，专家智库的发展前景更加广阔。三是拓展视野，实现超越。瞄准国际国内智库前沿，培育战略眼光、国际视野和创造能力，充分运用国内外资源，广泛开展交流与合作，实事求是，大胆探索，不断提升新型智库的研究水平和品牌影响力。

（二）主要核心内涵

1. 体现新常态意识，落实好服务为民的宗旨思想

让社会充满活力，让群众改善生活是社会治理的本质属性。构建信访工作专家智库，赋予信访当事人更适当的选择权，实现对公民权利的多途径、多层次保障。既加深了信访群众对社会精英阶层的认同与理解，也发挥了专家学者联系群众、组织群众、发动群众依法有序参与社会事务的作

用，使党的宗旨、党的群众路线深入贯彻到群众维权的运行状态之中。

2. 体现公平公正的法治意识，依法推动问题解决

当前的社会矛盾更多涉及的是利益平衡问题。在利益平衡中，虽然也可以通过法律判决做出是非胜负分明的判断，但是往往打开了“法结”，不一定能打开“心结”。专家智库的介入，既能够坚守法治精神，还能够让当事人得到更多的尊重与理解，更好地维系家庭温情、邻里礼让、交易诚信，更多地增强社会宽容和社会责任，使社会矛盾化解更富生命力。

3. 体现源头责任意识，切实维护群众的合法权益

群众得实惠是改革发展的一项成功经验。专家智库作为根植于民间的社会力量，直接接触社会实践和群众需求，在第一时间发现社会问题，早介入、早化解、早处置。针对突出问题，从专业角度开展调研评估，直接见证和监督党委政府的施政得失与不足，反向促进政府和有关部门依法行政、文明执法，在源头上推动社会政策和经济政策的调整完善。

4. 体现均衡的担当意识，促进各方形成工作合力

现代社会治理离不开法治、德治和自治的有机统一。法治始终占据引领地位；德治要求以道德调节社会关系、规范人们行为；自治重在发挥群众自治作用，弘扬村规民约和公序良俗。专家智库的介入，可以更好地凝聚三者合力，统筹加以运用，不但有效推动了矛盾的解决，而且成功引领了社会知名人士承担社会责任、回报社会发展的道德风尚，扩大了影响力。

（三）几点工作启示

由于特殊的经历、特殊的征程、特殊的亮点，我市第三方介入机制取得了特殊的成效，这为我们进一步做好新形势下的信访工作提供了许多有益的启示。

1. 第三方社会组织的决策咨询优势

2015 年以来，信访工作专家智囊协会先后参与国家级江北新区规划建设、防范和处置非法集资问题、全市供给侧结构性改革等调研座谈和决策咨询会 9 场次，上报专题研究报告 5 份，为市委市政府积极稳健地推进改革发展提供了有价值的决策参考。这启示我们，充分运用第三方社会组织的专业理论知识，为党委政府重大决策出台、重要项目实施提供有分量、有

深度的专业咨询、理论指导和技术支持，能够得到党委政府更高程度的重视与支持，进一步提高社会治理的民主化、科学化水平。

2. 第三方社会组织的理论研究优势

专家智囊协会针对我市“官民矛盾”凸显的实际情况，将管理者与被管理者之间的关系调节作为理论研究的一项重要内容，围绕“柔性社会管理理念”开展研究论证，最终成果和专题性建议被列为省、市重点软科学项目，并被市各有关部门采纳。2013～2015年，全市行政执法类信访矛盾呈现持续下降态势。这启示我们，建立运用第三方社会组织，能够跳出信访工作领域审视社会矛盾产生和发展规律，有效加强源头性、根本性、基础性问题的调查研究，使理论研究更生动、更具实践指导意义。

3. 第三方社会组织的矛盾化解优势

信访工作专家智囊团和协会成立以来，先后介入106件特殊复杂疑难信访问题，已成功化解77件，化解率达72.6%。这启示我们，发挥智库专家广泛联系各界群众、贴近社情民意的优势，及时向各级党委政府反映群众呼声，使政府机关工作更加贴近社会实际、更好地服务群众。同时，充分利用专家学者深厚的专业知识、权威的社会影响力、公平公正的社会可信力，在穿透矛盾壁垒、破解信访积案方面，往往能达到超乎预期的效果。

4. 第三方社会组织的社会监督优势

2015年，我们针对进京非访高发易发的实际，联合协会和公检法机关深入开展调查研究，从制度层面突破了依法处置法律适用难、信访稳定责任衔接难等问题。2016年1～8月，全市进京访、进京非访分别下降47.3%、51.7%，信访形势实现进一步好转。这启示我们，第三方社会组织具有较强的宗旨意识、责任意识和监督意识，能够有效规避科层化干扰，就政府机关在信访工作领域存在的突出问题，及时向党政领导和有关部门反映情况，提出有针对性的指导改进意见，促进工作水平和效能的提升。

四　全面加强第三方社会组织建设的对策建议

改革开放以来，特别是党的十八大以来，人民群众的参与意识和公益情怀日益高涨，登记成立的社会组织从20世纪70年代末的几千个壮大到当前近70万个，吸纳就业人员700多万人[①]。信访工作制度的包容性，决定了第三方社会组织同样是开放式的、多样性的，南京信访工作专家智库是其中具有代表性的一种社会组织形态，还可以有律师、金牌志愿者、高级社会工作师等多种存在方式，各地均可以结合本地实际，创新载体，深度运用。为了进一步加强第三方社会组织建设发展，我们建议做好六个方面的工作。

（一）构建符合发展和民主精神的第三方社会组织

现代市场经济社会更多的需要依靠自我调节机制实现有序运行，政府重在为市场机制和社会机制提供坚实的法治和管理保障。因此，要对社会治理领域内的公共服务职能进行全面的分类梳理，弄清楚哪些社会事务需要政府、市场和社会共同承担，哪些需要各自分担，哪些需要更好地发挥社会力量的作用，切实找准现代社会治理中适用于导入第三方介入机制的问题，向社会适度放权，尽快构建覆盖全社会的社会组织管理体系，为其发展壮大、发挥作用提供足够的空间。

（二）完善第三方社会组织的功能定位和制度设计

首要是厘清第三方社会组织与党和政府的关系。总的来看，两者是合作关系。具体地说，在合作关系中，第三方社会组织处于探索和先行地位。这一定位决定了它既是政府机关行政效能的有益补充，也可以作为政府和群众之间的桥梁纽带。因此，要坚持以第三方社会组织为载体，促进社会由单一权力主体向多元权力实体渐进转变。通过建立完善社会参与、社会监督和社会矛盾预防化解机制，为破解社会进步的制约瓶颈、增进经济社会的和谐发展搭建对话、沟通和协作平台。

（三）规范第三方介入机制与法治衔接的制度安排

当前，社会矛盾预防化解机制并不缺乏，但各类化解方式各司其职、

① 人民日报评论员：《走中国特色社会组织之路》，《人民日报》2016年8月22日，第2版。

功能互补的长效机制基本没有建立起来，第三方社会组织无疑是破解这一难题的极佳手段。要着眼于建立社会矛盾沟通、补偿、及时终结的三位一体工作机制，在实体、程序上和调处事项的范围、内容上，坚持合法、合理、合情和客观、公平、公正的原则，健全信息分析、情况咨询、排查预警、协调会办、案件移送制度，依据法规政策、行业标准、专业知识和道德规范实行阳光操作，建立与诉讼、仲裁、调解联调共治局面，提高矛盾纠纷的调处效率和水平。

（四）严格第三方社会组织的评级标准和资质认定

民政部门承担社区建设指导、社会组织管理、社会工作职业规范等职责。[①] 重视加强第三方组织发展的整体规划、制度设计和培育扶持力度。完善第三方机构的登记准入门槛和资质认定；加强第三方社会组织筹备、日常工作开展，以及非法组织打击处理的制度安排。各系统、各领域要坚持从实际出发，制定系统完善的第三方机构介入服务制度规范，严格工作人员的资格审查认定，根据行业标准认真组织机构、人员遴选，让符合要求的第三方社会组织和社会人才积极参与进来，并采取政府购买服务等方式，培育和引导社会组织有序发展。

（五）加强第三方组织介入事项的成果转化与运用

第三方社会组织发展前期，政府重在培育和扶持，后期重在监督与服务。政府和有关部门要重视此项工作，加大资金补贴、人才建设投入力度，开展经常性交流研讨，帮助协调解决现实问题，为第三方社会组织进一步规范工作实践、丰富工作形式、创新工作内容提供激励、服务和指导。特别是对于第三方介入并做出认定、裁判的事项，政府和行政机关要严格鉴定，加强调处结论的确认、接收和处理，明确法律效力，增强执行力度，切实发挥好第三方社会组织介入的后续作用。

（六）推动调解协议达成后裁判文书的履行和落实

第三方社会组织介入调解达成后的文书、协议能否得到法律认定、落

① 李立国：《充分发挥民政在社会治理中的作用》，《中国民政》2016 年第 3 期。

实，是解决问题的关键。人民调解工作中，经人民调解委员会调解达成调解协议后，双方当事人认为有必要的，可以在调解协议生效之日起30日内共同向人民法院申请司法确认。[①] 政府和行政机关应参照此司法确认程序，从政策层面对第三方机构文书协议的法律效力做出认定，政法部门要旗帜鲜明地予以支持。同时，第三方机构要切实加强行业自律、机构自律，以扎实有效的工作匡扶政府与市场不足，呼应社会和公众需求，切实维护好自身名誉、公信力和社会支持度。

① 《人民调解法》第三十三条，2011年1月1日起施行。

第二篇　理论研究

柔性社会管理研究*

童　星　张海波**

一　柔性社会管理的内涵

（一）加强和创新社会管理的政策背景

1998年，《国务院机构改革方案》明确了政府的职能包括“宏观调控、社会管理和公共服务”，此后中央一直把社会管理作为政府的基本职能。2004年，党的十六届四中全会通过了《中共中央关于加强党的执政能力建设的决定》，第一次提出了“社会建设”的概念，并勾勒出社会管理的基本框架：党委领导、政府负责、社会协同、公众参与。2005年2月19日，胡锦涛总书记在省部级干部提高构建社会主义和谐社会能力专题研讨班上讲话，将“社会建设和管理”专门列为一个专题。2007年，党的十七大报告专章阐述“社会建设”问题，提出必须在经济发展的基础上，更加注重社会建设，完善社会管理，推动建设和谐社会；还首次明确提出“加快行政管理体制改革，建设服务型政府”的目标。2011年2月19日，省部级主要领导干部社会管理及其创新专题研讨班开班式在中央党校举行，胡锦涛总

* 南京市软科学研究计划项目研究报告（项目编号：201102029）。

** 童星，南京大学政府管理学院教授、博士生导师；张海波，南京大学政府管理学院教授、博士生导师，南京大学社会风险与公共危机管理研究中心研究员。

书记在讲话中提出了加强和创新社会管理的意义、总目标、总要求和突破口等重大问题，要求社会管理创新“最大限度地激发活力、最大限度地增加和谐因素、最大限度地减少不和谐因素”，“以解决影响社会和谐稳定突出问题为突破口，提高社会管理科学化水平”，“完善党委领导、政府负责、社会协同、公众参与的社会管理格局”。3月5日，温家宝总理在政府工作报告中，指出加强和创新社会管理要“以居民需求为导向，整合人口、就业、社保、民政、卫生、文化等社会管理职能和服务资源，实现政府行政管理与基层群众自治有效衔接和良性互动”。7月1日，胡锦涛总书记在纪念建党90周年的重要讲话中强调，“必须从维护最广大人民群众根本利益和实现国家长治久安的战略高度抓好社会建设，推动社会建设与经济建设、政治建设、文化建设协调发展”，“要加强和创新社会管理，完善党委领导、政府负责、社会协同、公众参与的社会管理格局，建设中国特色社会主义社会管理体系”。7月5日，中共中央、国务院下发《关于加强和创新社会管理的意见》，推动、指导地方政府加强和创新社会管理。加强和创新社会管理已写入各级政府的“十二五”规划，成为新时期治国理政的又一重要方略。

柔性社会管理是近年来在加强和创新社会管理大背景下出现的一种创新实践。本文试图从学理上厘清柔性社会管理的思想内涵与政策价值，探讨柔性社会管理作为综合政策框架的可能性与可行性。

（二）柔性社会管理的必要性

加强和创新社会管理语境下的“柔性管理”一词在我国最早出现在城市管理综合执法、工商行政管理的实践中，主要指以柔性的行政指导、行政鼓励来代替强制性行政执法的做法。2010年以来，“柔性化工作法”、“柔性社会管理”、“社会管理柔性化”等提法开始频现于媒体，显示柔性社会管理有可能成为一种普遍的政策实践。

柔性社会管理的潜台词是现行的社会管理过于刚性，可能诱发、激化社会矛盾，引发社会冲突，不符合当前社会管理的现实要求。从“瓮安事件”(2008)、“孟连事件”（2008)、“石首事件”（2009)、“潮州事件”（2011)、“增城事件”（2011）发生的教训来看，当前社会管理的某些领域的确过于刚性，一些地方政府不能及时回应群众的合理诉求，一味拖延、压制，导致社会矛盾积累、扩大，最终诱发大规模群体性事件。

仅从字面上看，“刚性”一词，有僵化、单一、关系紧张、容易断裂的含义；就实质而言，刚性社会管理是一种简单、固化的方式，容易导致管理主体和管理对象关系紧张。刚性社会管理在当前主要有三种表现。

一是过于强调“维稳”，影响正当权益的表达。对“稳定压倒一切”的片面理解使一些正当的利益表达都可能被地方政府当作社会稳定的威胁而被压制。实际上，当前各类群体性事件的主体仍然是维权事件，有些事件并非针对政府，但僵化的稳定观以社会的绝对安定为管制目标，社会管治的方式总是简单化和绝对化，非此即彼，非黑即白。① 过于强调“维稳”而忽视正当权益的表达使“维稳”不仅容易异化为“稳控”，甚至沦为行政不作为或乱作为的借口。2010 年，《人民论坛》杂志的调查显示：79% 的受访者认为“一些地方政府借‘维稳’名义不作为或乱作为‘较严重’”；70% 的受访者认为“维稳目的异化，只管自己官帽，不管群众疾苦”。②

二是社会管理主体单一，社会服务缺乏差异性。2008 年“汶川地震”之后，民间社会的捐款捐物逾 767.12 亿元，但 80% 流入政府财政专户，流向中国红十字总会、中华慈善总会和 16 家全国性公募基金会的只占整个救灾捐赠资金的约 11% 。③ 近年来，虽然在一些社会组织发展较快的地区，如北京、深圳，政府购买服务得到了一定的发展，但仍然是非竞争性购买，社会组织在很大程度上依赖于政府，或者干脆是政府行政的延伸，提供的公共服务是政府直接指派给它的一项任务。④ 在这种情况下，有能力承接政府购买社会服务的社会组织比例非常低，在社会组织发展相对较快的广东，这一比例也仅为 15% 。⑤ 社会管理主体的单一，必然导致社会服务缺乏差异性，形成与民众需求的差异性之间的反差。

三是社会管理方式简单、粗暴，容易引发社会冲突。近些年，在征地

---

① 于建嵘：《从刚性稳定到韧性稳定——关于中国社会秩序的一个分析框架》，《学习与探索》2009 年第 5 期。

② 《人民论坛》问卷调查中心：《“‘维稳’怪圈，谁的烦恼”问卷调查分析报告》，《人民论坛》2010 年第 29 期。

③ 包丽敏：《调查称 760 亿元地震捐款 80% 流入政府财政专户》，《中国青年报》2009 年 8 月 12 日。

④ 杜志莹：《政府购买服务仍存非竞争购买》，《公益时报》2010 年 12 月 7 日。

⑤ 雷辉：《调研称广东仅有 15% 社会组织承担政府转移职能》，《南方日报》2011 年 8 月 13 日。

拆迁、城市管理综合执法等领域，不同程度地存在着工作方式简单、粗暴的问题，动辄取缔、罚款，甚至不惜使用暴力、警力。例如，“瓮安事件”的发生就与当地长期存在的非警务用警密切相关，削弱了当地群众对公安民警的信任。“作为公安，这两年我们的非警务活动比较多，这不是我们的问题。比如，遇到群体事件就出动警察，这种‘得罪’老百姓的事，都得我们去做。我计算过，这几年，针对群体事件，我们出动百人以上的大行动就有五次。这其中包括矿权纠纷、移民搬迁、房屋拆迁等。我们几乎把人都‘得罪’完了。”①为此，时任公安部长孟建柱要求公安民警在工作中必须讲究政策、讲究策略、讲究方法，坚持“三个慎用”（慎用警力、慎用警械、慎用强制措施）。②

当前的刚性社会管理限制了社会的活力，带来了至少三种后果：过于强调“维稳”压制了正当的利益诉求，无法从源头上化解社会矛盾，使社会陷入“越维稳、越不稳”的恶性循环；单一的社会管理主体难以满足数量庞大的差异性需求，导致社会服务与群众需求脱节，加剧社会疏离，削弱社会认同，影响社会整合；简单、粗暴的社会管理方式容易激化社会矛盾，削弱公众对政府的信任，降低政府公信力。

在这种背景下，提倡和推进柔性社会管理，对于加强和创新社会管理，提升社会管理的科学化水平，推动社会管理体制改革都具有积极的促进作用。

（三）柔性社会管理的思想内涵

柔性社会管理有三大思想渊源：一是国家治理中以人为本的思想；二是行政管理中的柔性管理思想；三是企业管理中的弹性管理思想。

中华文明历来注重以民为本，尊重人的尊严和价值。“以人为本，本理则国固，本乱则国危”，“民惟邦本，本固邦宁”，“民为贵，社稷次之，君为轻”等是我国千百年来“民本”思想的精练表述。在西方，从普罗泰戈拉的名言“人是万物的尺度”，到笛卡尔的“我思故我在”，再到卢梭的

① 钱真：《瓮安被免职公安局长：警方内部与黑帮有纠结》，《中国新闻周刊》2008 年 7 月 9 日。http://www.sina.com.cn，最后访问日期：2017 年 12 月 11 日。

② 孟建柱：《深入学习实践科学发展观，做党的忠诚卫士和人民群众的贴心人》，《求是》2008 年第 21 期。

“天赋人权”，反对神权、张扬人性、自我实现的思想也是一脉相承。“以人为本”思想则是对传统“民本”思想和西方人本主义的进一步超越，有别于“驭民”之术和对“个人利益至上”的极端宣扬，将最广大人民的根本利益作为治国理政的出发点和落脚点。党的十六大以来，以人为本便是中央突出强调的重要思想和基本要求，党的十七大报告明确指出，科学发展观的核心是以人为本。在加强和创新社会管理的大背景下，2011 年 5 月 30 日，中央政治局召开会议，研究加强和创新社会管理问题，明确提出了加强和创新社会管理要坚持“以人为本、服务为先”的原则。以人为本在政策实践中的直接体现就是社会管理要从群众的权益和需求出发，尊重群众权益，服务群众需求，社会管理在本质上就是以发现、传递和满足群众需求为过程的社会服务。

以行政指导为核心的柔性管理大致产生和兴起于二战以后，凯恩斯主义的负面效应日益显露，在“政府失灵”的情况下，更多采用建立在平等协商基础上的行政方式就成为一种必然的选择，既积极又柔和的非权力性行政在日本、德国等现代市场经济国家应运而生，并迅速为世界各国所借鉴。[①] 例如在日本，行政许可都是以法律为依据，政府依行政许可对行政对象所进行的干预非常有限，以“劝告”、“期望”、“希望”、“建议”等非强制性方式为主要特征的行政指导被广泛地运用于经济管理和社会管理之中。我国一直依赖于传统的行政管理模式，习惯采用行政检查、行政许可、行政处罚、行政强制等强制性手段，这类刚性监管方式好似重拳出击，立马见效、立显权威，但也容易激化矛盾，强化行政机关与行政相对人之间的对立和冲突。[②] 近些年，“不是收费就是罚款”的刚性管理方式在城市管理综合执法中频频引发纠纷或冲突。在这种背景下，政府尝试以行政指导为核心的柔性管理，收到了较好的效果。

在企业管理中，柔性管理也是一种新的发展。日本丰田公司开发了基于电脑程序的“智能送板”方式（以电脑控制安装用具，把不同的托板送入不同型号的生产线），英国的 Molins 公司依靠以计算机数控机床为主的制造设备来实现多品种小批量的生产，这些都改变了传统流水线生产方式，

---

① 应松年：《政府机关善用柔性管理大有可为》，《人民论坛》2007 年第 9 期。

② 曾金胜：《柔性管理凸显政府理念变革》，《人民论坛》2007 年第 17 期。

使生产系统应付环境变化或环境带来的不稳定性的能力大为增强。时至今日，在开放社会、多元社会、网络社会的大背景下，市场环境的不确定性与日俱增，具有更好适应能力的网络状、扁平化、无边界的弹性组织成为企业在变幻不定的市场竞争中的制胜法宝。

上述思想确定了柔性社会管理的如下主要内涵。

（1）需求导向：柔性社会管理的目的是满足群众的需求，要以需求调查为基础；柔性社会管理的方式要尊重群众的尊严与感受，合乎情理；柔性社会管理在本质上是对群众的服务，服务的落脚点是群众的满足感和满意度；柔性社会管理要主动维护群众权益。

（2）非强制性服务：柔性社会管理要重视事前的沟通、协商与对话，以服务代替管理；柔性社会管理不是管理主体的单向行为，要重视群众的参与和反馈，通过引导，培养群众的行为自觉。

（3）组织适应：柔性社会管理组织结构应该扁平化，及时回应群众需求；柔性社会管理的组织应具备满足群众差异性需求的资源和能力；柔性社会管理的组织应该淡化固定的职能设置，适应群众不断变化的需求。

（四）柔性社会管理的适用范围

从语境上看，“柔性”的概念主要源于对刚性“维稳”的反思，如果将其作为综合政策框架，还要界定柔性的适用范围。

在一般意义上，社会管理的刚性有三种来源：一是法律的刚性，“法律面前人人平等”，强调“以事实为依据，以法律为准绳”；二是行政权力的刚性，行政权力在本质上“唯上不唯下”，单纯依靠行政权力的社会管理对群众需求缺乏敏感；三是社会管理结构的刚性，社会管理主体单一导致社会服务同质化，难以满足差异性的群众需求。

推行柔性社会管理并不是否定法律的刚性，削弱社会管理的法治基础，而是贯彻“以人为本、服务为先”的根本宗旨，降低行政权力和社会管理结构的刚性。从总体上看，当前的社会管理存在着严重的“刚柔倒置”：在征地拆迁、城市管理综合执法、流动人口管理、教育管理等领域，多采用罚款、取缔、强制等方式，“刚”有余而“柔”不足；在环境监管、食品安全监管等领域，监管软化、弱化，“柔”有余而“刚”不足。因此，柔性社会管理并不适用于所有领域，那些有法不依、监管软弱的领域，需要的恰恰是以法律为基础的刚性社会管理，那些滥用行政权力、管理方式简单粗暴的领域，才需要推行柔性社会管理，社会管理在总体上应该“刚柔并济”，互为补充。

柔性社会管理主要适用于利益受损的弱势群体。当前，我国的法律体系仍有待完善，有法不依、执法不严的情况仍然存在，既得利益集团和强势群体对法律和政策的干扰也时有发生。相比之下，弱势群体对立法或政策制定缺乏影响，权益更容易受到侵害，需求也更难被发现、传递和满足。因此，推行柔性社会管理的重点是保障弱势群体的正当权益，满足他们的合理需求。

柔性社会管理的行使主体是地方政府和基层组织。在社会管理中，中央、省（自治区、直辖市）、市、县（区）各级人民政府和镇（乡）、街道、社区及村各级基层组织各自承担着不同的职能，其中，中央和省级人民政府负责制定法律、投入资源、规划政策等，地方政府和基层组织则承担社会管理的各项具体职能，与群众直接互动，发现、传递并满足群众的正当权益和合理需求。中央和省级人民政府需要保持法律和政策的稳定性、连续性、一致性，这都是刚性的，而地方政府和基层组织则要关注群众需求的多变性、差异性和多元性，在及时满足群众需求的同时，发现问题、反映问题，推动法律的修订、完善和政策的及时调整，以更好地满足群众需求。在这种意义上，中央和省级政府需要保持法律的刚性，维护法律的权威，地方政府和基层组织则要增加社会管理的柔性，这样才能“刚柔并济”，既最大限度地增加社会的活力，又确保国家和社会稳定。

柔性社会管理并不是对刚性社会管理的取代，它与刚性社会管理各有所长，互为补充。推行柔性社会管理要在坚持法律刚性的前提下，从社会管理结构和行政权力的使用方式上改变地方政府和基层组织的社会管理行为。因此，推行柔性社会管理不能做“表面文章”，仅是社会管理“身段”或“手段”的软化，而要推动社会管理理念、体制、机制的改革与优化。在这种意义上，当前一些地方政府在城市拆迁、城市管理综合执法中采用的“消耗战”、“沉默注视”等方式只是手段的变化，并不是真正意义上的柔性社会管理。

综合来看，柔性社会管理的适用范围见表1。

表1　柔性社会管理的适用范围

维度	范围	示例
主要领域	滥用行政权力、管理方式简单粗暴	社会矛盾调解、流动人口管理、城市管理综合执法、劳资关系管理
重点对象	弱势群体	被拆迁户、农民工、具有正当诉求上访群体
行使主体	地方政府与基层组织	市、县（区）、乡镇、街道、社区（村）、社会组织
核心任务	理念、体制、机制改革与优化	群众参与、利益协商与共享、政府购买服务

（五）柔性社会管理的发展空间

柔性社会管理的提出虽是迫于当前社会稳定的现实压力，有“临时抱佛脚”之嫌，但从长远的眼光来看，柔性社会管理作为一种综合的政策框架仍有可持续发展的空间。

结构失衡为柔性社会管理的发展提供了现实动力。1949年新中国成立之后，在根据地供给制的基础上结合苏联模式，在城市建立起了“单位制”，其典型特征就是“单位办社会”，“单位”不仅代表国家垄断了大量的社会资源，还控制着个人生活的方方面面。“中国特有的单位组织，其实质是将命令权力和财产权力结合起来的国家统治的一种组织化工具或手段。”[①]因此，“单位制”时期的社会管理主要是通过“单位”进行的管理，不存在“社会”，也就不存在所谓的“社会管理”。改革开放以后，“单位制”逐步消解，社会管理就应该逐步实现“由国家主体向社会主体的飞跃”[②]。然而，在过去的30年中，市场基本确立，社会却没有发展起来，政府在反复“试错”后退出了部分市场领域，却仍沿用国家的方式来管理社会，“国家－市场－社会”的三元关系陷入失衡。时至今日，政府在管理社会中遭遇种种不适应，凸显了加强和改进社会管理的迫切性与重要性。然而，“国家－市场－社会”三元结构的完善并非一朝一夕之功，这为柔性社会管理的发展

① 李路路：《论单位研究》，《社会学研究》2002年第3期。

② 童星、严强：《由国家为主体向社会为主体的飞跃》，《南京大学学报》1988年第4期。

提供了长期动力。

转型社会为柔性社会管理提供了空间，传统社会的情理对现代社会的法理形成补充。历史地看，传统社会的维系纽带是“情理”，例如，中国传统社会主要通过儒家伦理来教化人的社会行为，要求人有“恻隐之心”、“羞恶之心”、“恭敬之心”、“是非之心”，依“仁”、“义”、“礼”、“智”、“信”来维持社会的有序运转。西方传统社会是通过宗教教义和传统习俗来约束人的行为，要求“禁欲”、“节俭”等。现代社会则依赖于法治，强调“法律面前人人平等”。传统社会向现代社会的演进也是社会规范由情理向法理的过渡。然而，传统社会向现代社会的演进并不是一蹴而就的，中间有漫长的转型期。在转型社会中，传统的社会规范逐步瓦解，新的社会规范尚不健全，社会的运行与整合既要以法治为基础，也需要情理为补充，这是历史发展阶段的现实必然。我国正处于一个发生着广泛而迅速的社会变化和多重转型的时期，[①]因此，法治是理想，情理是现实，现阶段的社会管理需二者兼顾。与此同时，中国的转型用30年的时间完成了西方二三百年所走过的历程，[②] 急剧的社会变迁也在客观上使已经建立起来的部分法律面临着适用性的问题。“法者，定分止争也”，法律是调解社会利益纠纷的主要依据，在急剧的社会变迁中，社会利益纠纷的变化也非常迅速，与法律的相对稳定性形成冲突，产生了大量不合法但合乎情理的利益诉求，这也是转型社会中社会管理的难点，柔性社会管理正好应运而生。

社会发展为柔性社会管理提供了可能，非政府组织的兴起对传统的国家与社会的行政关系形成了补充。在国家与社会的关系的发展过程中，无论是社会契约论者所揭示的作为“政治社会”的“传统市民社会”，还是黑格尔和哈贝马斯所揭示的作为“市场经济社会”的“现代市民社会”，国家的触角一再延伸，对社会形成了严重的侵蚀，这在“福利国家”普遍建成后达到顶峰。20世纪后期，“福利国家”不堪重负，西方各国纷纷进行“私有化”改革，以减轻国家负担，不同于政府但又能够代替政府承担某些

① 经济发展与合作组织：《中国治理》，中国科学院－清华大学国情研究中心译，清华大学出版社，2007，序言。

② 乌尔里希·贝克、埃德加·格兰德：《世界主义的欧洲：第二次现代性的社会与政治》，章国锋译，华东师范大学出版社，2008，第5页。

公共服务职能的非政府组织诞生了。非政府组织的出现为改造国家和社会的关系提供了新的契机，也为柔性社会管理的持续推进提供了组织支撑。

二　柔性社会管理的重点领域

（一）劳资关系调解

劳动争议仲裁是解决劳资纠纷的重要手段。根据南京市人力资源与社会保障局劳动争议仲裁处所提供的报告，南京市 2011 年度上半年劳动争议案件呈现以下几个方面的特征：一是劳动争议仲裁立案受理数量较 2010 年上半年有下降，降低 22 个百分点，但案件总体运行处在高位态势，截至 6 月 15 日，上半年全市 16 家劳动人事争议仲裁机构共立案受理案件 6091 件，涉及劳动者 6096 人，结案率 89%。二是集体劳动争议数量及涉案劳动者人数减少。三是利益争议居首，终止解除劳动合同争议降低，2011 年上半年劳动报酬争议案件 2759 件，占受案总数的 45.3%，经济补偿金、违约金、赔偿金争议 1832 件，占 30.1%；社会保险待遇及福利争议 1008 件，占 16.5%。劳动报酬、经济补偿金等利益争议仍是劳动争议的主体，劳动报酬始终为劳资双方争议的焦点。四是结案率有提高，调解成为结案的主要方式，在总共受理的 6091 件案例中，仲裁调解撤诉结案 4291 件，占结案数的 78.7%；裁决结案 1156 件，占结案数的 21.3%。在已结案中，劳动者胜诉 1227 件，占结案数的 22.5%，劳动争议双方互有胜诉 3182 件，占结案数的 58.4%。

1. 主体

劳资关系协调工作主要的管理主体涉及以下几个机构。

（1）人力资源与社会保障局劳动争议仲裁处。对于一般的合同工人，劳动争议仲裁是协调劳资关系的主要手段。目前，南京市人力资源与社会保障局下设的劳动争议仲裁处正式在册的工作人员有 9 人，其中编制内 6 人是转业干部，仲裁员有 6 人，仅有一人是法律专业出身。对调解和仲裁相关专业知识要求较高的劳动争议仲裁工作来说，办案专业化水平还有待进一步提升。而劳动争议仲裁每年的工作任务相对较重，尤其是 2008 年出台《劳动合同法》以及相关仲裁调解法律法规之后，取消了申请劳动争议仲裁的门槛，“不设限”的政策一方面提升了劳动者维护自身权益的主动性和积极性，另一方面却带来了仲裁案件总量的上升，加大了劳动争议仲裁的工作任务。据了解，一个仲裁员平均一年要处理的劳动仲裁案件大约有200件。所以在实际工作过程中，容易出现“超省限”，由于工作任务繁重，仲裁案件超过了规定的解决时限。

（2）总工会。工会不是政府部门，更多的是代表劳方说话，因而工会所能发挥的最重要的职责即是监督。当有劳动争议发生时，工会会介入参与调解。原来是工会发挥调解的主要作用，劳资关系涉及三方，包括劳方、资方和工会，而现在则变成两方，即劳方和资方，工会算作是劳方的代言人。而在企业中设立了劳动调解委员会，一定程度上缓解了企业工会参与调解的压力，更进一步推动企业内部劳资纠纷的调解。

（3）劳动调解会。劳动调解会是设立在企业内部的，设立的目的是为了在企业内部先进行劳资纠纷的调解，这样一方面可以尽快地解决和协调劳资纠纷，另一方面也能够更好地缓解劳动争议仲裁处在解决劳资纠纷方面的压力。2010年底才开始推行企业内部建立劳动调解会的做法。劳动争议仲裁处提供人员、场地以及业务指导的工作，要求企业工会、行政人员还有工人等一并参与调解。企业内部设立劳动调解会，其中立性是重要的一个问题。劳动调解会的主任可以在劳方和资方中间推选，其中立性有赖于“调解员的素质水平”，制度的保障也是影响调解效率的重要环节。

（4）律师、法律援助团。兼职律师和法律援助团等专业人士的引入，可以很好地缓解仲裁员的仲裁压力，提升实际过程中仲裁的专业化水平。例如南京市白下区聘用了30个兼职律师，一个律师一天，提供前台的专业咨询或者法律援助的服务。法律援助主要是由政府资助，免费向符合条件的农民工提供法律援助服务。工会下面还有法律援助团，分布在各地，总共有126个点，为需要的劳动者提供相关的咨询和法律援助。

2. 起点

较为刚性的管理方式往往表现为单向的管理，难以根据不同对象对服务的不同需求进行“分类”服务，没有很好地充分考虑到被服务者的个体权益和实际需求。有别于刚性的社会管理，柔性社会管理则强调起点着眼于“服务”，而不是“管理”，尝试用多种方式来适应不同群体的具体需求，并在提供服务的过程中旨在贴近服务群体，强调服务的可及性。而实际情况中，起点管理则并没有被置于核心位置，具体表现为以下几个方面。

（1）一般合同工人：调解和仲裁任务重而有效资源配备不足。调解和仲裁是协调劳资关系，化解劳资纠纷的主要手段。在实际管理过程中，一方面是劳方维权意识的增强，另一方面则是政策、制度也在不断减低劳方申请仲裁调解的门槛，而“强资方－弱劳方”的格局一时间又难以完全改变，导致劳动争议仲裁的案例“居高不下”，处于“高位运行”的态势。但作为主要管理主体的相关部门，人员和经费配备不齐，工作人员专业化水平的素养不够，使得工作人员“疲于工作”而不能将过多的精力和资源放在管理方式的创新和尝试上面。

（2）劳务派遣工：缺乏制度的有效保障，权益难以得到维护。在2008年的《劳动合同法》中，将劳务派遣工作定性为“辅助性的、临时性的”工作安排，然而现实过程中，资方为了降低劳务成本，就大量雇用成本较低的劳务派遣工，并将此变成长期性的，起主导作用的雇工安排。劳务派遣工的合同是和劳务派遣公司签订的，劳务派遣工在雇主方的权益受损是不能向所在的单位直接进行申诉的，由于涉及两个单位，就必然会在其中出现“互相推诿”和“相互扯皮”的现象，导致劳务派遣工的合法权益不能得到维护。

3. 过程

刚性管理模式主要是以法律为基础的，用具有强制力的规则来进行管理，管理以单向过程为主，管理主体和被管理者之间缺乏必要的双向沟通和互动，而且管理方式较为单一，缺乏被管理者在管理过程中的参与。而强调参与则是柔性社会管理的重要内容。目前协调劳资关系，解决劳资矛盾的管理在过程上主要体现为以下一些问题。

（1）调解和仲裁是主要的手段。调解和仲裁是目前解决劳资纠纷的重要手段。调解依赖的依据是合情和合理，而仲裁则是通过法律途径进行解决，依赖的依据是合法，而且具有强制力，属于通过法律途径来解决矛盾纠纷。根据上半年的仲裁数据，仲裁调解撤诉结案的占结案总数的78.7%。在实际工作过程中，调解的难度要高于仲裁，调解是在矛盾双方之间寻找妥协和平衡，目前大多数工人在发生劳资纠纷的时候，往往都有律师在提供意见，多数时候都是“鼓励”工人通过仲裁或诉诸法院来解决，这样律师可获取一定的服务费用，某种程度上也加大了调解的难度。相比之下，调解是今后在劳资争议仲裁方面开展管理柔性化的一个突破点。

为了更好地推动通过调解来解决劳资纠纷，劳动争议仲裁处也出台了一系列政策，用“调解文书”置换“仲裁文书”，由仲裁处出一个“仲裁文书”，用调解文书来置换仲裁文书，可以提高调解的强制效力，即调解也可以具有一定的法律效力，由此而具有强制力可以保证其实施。此外，在具体程序上，也加强了调解的作用。一般要求先进行调解，调解未果 15 天后即进入正式程序，即使在最终仲裁之前也会有再一次调解。

而在具体调解过程中，也有一定的尝试：首先，搭建了基层调解平台，主要依托街道的劳动与社会保障站，建立劳动争议处理中心，采取就地就近调解以解决劳资纠纷。其次，就是联合外部、司法法律援助的途径，引进兼职律师或法律援助团来加强调解的力量。对于符合条件的农民工，由政府财政资助免费向农民工提供法律援助，对于符合免费法律援助条件的则就近就地提供律师来做具体的咨询服务。最后，尝试推动基层调解组织，建立一些调解委员会。2010 年底，南京市也在逐步尝试选取 101 家分属不同行业类型的企业，在企业内部建立劳动调解委员会。仲裁处给以一定的人员、场地和业务方面的支持，推动在基层进行调解。

（2）劳方有效参与不足。调解和仲裁虽为目前解决劳资争议、协调劳资纠纷的主要方式，但上述两种手段则重点在于事后即矛盾发生之后的解决，而没有考虑到事前对劳资矛盾的管理和防范上。而劳方的有效参与，在现实管理中却不被重视，尤其表现在劳务派遣工的参与中。

根据规定，劳务派遣工是可以在雇工单位或劳务派遣公司的工会组织中选择其中一个加入，但具体到其作为工会会员所应该享有的职工权利，例如参与工厂民主管理等，却没有明晰的规定，使得工会在维护劳务派遣工的权益方面也是“有心无力”、“心有余而力不足”。此外，雇工单位大量雇用劳务派遣工，也会出现所占比例相对较小的正式合同工可以“代表”和“支配”占比例相对较大的劳务派遣工。与正式职工相比，他们不能参与到工厂的民主管理中去，不具有必要的员工权利，这样就难以将其利益和声音反映到规章制度和政策当中，即使权益受损也没有相关的制度和政策来加以保障。所以，政策和制度设定的模糊，以及相关管理部门也只是根据部门规定和职责来进行管理，使得在具体的管理过程中，劳务派遣工缺乏明确的权利保障，难以参与到工厂的民主管理当中。

(3) 事前管理效果不佳。目前的管理重在依据法律法规进行调解和仲裁，仍旧是以事后管理为主，缺少事前对劳资矛盾的防范和化解。利益表达和信息公开是重要的手段。而在目前的管理过程中，劳方仍旧缺乏必要的利益表达机制，合法的组织化利益表达机制的作用并不明显，民主参与也受到政策和制度的限制，没有能够真正做到全体员工的合法参与。当劳资纠纷出现后，调解仲裁方往往先就厂里的管理规章制度来看是否有违反法律规定，不遵守厂里规章制度的现象出现，但实际在制定和宣传规章制度过程中，劳务派遣工则由于缺乏制度保障而没有与正式员工享受到同等权利，即参与厂里的民主管理，难以将自己的诉求反映进去，同时在相关法律法规的宣传过程中，企业来负责的政策法规宣传普及工作也受限于资方利益，往往会进行“选择性”教育，即强调工人应该在厂里劳动过程中所应尽的义务，而对工人所应享受的权益则不讲或少讲。此外政府部门也只是在劳资纠纷出现后才对规章制度进行审核，缺乏必要的事前规范和管理，不利于劳资关系的事前协调。

4. 结果

在较为刚性的管理模式下，管理结果是被管理者必须单方面承受的，而且由于缺乏必要的考核，使管理主体在管理过程结束之后，很少关注管理结果，尤其是被管理者对管理结果是否满意，是否认同管理过程等，因此，在管理过程结束之后，对管理结果的满意度、认同程度应该是管理逐步走向柔性化的重要指向。而现有的管理过程中，则主要表现为以下几个特征。

(1) 政府部门：有数据考核但无满意度考核。据了解，劳动争议仲裁处的考核主要有以下几个数据指标：92%的结案率，70%的调解撤诉率，50%的基层调解率。而现有的绩效管理以指标考核为主，而且主要是由上级部门对其工作进行考核，而作为劳资关系当中的主要当事人——劳方和资方对整个管理过程的满意程度、认同程度却较少考核到，这样就很难在管理效果上对管理主体进行有效的激励。

这一方面取决于仲裁调解的方式本身，因为调解主要是在双方当事人之间寻找妥协和平衡点，如果有一方不满意，调解都不能达成，而仲裁则属于一种法律途径，按照法律规定来进行裁决，毕竟有胜有负，即使不满意也难以对法定裁决的结果有任何影响。另一方面，由于仲裁处的实际工作属于“钱少事多，人手不足”，工作人员忙于应对各种案件而应接不暇，也难以将更多的精力放在回应当事双方对管理过程的意见和建议。所以，劳动争议仲裁处在管理过程中显示出两个特点：一是有对结果的数据考核，但无被管理者对管理过程的满意度、认同度的考核；二是有上级考核，但无民众考核。

（2）企业：缺乏明确的考核。据了解，工会在具体参与劳资矛盾调解过程中，“只奖不惩”，没有明确的考核机制。而对于现在尚未全面推广的劳动调解委员会，并没有明确的考核机制，但劳动调解委员会作为在企业中解决劳资纠纷新出现的管理主体，对其而言，“第一个案例”的解决就起到了关键的示范作用。如果调解结果让双方都满意的话，那么在企业当中的作用就会被认可，一旦出现了劳资纠纷，劳动调解委员会的作用就会显现，但如果“第一个案例”没有起到应有的作用，那么劳动调解委员会就会失去其在企业中的作用而成为“虚职”。这种民间认同对劳动调解委员会还是有一定的影响，但是如果缺乏明晰的规章制度来规范的话，那么很难对其进行约束和激励，必然会影响工会和劳动调解委员会在企业内部进行劳资纠纷调解的效果。

通过上面对涉及劳资关系方面的基本情况的介绍，具体呈现以下一些特征：管理主体以政府部门为主，企业部门为辅，而社会组织仅发挥补充作用，参与相对较少；在起点上，缺乏对劳方个体利益和需求的关注；在过程上，管理仍以调解和仲裁两种普遍使用的传统方式为主，而对管理方式多元化和服务供给多样化的探讨和尝试不足，同时劳方有效参与不足，事前管理效果不佳，并在过程中呈现单向的特征，即缺乏管理主体和被管理者之间的双向互动和有效沟通；在结果上，有数据考核但无认同程度的考核，对劳方考核的重视不足。

（二）流动人口管理

1. 管理主体

流动人口管理是对“人”的全方位管理，因而所涉及的部门也较多，在目前政府管理体制下，主要的管理部门有：公安局、人口和计生委、人力资源和社会保障局以及教育局等。

（1）公安局。在流动人口管理方面，公安局流动人口管理大队主要针对的是暂住人口，按照《江苏省暂住人口管理条例》的有关规定，在南京逗留三天以上即要登记，从业一个月以上就要办理暂住证。现在也在探讨“居住证”的实施，不过此项内容尚在讨论中，还没有具体的实施细则。公安局的主要职责，即是登记数据，然后给政府决策提供相关信息，以及在涉及犯罪案件的时候，为案件侦破提供相关信息。具体的信息采集工作主要由基层派出所的协理员来承担，包括流动人员基本信息登记以及反映他们的诉求等。

（2）人口和计划生育委员会。在流动人口管理方面，人口和计划生育委员会主要针对 18～49 周岁的流动人员，2012 年南京市有 141 万流动人口，其中来自苏北的占 33%，来自安徽的占 30%。在管理方面，主要是作为迁入地，查验户籍地出具的“婚育证明”；在向流动人口提供均等化服务方面，主要负责免费宣传、组织培训、政策咨询，比如优生优育的咨询，以及提供生殖健康方面的相关检查等，还有针对部分区县提供相关的婚育补贴等。

（3）人力资源和社会保障局。在流动人口管理方面，人力资源和社会保障局主要针对的是农民工群体。农民工参保方面，制度上有保障，但在实际操作过程中，却出现农民工个人不愿参保，用工单位不及时申报，少报漏报的现象。相关的社会保障政策呈现“碎片化”，各地农民的保险制度发展状况不均衡，尤其是落后地区的保险机制建设影响了农民工的保险转移接续工作，另外养老保障受到时限规定，因此很多农民工不愿意参保。

（4）教育局。在流动人口管理方面，教育局主要负责农民工子女入学问题。主要是根据相关规定，针对学前教育阶段：向符合规定的流动人员提供每人 2000 元的助学金以资助其子女入幼儿园，要求提供“四证”即暂住证、用工证、户口计生证明、农业户口本，给符合条件的安排指定学校入学。针对义务教育阶段：由教育局来统一协调，每个区县至少配备 1～2 所学校接纳农民工子女。据估计，教育局每年在为农民工子女减免相应教育费用等方面的投入是 1.8 亿元。目前全市有 5 所农民工子弟学校，在硬件配备上与公立学校差距不大，但师资力量上还有较大差距。

2. 起点

柔性社会管理的理念强调“以人为中心”和“服务导向”，而落到具体的服务供给方面，则其重点在起点上，从个体的权益诉求和服务要求出发，在实际管理中，不仅强调个体需要承担义务，而且还要保障其基本权利，同时在提供服务的过程中，结合不同群体之间的不同需求，尝试多种管理方式，打破与被服务者之间的距离，将服务贴近群众，下沉到被服务者层面。然而在目前的管理过程中却表现出以下几个方面的问题。

（1）重在强调被服务者的义务，而对其权益的强调和保障不足。针对流动人口，现有的管理主要是以流动人员到有关部门提供信息，进行登记为主，在登记的过程中，由相关的工作人员来向其告知相关的管理和服务，而对于没有来登记的流动人口却没有办法进行管理。由于流动人口的流动性强、范围广、数量多，因而在管理过程中“证件管理”为其主要的手段，即流动人员在城市生活所能享受到的服务皆与相关证件“挂钩”，如果不能出具相应证明，是不能享受到相应的服务的。这种管理模式依靠流动人员主动申请和登记，即服务是始于“尽义务”，而不是从“权益”开始。目前流动人员的素质普遍较低，据了解，流动人员当中大专以上学历占10%，中间层次学历占80%，小学学历占10%，其对自身所享有的权益认知不足，而相应的政策在此方面的强调和保障不到位，因此流动人员所应享受到的权益就很难得到必要的保障了。

（2）不同群体服务需求的差异性难以充分顾及。在起点管理上，除了对被服务者权益的强调外，还强调通过服务供给方式的灵活性和多样性来化解不同群体在服务需求方面的差异性。由于流动人口所涉及的数量庞大，因而在服务需求方面会存在差异性，然而现有针对流动人口的管理，则主要从各个部门主体的职责出发来提供相应的服务，接受服务的流动人员相对处于被动接受的地位。政策指导下的服务输出相对简单划一，不能很好地关注到不同群体由于其自身特性所引发的不同需求。例如在农民工的管理方面，目前的制度设计是基于国有企业的标准，缴费水平相对较高，而农民工则主要分为三个群体：①在城市有固定工作，可以在城市稳定生活的农民工，这部分群体可以被视为“准市民”，参照城市保险标准是有可行性的；②季节性农民工，这部分群体处于季节性流动状态：农忙务农，农闲进城务工，如果参照城市标准就难以完全落实；③处于流动状态中的农民工，也不能参照城市标准进行参保。农民工自身情况不同，而现有的政策却不能完全结合其具体的情况和服务需求来提供相应的保障，因而部分农民工就选择不参保。如果不考虑不同群体的实际需求和差异性，就难以将服务落实到真正需要的人身上。

3. 过程

柔性社会管理在过程上重在以不同的服务方式来满足多样化的服务需求，强调被服务者与管理主体之间的双向互动和有效沟通，以此来改变以往管理所呈现的管理单向性的特点，除了在服务方式上多样化以外，也提倡引入社会组织，发挥民间力量，共同推进和发展社会服务。因为社会组织富有弹性，而且其自身的灵活性可以很好地贴近被服务群体，着眼于个体的服务需求。然而现有的社会管理却呈现以下几个方面的特征。

（1）“证件管理”是基本的管理手段。目前对流动人口的管理主要是证件办理，而且难点也在于证件办理上面。证件管理的模式始于20世纪90年代，当时南京的流动人口只有二三十万，这种较为传统的管理模式在当时来看管理起来比较有效率，而且和流动人口沟通起来比较容易，但现在的沟通则比较难，尤其是2003年“孙志刚案”以后，一方面，有些地方在尝试取消“暂住证”但效果不是很好，导致流动人员认为“暂住证”可有可无，就不大愿意接受相关的登记管理。另一方面，一旦有办证需求，办证就非常迫切，所以经常接到投诉是催促办证。

现在对流动人口的管理都始于“证件”，而且其所能享受到的服务也与“证件”挂钩，即享受服务先要出示相关的“证明”，例如教育局的“四证”管理。采取证件管理的方式，对管理主体来讲是具有便利性的，但对流动人员来说，一方面提升了其获得服务的门槛，为了获得相应的服务就需要出示证件，涉及众多部门以及迁入地和迁出地的管理，增加了其获得服务的难度和成本；另一方面“有无证件”将流动人员区分为不同的类型，以至于很多流动人员由于缺乏必要的信息，不能拿出相应的证明，因而也就不能很好地享受到应得的服务，这样就使得服务不能很好地送达到“规则以外”的群体身上，这是与其基本的权益要求不相符的。

（2）部门之间协调难度较大。作为社会建设和管理的重要任务，流动人口管理是因其所涉及的领域和部门众多，因而在服务和管理的过程中，部门之间协调难度很大。具体表现为以下三个方面。

其一，部门之间协调行动难度较大。流动人口管理是对流动人员的全方位服务，其服务和管理涉及多个部门，但部门之间的协同行动却难以很好地实现。例如，公安局的主要职责是采集和管理相关的流动人员信息，然而基于证件所涉及生活保障方面的服务却难以完全承担，尤其是尝试推进"居住证"以及相关的服务配套可能对公安局来讲就是一项较大的挑战；而人口和计划生育委员会的工作也有一些涉及劳动、教育的均等化服务，以及老年人保健、人口迁移以及相关的基层医疗服务，各个部门之间协调的难度较大。

其二，信息采集和管理尚未形成完全共享。流动人口管理的第一个环节即是掌握流动人员的必要信息，这是一切服务提供的基础和前提，但是现有的管理模式下，所涉及的公安局、人口和计划生育委员会以及教育局等收集数据还是以分头行动为主，即各自部门收集各自的，只有在最基层的数据收集有一定的合作，但总体上的数据共享尚未完全形成。如此一方面不利于管理主体进行管理，需要其他部门提供数据；另一方面对于服务群体来讲，涉及向多个部门提供数据，对于流动性很强的人群来讲，会在一定程度上影响其登记的意愿。

其三，政策性矛盾不能很好地调处。流动人口管理涉及多个部门，不同部门之间的相关政策和管理条例等的调适不尽相同，没有形成很好的联动机制，引起在实际服务过程中出现了政策性的矛盾，但目前尚缺乏具有权威的部门进行调处，给服务和管理造成一定的困难。例如，教育局目前就外来工子女的管理所执行的政策文件是2003年下的文，要求出具"四证"，包括暂住证、用工证、户口计生证明和农业户口本，但是公安局已经在2004年调整了户籍管理，统一启用"居民户口"，目前很难出具"农业证明"，这一政策性的矛盾就给实际管理带来了不便。

（3）社会组织较少参与服务。目前在流动人口管理方面，下沉到流动人员的基层服务主要依靠基层工作人员来完成，而社会组织的有效参与不足。公安局主要依靠社区居委会干部、计生专干、保安以及依托派出所的协管员等基层工作人员来负责采集数据信息；社会保障工作则主要依托街道社会保障所和社区保障站来完成基层工作，而教育局则只负责教育管理，社会组织大多数依靠自己组织和提供服务，相关的合作较少，计生委则由计生协会来进行信息采集、思想工作以及承办活动的相关服务。总体上看，在流动人口管理方面，目前社会组织较少介入和参与相关的服务，具体的管理和服务主要还是依赖政府部门。

4. 结果

在结果方面，柔性社会管理强调将被服务群体对服务的质量和便利性的满意程度纳入具体的考核过程中，重在将被服务群体的意见反馈到具体的管理过程中，改变刚性社会管理模式下对被服务群体意见的忽略，以及只有上级考核而无民众考核的现状，要逐渐将被服务者的意见反馈，并在对具体部门的考核中体现出来，以此来完善现有的服务和管理。现有的结果管理当中表现为有投诉反馈机制，但满意度测评有待进一步完善。

在结果管理上，现有的投诉反馈渠道相对较多，主要有市长信箱以及“12345”市长热线等这样的公共投诉反馈机制，还有各个部门独立的反馈渠道，例如公安局主要有“网上公安局”以及相应的公开反馈热线，基本上要求在一周内处理完结，在人口和计划生育委员会主要有每周三的主任接待日，专门接待信访工作，人力资源和社会保障局则主要依靠公共的诉求渠道，教育局则逐步建立教育考核方案，对下设处室进行考核。虽然有较多的投诉反馈渠道，但是流动人员的满意度测评目前还需要完善，还需要进一步的具体化和细化测评指标。

通过对流动人口管理基本情况的介绍，目前的管理具体呈现以下一些特征：管理主体以政府部门为主，而没有很好地发挥社会组织在服务供给方面的作用和功能；证件管理作为基本的手段，流动人员所应当享有的服务皆与“证件”挂钩，而管理过程呈现单向性，缺乏管理主体与流动人员之间的有效沟通和双向互动，管理主体被动服务，流动人员被动接受，对不同群体之间的需求差异性关注不够；同时在服务输出过程中，部门之间的协调难度较大，一定程度上影响了服务输出的质量，而在结果管理上虽有一定的投诉机制，但满意度测评还需要进一步的完善和细化。

（三）城市管理综合执法

近年来，城管与流动摊贩的问题日益尖锐，城管也是屡屡被置于舆论的风口浪尖，社会认同度和执法形象大幅下跌。从对流动摊贩的管理中去窥探城管对社会事务的管理工作具有“小中见大”的意涵。

流动摊贩是指无固定经营场所，在城市道路、居民区、集贸市场周边、公园和广场附近等地点随意摆设摊点或走街串巷，未向工商行政管理部门登记注册而从事非法经营活动的群体。流动摊贩主要有以下特点。

（1）活动范围大、流动性强。这是流动摊贩最主要的特点。流动摊贩经营工具简单，如一副扁担、一辆三轮车或平板车、一个烤番薯桶、一个羊肉串烤架、一张手机贴膜的桌子、一辆小型卡车等，外加磅秤和切水果的工具刀，交易过程又简便，因而可以随时随地流动和设摊经营，活动范围遍布全市，给执法和管理工作带来了很大的难度。

（2）经营活动的时段性。流动摊贩的经营时间往往具有高度的选择性。通常他们会出现的地方是上下班高峰及人流量大的繁华地段；清晨、中午、傍晚期间的农贸市场周边；锻炼人员集中的公园和广场附近，以及放学下课时的学校周围，抑或夜间的商场和超市门口等，其经营活动的时段性非常明显。

（3）应变和再生能力强。流动摊贩由于自知是非法经营，往往与城管玩“猫捉老鼠”的游戏，城管一来，就纷纷作鸟兽散，在长期的游击战中渐渐积累了丰富的“反侦察”经验，与城管的较量和角力中采取“你进我退、你退我进”的迂回战术。由于掌握了城管执法队员的巡查规律并且流动摊贩之间随时可以“通风报信”，造成了流动摊贩赶不尽、吹又生的局面。

1. 管理方式

由于流动摊贩并非同质性群体，所以在实际管理工作中，城管还是采取区别对待的方法。一方面，针对“四本”人群，即本市户口、本人生活困难、本人经营、本本齐全（即已办理相关证件）的摊贩，城管的执法方式还是较人性化的，采取疏导为主、围堵为辅的政策。

例如2009年8月1日起正式施行的《南京市市容管理条例》（以下简称《规定》）中增加了在不影响市容、交通和方便群众生活的前提下，为方便群众生活和解决低收入人群就业，允许各类摊点在规定地段和规定时间设摊经营的人性化条款，这被称为全国第一部将“路边摊合法化”内容写进条文的地方法规。按照这一思路，全市将近一万多的临时摊点将合法化，获得临时摆摊许可，几乎每个街道保证设置一处，同时不收取任何管理费。唯一遭人诟病的是申办摊点的主要条件要符合“四本”（即本市户口、本人困难、本人经营、“本本”齐全），给人以地方保护主义和歧视外来人口的不公平之感。

但另一方面，对大部分非法占道经营的流动摊贩，尤其是外来农民工等流动性极强又极不听从管理安排的群体，城管的管理手段主要还是依赖于传统的刚性执法方式，如对非法占道经营、破坏市容市貌、容易引发社会治安和食品安全隐患的流动摊贩，采取驱赶、行政处罚、暂扣或收缴经营工具甚至取缔等行政强制或行政命令方式。正是这种简单、粗暴、一刀切的暴力执法和刚性管理方式导致了执法者与执法相对人关系的尖锐和紧张，引发了流动摊贩极大的不满和怨恨，呈现在经验层面就是全国各地近几年来屡屡发生的暴力执法和暴力抗法的急剧升温和升级。

2. 主要的矛盾和凸显的问题

（1）政策规定引发的争议。2009 年 9 月，南京市城管办下发了《南京市临时摊点（群）设置管理规定》（以下简称《规定》），这是基于《条例》和近一个月的基层摊点设置的管理实践出台的新规定。其中遭人戏谑的一条规定是将 2009 年初下发的《南京市临时占道早餐点管理办法》中第八条，即早餐点“不得摆放桌椅板凳”的规定延伸到中午快餐摊点也“不得摆放桌椅”，被广大市民揶揄为“为了市容，站着吃”。其实早在 2009 年初，变相“杜绝坐吃”的规定就引发了广大市民和舆论的一片抱怨和不满之声。按理说，《规定》的出台，对临时摊点一方面解禁，一方面加强管理本是以人为本的体现，但是一条变相“杜绝坐吃”的规定，既有悖于南京的“传统饮食文化”，又给广大市民的就餐带来了极大的不便，同时站着就餐不仅更加影响市容，而且更加不利于摊点卫生的管理和维护，可以说完全没有考虑就餐市民的服务需要。

（2）管理标准的“向下看齐”。以早餐摊点设置为例，商务部 2008 年 5 月 1 日正式实施的《早餐经营规范》是全国范围内首个推荐性的行业标准，对各地制定相关政策起到了重要的参照作用。《南京市临时占道早餐点管理办法》中规定了积极推进放心早餐工程的建设，“鼓励达标优质早餐经营企业，通过公司化管理、标准化生产、规模化经营扩大市场、提升品质，促进本市早餐经营的规范、安全和便民”。就全国的经验来看，由于早餐车数量少、成本高、口味单一、品种少，往往在市场竞争中不敌马路摊点，早餐经营公司亏损严重。2011年6月中旬，南京市政府出台了《南京市关于进一步加强食品安全监管工作的意见》（宁政办发2011〔65〕号文），对食品安全领域法律法规无明确规定，职能交叉和监管空白的地方明确了职责分工。其中，城管部门负责对食品摊贩设点的地方、经营设施和行为进行全程监管。

这样一条职能分工的规定，又将城管置于尴尬而两难的境地，在食品安全案件屡屡发生，上级部门和社会神经高度紧绷的背景下，面对庞杂的社会管理事务，城管必然会选择“尽量不要惹麻烦”的方式来进行管理，以至于社会管理的标准向下看齐。这样看来，即使城管承认早餐点存在的合理性以及对便民生活的必要性，但是出于方便管理和杜绝发生问题的考虑，一揽子对早餐点进行取缔的管理方式必然是直接、简便而又一劳永逸的方法。

（3）行政生态的特殊性和认同感危机。同工商局相比，城管的社会认同感和合法性危机更甚。客观方面的原因主要有两个：第一，作为执行一定行政职能的政府部门，城管需要完成上级规定的工作和任务，但是由于城管地位和权力的合法性来源不足，由它行使的行政处罚权实际上是各相关职能部门让渡的，造成这样形成的权力的生成过程缺乏合法化的程序保证，进而影响了实际处置工作的权威性和合法性。并且，根据2002年国务院《关于进一步推进相对集中行政处罚权》的规定，涉及行政处罚工作的有关部门的行政处罚职权要重新调整和配置。地方在落实分权的过程中，往往将原来部门执法管不了也管不好的难办事务推给了城管，而将一些重要权力仍然留在了原部门，城管因而被动承担了许多出力不讨好又容易得罪人的烂摊子。这就导致了城管行政生态的特殊性，即一方面欠缺行政执法和服务所需的必要资源，另一方面，不执法和执法都会遭受群众的质疑乃至谩骂，可以说是“两头不讨好”。第二，由于城市中的流动摊贩往往是社会中的弱势群体，而城管作为政府的职能部门，又往往身处执法一线，直接面对广大群众，与他们接触最为频繁，因而，有时也会成为弱势群体发泄不满的对象，引起群情激愤。主观方面来讲，则是有些城管执法方式的粗暴和武断，引发摊贩极端的对抗情绪，再加上这个群体本身法律意识和文化素质较低，进而酿成了一起起“暴力执法 - 暴力抗法”的恶性事件，带来极大的社会负面影响。加之社会媒体和舆论对城管工作的高度关注和新闻报道的放大效应，导致社会城管的执法形象受损。

3. 城市管理中引入柔性机制的思路和对策建议

联合国人居署在《关于健全的城市管理规范：建设“包容性城市”(inclusive city) 的宣言草案》中将城市管理解释为“个人和公私机构用以规划和管理城市公共事务的众多方法的总和，是一个调和各种相互冲突或彼此不同的利益以及可以采取合作行动的连续过程。它包括正式的体制，也包括非正式的安排和市民的社会资本”。这个理解和我们从两条线去推行柔性社会管理的思路是一致的。而城市管理作为社会管理的一个重要领域，其柔性管理的实现路径也是如此，即一条线从正式的制度安排出发，通过转变城市综合行政管理部门的管理手段和方式，加强对城市的管理；另一条线从社会组织入手，通过鼓励、培育社会力量和公私部门的合作，增进市民参与和社会自治，从而弥补正式管理的不足。

（四）社会矛盾调解

调解是解决社会矛盾一个十分重要的手段。截至 2009 年底，全国共建人民调解委员会 82.4 万个，其中村（居）人民调解委员会 67.4 万个，企（事）业单位人民调解委员会 7.9 万个，乡镇（街道）人民调解委员会 4.2 万个，行业性、专业性人民调解组织 1.2 万个，人民调解员达到 494 万人，形成了覆盖全国城乡厂矿的人民调解组织网。近五年来，全国的人民调解组织直接调解、协助基层人民政府调解各类民间纠纷 2904 万余件，调解成功 2795 万余件，成功率达 96%。

1. 组织形式

调解根据其行为主体的不同，可以分成两种调解方式，相应的也有两种基本的组织架构。一是人民调解制度，基本采取人民自治方式进行；二是大调解，即政府参与的调解行为，利用行政手段进行调解。人民调解制度产生于革命根据地，成型于20世纪50年代，是对中国历史上的民间调解制度的传承。这种扎根于农村社会和广大群众的纠纷解决机制，构筑了解决民间纠纷、防止矛盾激化的“第一道防线”。这一制度也赢得了国内外的广泛赞赏，被誉为“东方之花”，为西方国家借鉴。虽然后来人民调解制度的发展有所停滞，但由于以诉讼为中心的解决纠纷的机制并未在当前社会真正承担起有效解决纠纷的功能，其在纠纷预防、防止纠纷升级与激化方面显示出自身的弊病，从而促使人民调解制度的不断创新。

在实践中，各地对人民调解制度的创新和落实都十分积极。司法部提供的数据显示，截至2009年底，全国共建有人民调解组织82.4万个，基本实现了调解组织网络全覆盖。近五年来，全国人民调解组织直接调解、协助基层人民政府调解各类民间纠纷2900多万件，调解成功2795万余件，调结率为96%；防止因民间纠纷引起的自杀10万余件，防止因民间纠纷转化成刑事案件25万余件，人民调解制度已然发挥了巨大的作用。

人民调解制度之所以能发挥这么大的作用，与数量众多的人民调解组织分不开。比如，在南京市，1340个村、居委会都建立了人民调解组织。而南京市的84条街道、29个镇均成立了人民调解委员会。人民调委会深入各社区、各街道，极大地方便了民众矛盾的及时解决和协调。

近年来，处于社会转型期的中国正呈现各种矛盾凸显、叠加的局面。在这种大环境之下，人民调解的范围也逐渐从传统的婚姻家庭、邻里关系、小额债务、轻微侵权等常见、多发的矛盾纠纷，向土地承包、拆迁安置、环境保护、医患纠纷等社会热点、难点纠纷扩展。因此，新形势下怎样能够更好地发挥人民调委会在解决社会矛盾方面的作用，成为中国有关方面关心的课题。

以南京市为例，根据矛盾纠纷的特点，南京发展了专业的调解组织。为了解决行业性、区域性的矛盾，他们设立专门的行业性、区域性的调委会。比如高淳的水产品市场调委会、珠宝市场调委会等。再比如目前的医患纠纷比较严重，南京市的13个区县均成立了医患纠纷调解委员会，将这种比较棘手的社会矛盾引入到人民群众中进行解决，在自治范围内解决纠纷。另外，为了最大限度地解决社会矛盾，南京市在13个基层法院、部分法庭之内都设立了人民调解工作室，基本实现了“诉调对接”，即在立案之前先行调解（当然这种调解是选择性的，视案件的具体情况而定是否要进行调解）。调解不成功的再进行诉讼。除了“诉调对接”之外，南京还实现了“公调对接”，把人民调解和110出警衔接。在矛盾纠纷比较多的地方，在派出所里设立专门的人民调解工作室，在矛盾不多的地方就不设专门的场所，总计有106个人民调解办公室。110出警时，将无法在现场处置的相关者带回本所，人民调解办公室在所里对这些纠纷相关者进行调解，一方面节约了警力，一方面有力地解决了矛盾。一个值得称道的方面是，为了解决跨地区矛盾，南京市还与周边地区合作建立联合人民调委会，有纠纷可以迅速报告，相关领导可以聚在一起共同商量处置化解矛盾。目前这样的调委会已经有26个。

总之，人民调解的工作领域在不断渗透和创新中，调解的组织形式也体现出专业性、行业性和区域性的特点。大调解，归根结底是人民行政、司法调解的有机结合。在单一部门、单一调解方式无法解决矛盾纠纷的情况下，由各部门的共同上级进行领导协调解决。一般是由党委政府统一领导，政法综治牵头协调，司法行政指导管理。目前，南京市的大调解有以下几种组织形式。

一是在省、市成立社会矛盾纠纷调解工作指导办公室，它不直接面对矛盾，只是进行调研和指导。下面的区县、街镇成立社会矛盾纠纷调解工作领导小组，纳入党委政府的统一领导之下，领导小组下设办公室，办公室设立于司法局。街道没有司法局的，不设办公室，可以减少组织机构。

二是在区县、街道成立大调解中心，也即社会矛盾纠纷调处服务中心。信访局也是大调解中心的一员。这是一个直接受理矛盾纠纷的实体组织，对矛盾纠纷可以实现分流指派、联合调处或直接调处。比如很多信访接待中心与大调解中心距离很近，可以很迅速地完成分流处置。值得注意的是，街镇的大调解中心是依托司法所成立的，基层政府调解矛盾纠纷的职能由司法所行使。这种大调解中心是带有行政色彩的，不是纯粹的自治，正因为有行政力量的介入，才能调动资源解决纠纷。

2. 人员配置

基层人民调委会实行的是民众自治，顾名思义，基层人民调委会的调解人员有一部分是人民群众自发组成，比如一些热心的社区居民等。对此国家也出台相关文件，对他们的工作进行经费的保障，以鼓励、支持人民调解员的工作。其次是“聘任式”，比如公安局内部原有的一些经验丰富的调解员（比如一些老民警），他们退休后不能代表公安行使执法权，而直接让他们进行调解又不合法。于是司法局便将他们聘任为人民调解员，接受司法局管理。

同样地，大部分专业调委会也最大限度地强调群众性，并且通过聘请专业人才，协助解决纠纷。在专业调委会中，相关部门领导任调委会主任或者副主任，本地人大代表、政协委员组成调委会成员，下面聘任专职的调解员，由专业人才化解专业性的矛盾。比如医患纠纷需要聘任懂医和懂法的人员，通过专业互补、技能互助，形成团队优势，协调解决医患纠纷。南京市另外有两个专家咨询委员会，一个是法学专家委员会，由司法局负责，另一个是医学专家委员会，由卫生局负责。

在大调解中，司法局局长任大调解中心主任，司法局副局长、信访局副局长、综治办主任任大调解中心的副主任。有关部门抽调人员集中办公。南京市还根据当地矛盾纠纷的特点成立若干专业调解小组，比如征地拆迁专业小组、环境保护调解小组等等，并依据“谁的范畴谁管理”的原则，将相关专业小组设于相关部门里面，相关部门负责人任组长，统一负责社会矛盾的解决。

3. 主要特点或特征

（1）人民调解制度是化解矛盾的基石。在我国，人民调解机构遍布各区县、乡镇、居（村）委会，这种“广撒网”的机构或者人员设置方式便利了社会矛盾的调解。尤其在村镇层面，矛盾双方和人民调解员一般是“乡里乡亲”，在面子和情理的作用下，矛盾解决一般比较顺利。

（2）人民调解制度与大调解衔接有效。如上所述，人民调解制度擅长的即是调解人民内部的、较小的矛盾，当面对征地拆迁等涉及面广的较大问题的时候，人民调解制度的调解力量就显得有所不足。而大调解则弥补了人民调解在这方面的不足，有政府力量介入的大调解制度，在面对比较棘手的矛盾时，能够充分调动人力物力资源化解矛盾，也可以直接收集人民的意见建议并反映到上级政府商议。这是人民调解所不具备的。而同样，大多数的矛盾还是在基层，如果让政府花费过多的精力在邻里之间的矛盾上，也不具有现实性。这又凸显了人民调解制度存在的必要性。人民调解和大调解在不同的层面进行社会矛盾调解，各司其职，相互衔接，才能发挥稳定社会的作用。

（3）调解的组织形式因地制宜，不断创新。随着社会矛盾的多样化发展，调解的组织形式也不再局限于在村、镇等层面设置调解机构，而是发展合作性、专业性、行业性的调解组织。目前，全国有些地区已经实现了"公调对接"、"诉调对接"，在便民服务和化解矛盾方面有了很大的进步。另外，部分地区与周边地区进行合作，成立联合人民调委会，以解决跨地区的矛盾。

同时，专业性、行业性的调解组织也在不断建立和成长中。医患矛盾向来是社会矛盾的一个大头，目前全国已有很多地区均建立了专门的医患纠纷调解委员会，并聘请专业人才，将医患纠纷纳入专门性的渠道进行管理。另外，部分地区针对本地区某些重要行业的特殊情况，成立行业性调解组织，比如水产品、珠宝行业等。

4. 存在问题与原因分析

（1）财政投入力度有待加强。据了解，我国目前对人民调委会的资金支持力度仍是不够的。大调解中心因为有政府力量的参与，有专门的、较为充足的经费保证。而人民调委会虽有政府财政支持，但是财政对之的保障力度不够，很多基层的人民调解员拿着偏低的工资，却要承担大量的调解任务，调解积极性受到打击，而大部分自愿进行调解的群众则基本是零报酬，长此以往也不利于他们热情的发挥。另外，有些地方已建立了案件调解成功奖励制度，对调解员进行一定程度上的奖励，但奖励的幅度、惠及的人群还是不够的。更多的地方因为经费的限制，连这些奖励机制都未建立，更加不利于人民调解工作机制的建立健全。

举个简单的例子。湖南的专职调解员的待遇偏低，工资只有1000～1200元，除工资奖金没有任何福利待遇，也没有加班工资，长沙市在岗职工的月平均工资2830元，调解员的收入与他们比差距较大，与在职干部相比，2008年1月在职干部工资上涨，达到3000元左右，每月还有绩效奖金1000元，而调解员只有考核，没有奖金。由这个简单的例子可以看出目前

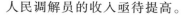

人民调解员的收入亟待提高。

（2）缺乏社会组织力量参与。无论是南京还是全国，都是以基层自治的调委会和行政力量参与的大调解中心为主要的矛盾调解组织，普遍缺乏社会力量的介入，对第三方的力量缺乏认可。而柔性社会管理强调的一个方面是社会自治，利用社会组织的力量对社会进行管理。比如北京的“小小鸟”就是一个专为外来工服务的 NGO 机构，在里面工作的基本都是志愿者，也没有专门的经费，是靠筹资来支持运转的。当地政府对之提供了政策支持和身份认可之后，该机构发展得如鱼得水，效果显著。这样的典型案例表明，调解性的社会力量、社会组织的建设，能够有助于社会矛盾的化解，也有利于政府分权，对矛盾调解工作改为政策支持和工作指导，符合柔性社会管理的题中之义。

（3）预防机制建设不力。目前我国的调解工作缺乏对预防机制的重视，事先发现、排查矛盾的工作进行得不够。在矛盾出现之后才进行调解，虽无不妥，但难免有滞后之嫌。建设以人为本的服务型政府，如何主动进行矛盾的预测，争取把矛盾化解在萌芽状态，是政府应该思考的问题。

（4）评估考核机制建设滞后。据了解，我国大部分地区并没有建立行政调解考核机制。首先是因为调解并不是一个必要的工作程序，矛盾的解决可以通过仲裁、诉讼等途径进行，部分行政人员并不会主动承担起调解的工作，而是将矛盾分流、转移到法院等部门。其次，有一些调解工作具有一定的危险性，比如医患纠纷、拆迁等矛盾中，经常可见推搡、殴打等情况，因此，部分行政人员有一定的惧怕心理。因此，根据调解建立行政考核机制有一定的困难。

（5）调解结果落实存在问题。目前，我国的人民调解或者大调解的工作虽然进行得比较顺利，但是调解结果的落实不够明确。很多矛盾纠纷在调解成功之后，并没有一个法律意义上承认的形式来巩固调解成果。不过，目前这方面有望突破。出台的《人民调解法》规定，人民调解协议书经法院确认将具备法律效力。对经人民调解达成的调解协议，当事人认为必要的，可以共同向人民法院申请司法确认；经法院确认有效的调解协议，一方当事人拒绝履行或未全部履行的，对方当事人可以向人民法院申请强制执行。这是近年来人民调解工作的一项重要制度创新。具体落实情况还需要进一步观察。

(6) 部分地区调解组织流于形式。近年来，一些农村基层人民调解组织的存在几乎被形式化，其日常工作机制不健全，受理调处纠纷的数量逐年大幅下降，制度功能和实践作用正呈现逐渐弱化态势，主要表现在以下几个方面。一是村级人民调解委员会组织“不健全”，乡镇一级人民调解委员会的机构设置缺乏应有的独立性。近年来，村级人民调解委员会逐步和村民委员会的机构合并，其职能一般转由村治保会，甚至由村治保主任一人承担。乡镇一级的人民调解委员会在机构设置上多是与乡镇综治办合署办公，或是与司法所两块牌子一套班子。乡镇人民调解委员会并不是一个独立的机构设置。农村基层人民调解组织机构设置的这一现状，从一个侧面反映出人民调解在广大农村社区逐渐被淡化，制度运行所必需的组织系统实际上已经遭受减损。二是农村基层人民调解委员会人员配备严重不足，普遍缺少通过群众选举产生的人民调解员。依据《人民调解委员会组织条例》的规定，村级人民调解委员会由委员 3 ~ 9 人组成，设主任 1 人。近年来，由于村民委员会的职数限制，人民调解委员会委员或调解员的配备也不复存在，调委会主任一般由村主任或村支书兼任，人民调解委员会委员或调解员的职责一般由村治保主任一人兼职承担。即使个别地方重视人民调解工作的，也只是由村民委员会的 1 ~ 2 名成员兼任人民调解委员会的委员或调解员，基本没有采用通过群众民主选举的方式，产生人民调解委员会的委员或调解员。

三　推进柔性社会管理的政策建议

（一）将柔性社会管理作为综合政策框架推行

社会管理总体上应该刚柔并济。建议由社会建设委员会牵头，推行柔性社会管理；由政法委牵头，坚持刚性社会管理。提倡和推进柔性社会管理，对于加强和创新社会管理，提升社会管理的科学化水平，推动社会管理体制改革都具有积极的促进作用。

1. 柔性社会管理的政策维度

在地方政府的实践中，柔性社会管理包括了三种不同的做法：一是通过开展行政指导减少行政执法纠纷，推动政府由管理走向服务，如福建省泉州市工商行政部门率先开展的行政指导实践；二是通过购买专业的社工服务来及时化解和疏导社会矛盾，避免社会矛盾积累、激化，如广州市萝岗区联合街道为失地农民购买的“联合一家”社工服务①；三是基层社会管理组织扁平化和公共服务均等化，积极回应群众诉求，维护群众权益，如广东南海“村改居”实践中的组织创新②。可见，在加强和创新社会管理的大背景下，柔性社会管理可作为一种综合的政策框架（见表2）。

表2　柔性社会管理的政策要素

维度	基本特征	操作性特征
起点	需求导向	需求调查、扁平化组织、差异化的资源和能力
过程	非强制性服务	公众参与、情理运用、行为自觉、协商机制
结果	需求满足	满意度考核、权益实现

在总体上，我国的社会管理包括两类：一类是政府对有关社会事务进行的规范和制约，即政府社会管理；另一类是社会的自我管理和自治管理。③ 因此，推行柔性社会管理可以以上述“三维”、“两类”作为路径。

2. 柔性社会管理的政策路径

柔性社会管理在起点上应强调需求导向，开展需求调查，推动社会管理组织的扁平化，引导社会组织发展，发展差异化的资源和能力。目前，民政部门已经在全国范围内开展入户走访活动，调查居民需求，走访对象包括全部辖区居民、外来人口、社区社会组织和驻区单位，重点是孤寡空巢老人、残疾人、优抚对象、社区矫正对象、刑释解教人员和困难家庭，着重梳理多数群众反映强烈的合法诉求和合理需求，积极回应治安保卫、

① 《两会前瞻：中国试水柔性社会管理凸显服务型政府》，新华网，http://news.xinhuanet.com/2011-03/01/c_121133992.htm，最后访问日期：2012年3月1日。

② 谢建辉等：《柔性化社会管理的南海样本》，《珠江时报》2011年6月7日。

③ 中国行政管理学会课题组：《加快我国社会管理和公共服务改革的研究报告》，《中国行政管理》2005年第2期。

环境保洁、卫生保健等社区居民最直接、最关心、最现实的利益问题。[①] 此外，民政部也已开始削减城市管理层次，推广撤销街道办的“铜陵模式”，并最终撤销街道办。[②] 在社会组织的发展上，民政部也已经表态，对公益慈善类、社会福利类、社会服务类社会组织，履行登记管理和业务主管一体化职能，这意味着上述三类社会组织将可直接登记，改变之前的双重管理门槛。[③] 不仅如此，政府还应该适度分权，为社会组织的发展创造需求，加大政府购买服务的支持力度，加快事业单位改革，打破社会组织领域的垄断，建立政府购买服务的竞争市场和竞争规则，使社会组织能够在竞争中增强能力。优胜劣汰，社会组织才可能真正具备差异化的资源和能力，满足群众差异化的、不断变化的需求。应该肯定的是，民政部上述三项举措完全符合柔性社会管理的方向。

柔性社会管理在过程中应强调非强制性服务，推动公众参与，建立协商机制，重视情理的感化作用，引导管理对象的行为自觉。行政指导便是一种积极的尝试，在工商行政管理系统已经得到广泛应用，截至2009年底，全面推进行政指导的省、自治区、直辖市工商局达到了13个。[④] 以此为基础，行政指导还可以在更大的范围内推广，促进服务型政府建设，推动政府社会管理转向政府社会服务。公众参与本身就是一种协商，协商也需要公众参与，前者是手段，后者是目的。目前，政府已经建立了听证会、市民论坛、圆桌会议、市民评估等多种协商机制，但从总体上看，协商不仅应体现为一种程序，还应该体现为结果，使政策决策和政策真正体现民意。2011年，南京市在修建地铁的施工中砍伐梧桐树引起市民不满，南京市政府及时顺应民意，建立“绿评”机制，要求重大项目开工前，不光要进行“环评”，还要进行“绿评”，[⑤]便是柔性社会管理的典型案例。如果说刚性社会管理是以规则为中心，柔性社会管理则重视情理，注重引导管理对象

① 《民政部开展入户走访活动，要求调查居民需求》，人民网，发布时间：2011年9月4日，http://society.people.com.cn/GB/41158/15581087.html，最后访问日期：2017年12月11日。

② 陈荞：《民政部官员：街道办撤销是趋势，可强化居民自治》，《京华时报》2011年9月5日。

③ 夏萌：《民政部：三类社会组织将可直接登记》，《京华时报》2011年7月11日。

④ 中华人民共和国国家工商行政管理总局法规司：《工商行政机关2009年度行政执法检查情况综述》，《新京报》，发布时间：2011年9月4日，http://www.saic.gov.cn/fgs/zfjd/zfjd/201002/t20100205_80065.html，最后访问日期：2017年12月22日。

⑤ 姚兰、仇惠栋：《南京重大工程开工前要绿评》，《扬子晚报》2011年3月22日。

的行为自觉。在某种程度上，说服教育和行为感化比直接惩戒花费的工夫多，但效果更好。近年来，司法部门推行的社区矫正便是此例，对罪行轻微、主观恶性较小、社会危害性不大的犯罪行为交由社区进行感化和教育，鼓励矫正对象自我重建社会规范。在城市综合管理执法中，针对流动摊贩的管理也开始转变理念，以说服劝导为主，能不罚款尽量不罚款。

柔性社会管理在结果上应强调需求满足，以群众满意度作为社会管理绩效考核的重要维度，帮助群众实现合理的权益诉求，以“维权”来“维稳”。目前，政务热线、机关作风评议在一定程度上促进了以群众满意度为核心的绩效考核。2001 年，南京市在全国首创“机关作风万人评议”，其中，2010 年的评议全部由群众评价，评价结果向社会公布，优化评价方法，开展分组评价：拥有执法队伍、服务窗口的单位，如公安局、环保局、质监局等列为一组；工作相对宏观、与群众直接接触少的发改委、科委、机关管理局等列为一组；其他工作相对专一的部门如总工会、市委老干部局等列为一组，评价结果相对合理，增强了评价结果的可接受性。10 年下来，群众对南京市级机关的总体满意率不断上升，由 2001 年度的 28.15% 上升至 2010 年度的 57.14%。群众的参与热情也不断提高，评议表回收率 2010 年度达到 98% 以上。[①] 当然，以群众满意度为依据进行绩效考核在本质上是促进社会管理向需求导向转变，因此，考核结果的反馈与行为改进才是考核的真正目的。2011 年，珠海取消了对镇街的 GDP 考核，经济发展占考核总分的比重由过去的 50% 降为零，而社会管理和公共服务占比则由 50% 提至 100%，“指挥棒”的改变迫使镇街干部“沉”到社区，[②]帮助群众实现权益诉求，变被动“维稳”为主动“维权”。

然而，政府管理社会带有天然的刚性。从政治国家的起源来看，国家在从市民社会取得了权力之后，采用“一刀切”的方式来管理社会，保证“每一个个人和其他最微贱的人都平等地受制于那些他自己作为立法机关的一部分所制定的法律”。[③]在这种意义上，政府的社会管理倾向于将统一“规

① 申琳：《南京：万人评议机关，十年助改作风》，《人民日报》2011 年 2 月 15 日。

② 雷辉、王晖辉：《珠海镇街取消 GDP 考核，考核“镇官”看公共服务》，《南方日报》2015 年 5 月 31 日。

③ 洛克：《政府论》（下篇），叶启芳、瞿菊农译，商务印书馆，1964，第 59 页。

则”之外的任何一种利益诉求都视为“麻烦”。彼德·德鲁克（Peter Drucker）敏锐地看到了这种“以规则为中心”的刚性管理方式在商业世界中的问题，他指出：“任何人如果想把管理变得更为‘科学’或变成一种‘专业’，一定会开始设法除去那些‘讨厌的麻烦’——商业世界中的不可预测性，包括：风险、波动、‘无益的竞争’、消费者的‘不理性选择’等。”[①] 这一点也适用于社会管理，“公平”可能被简化为“按章办事”，面对庞杂的社会事务，管理者会选择“尽量不要惹麻烦”的逻辑，导致社会管理的标准向下看齐。此外，在“依法行政”的规则下，政府社会管理更多的是事后的“问题”处置，而一旦出现“问题”，处置又难以做到柔性。虽然行政指导可以改善这种状况，但在某种程度上，行政指导强调了政府的经济性服务，在推行柔性社会管理的过程中，服务型政府建设还要强调政府的社会性服务。

因此，柔性社会管理还需要社会自我管理和自治管理的补充。社区和社会组织是社会自我管理和自治管理的主体，它们的服务方式天然就是柔性的。因此，推行柔性社会管理需要坚持和发展社区自治，培育社会组织，鼓励和完善政府购买服务。在加强和创新社会管理的实践中，江苏试行的“一委（党委）、一居（居委会）、一站（管理服务站）、一办（综合治理办公室）”的社区组织结构，将居委会从繁重的行政任务中解脱出来，集中精力开展社区自治，提升了社区公共服务效率和水平。江苏计划到2015年，“一委一居一站一办”社区组织结构覆盖90%以上的城乡社区。[②] 在服务方式上，社区居民议事、居民满意度考核等机制也逐步建立和完善，有效地推动了柔性社会管理。需求是社会组织生存和发展的前提条件，政府可以通过加大购买服务的力度，为社会组织的发展创造需求。2011年8月9日，珠海市出台《关于购买社会组织服务的实施意见》，将政府购买服务常态化、多元化、规范化：2010～2011年，先行在行业类、总会类、公益服务类和社区类等社会组织中开展政府购买公共服务；2012年，进一步扩大政

① 彼德·德鲁克：《管理的实践》，齐若兰译，那国毅审定，机械工业出版社，2008，第8页。

②《江苏将全面推广“一委一居一站一办”社区组织架构》，新华网，发布时间：2011年8月24日，http://news.xinhuanet.com/society/2011-08/24/c_121905090.htm，最后访问日期：2012年3月1日。

府购买范围；2013 年起，政府购买服务推向所有有资质、有能力的社会组织。[①] 这将为社会组织发展提供稳定、庞大的市场，在实质上推动社会组织的能力提升。

（二）推行柔性社会管理的重点建议

1. 加大政府购买服务，为社会组织的成长创造市场需求

（1）对社会组织的能力进行全面调查和评估。由民政部门进行研究建立符合南京实际的社会组织能力评估标准，对全市所有社会组织能力进行评估、分类，建立社会组织承接政府购买服务的准入标准。

（2）明确政府购买服务的范围。可包括以下几个方面。1）通过政府购买服务，有利于转变政府职能，提高工作效率、服务质量和群众满意度；2）项目适用于能确定评估量化指标的事务；3）项目具备一定的市场化运作条件。

（3）建立政府购买服务的财政机制。政府部门提出年度购买公共服务的具体项目，并编制相应的经费预算报财政部门审定后列入年度部门购买公共服务项目计划。财政部门在经批准的政府预算内对已审定的项目安排购买资金。

（4）明确政府购买服务的方式。可包括以下几个方面。1）由政府相关部门将政府购买社会组织公共服务事项及具体要求通过政府采购等政府公共信息平台发布，通过公开招标采购方式确定服务供应方。2）对市场竞争暂不充分，经市政府确定为市场孵化期的部分公共服务事项，依法采用除公开招标外的其他政府采购方式购买。政府相关部门应当采取有效手段，尽快培育市场，使社会服务业成熟起来并具备市场竞争力。3）对市场条件不充分的部分事项，也可采用除招标形式以外政府采购法允许的其他方式购买。4）服务供应方确定后，由政府相关部门或经政府相关部门授权的事业单位与服务供应方签订正式合同。

（5）建立政府购买服务的评估机制和管理体系。

2. 基层社会组织扁平化，及时发现、传递和回应群众需求

扁平化社会管理是通过压缩管理层级、打破职责分割、合并职能部

① 《珠海市人民政府办公室关于购买社会组织服务的实施意见》，珠海市人民政府网站，http://www.zhuhai.gov.cn/，最后访问日期：2012 年 11 月 5 日。

门和机构、裁减人员而形成的一种新的社会管理模式；是使城市社会管理的决策层和实施操作层之间的中间管理层级得以消除，使城市社会管理快速地将决策权延伸到市民服务、具体社会事务的最前线，从而为提高城市社会管理效率而建立起来的一种富有弹性的、新型的社会管理模式。纵向压缩管理层级、横向整合职责与减少管理部门而形成扁平化的社会管理模式的特点是：一是压缩了管理层级、扩大了管理幅度，缩短了从“金字塔”顶端到低端的距离；二是改变了机构上下对口设置的状况，越到基层越强调职责整合与机构合并，形成了综合管理；三是适应了广义社会管理的需要，提升了信息上下运行的效率、改变了职责分割和实现了资源横向的共享，为市民方便获取各种服务、减少环节、少跑部门提供了便捷的解决途径。扁平化社会管理适应了基层社会管理更加复杂综合、更加接近市民和具体社会事务管理与服务的需要，有利于统筹整合社会资源、切实提高整体效能，有利于实现社会管理反应快速化、操作便捷化、运行高效化。

(1) 建构2+3或1+3模式。探索“市-区（县）-社区”或“市-街道（乡镇）-社区”管理新模式，即将宏观和协调监管职能上移到市、区，将部分社会管理和公共服务等微观职能下移到街道（乡镇）或社区，相应优化组织结构和人力资源配置，减少管理层级。2+3模式是撤销街道，实行“市-区（县）-社区”、建构“二级政府、三级管理”新体制；1+3模式是撤销区（县），实行“市-街道（乡镇）-社区”、建构“一级政府、三级管理”新体制。

(2) 建构社区扁平化机制。无论是2+3模式还是1+3模式，都离不开社区载体。因此，需要建构社区扁平化机制，就是在社区党政统领下，合理扩大管理幅度，科学减少管理环节，以信息技术为依托，统筹整合区域资源、切实提高管理效能，最终实现“快速反应、便捷操作、高效运行”的社会管理模式。“社区扁平化”要求归并整合上级各部委办局下移到社区的机构或职能，实现在统一的平台上跨部门跨行业的工作整合，确保权随责走、费随事转以及责权利和人财物联动下移，切实保障公共财政向社区倾斜、公共资源向社区聚集。

3. 强调群众参与，建立多种利益协商机制

(1) 利益诉求表达机制。健全的利益表达机制是建立利益协调机制的

基础。没有有效的利益表达机制，其他的利益协调机制也就无从谈起。利益诉求表达的制度性平台包括：领导干部接待群众制度；党政领导干部和党代表、人大代表、政协委员联系群众制度；信访制度以及信息公开制度、听证制度、协商谈判制度、公民投票制度。其中，目前最为重要的是重大工程项目的公民意见表达制度。

（2）利益分配机制。确立公平正义的利益分配机制是协调社会利益关系的根本要求。共同富裕是社会主义的本质要求，它要求把社会成员之间的收入差距和贫富差距控制在合理的限度内。目前，不同社会成员之间的收入差距过大，严重阻碍公平正义的实现。解决收入差距过大问题，首先要突出按劳分配的主体地位，提高劳动报酬在初次分配中的比重。鉴于目前我国初次分配中劳动报酬所占比重偏低的现状，政府应加强督导，强化按劳分配的主体地位，引导企业公平分配，逐步提高劳动报酬在初次分配中的比重，防止资本利润对劳动收益的过度侵蚀，真正做到劳动收入与劳动贡献相匹配。其中，最为核心的是建立和完善工资集体协商谈判制度。

（3）利益调节机制。在市场经济条件下，由于资源禀赋及自然环境等差异，加之市场这一“无形之手”的作用，出现贫富差距难以避免。这就需要发挥政府“有形之手”的作用，加强宏观调控，统筹协调发达地区与落后地区、城市与农村、垄断行业与非垄断行业、个人与集体与国家等之间的利益关系，尽可能达到利益相对均衡，促进共同富裕。要通过制度创新，健全以社会保险、社会救助、社会福利为主要内容的社会保障体系，尤其是要致力于逐步扩大社会保障体系覆盖面，制定规划，分步实施，把尚未纳入社保体系的农民工和农民逐步纳入社保体系。目前，最为核心的是建立针对流动人口的社会救助制度。

（4）利益补偿机制。重点包括：利益补偿必须做到公平合理、足额到位。对当事人利益受损情况须做出准确的评估，根据受损情况给予当事人公平合理足额到位的补偿，基层政府和村集体不得截留补偿款；公益性项目和商业性项目要区别对待，不能相互混淆；应适时对相关补偿标准做出调整，不合理的要使之合理化，过时的要重新修订。特别是随着物价水平的上升，补偿标准要相应提高；要统筹兼顾各方利益，特别是要维护好受损群众的利益，通过平等协商寻求补偿方与受损方的利益平衡点。在贯彻执行国家政策的前提下，尽可能满足受损群众的合理利益诉求。利益补偿合理与否要以是否符合国家政策和受损群众是否满意为衡量标准。目前，最为核心的是建立拆迁补偿的价格谈判机制。

（5）利益矛盾调处机制。密切联系群众，加强党和政府与群众的沟通，及时收集掌握社会舆论，准确把握社会利益矛盾的苗头和发展动向；正确分析和掌握社会利益矛盾的动态趋势，尽可能把矛盾化解在萌芽状态。要高度重视并采用多种方式、多种手段化解已经出现的各种利益矛盾。构建利益各方协商对话的平台，通过对话协商达成共识，理性地解决利益矛盾；坚持社会调解、人民调解、行政调解、司法调解相结合，根据矛盾实际，采用适宜的调解方式；充分发挥党的政治优势和总揽全局、协调各方的作用，特别是要充分发挥基层党组织直接联系群众、反映群众利益诉求和化解利益矛盾方面的作用。对因利益矛盾引发的群体性事件，要及时启动应急处置机制解决处理，绝不能贻误时机，激化矛盾。处置突发性群体事件，只有采取科学有效的方式，慎重、妥善处置，才能稳定群众情绪，防止矛盾激化，赢得群众的理解和支持，达到事半功倍的效果。

4. 强化以群众满意度为核心的考核方式

主要包括两个层面。政府层面：（1）加大 12345 的宣传力度，使更多的群众知道 12345，扩大 12345 的覆盖面，建立制度化保障机制；（2）加大 12345 的信息来源，在不废除原有各种投诉热线和监督热线的基础上，将这些热线的信息接入 12345，并建立 12345 的督办反馈机制。

社区层面：全面推行社区满意度考核，并在街道和区一级政府的层面上，加入社区和居民考核的反向考核机制，使社区居民和社区工作者对街道和区一级政府工作人员的考核占到一定权重。

（三）在重点领域推行柔性社会管理的具体建议

1. 社会矛盾调解

在各地调委会的建设和管理中，有一些地区的模式值得思考或借鉴。通过对以下几种模式的思考，能够总结出一些矛盾调解方式可以改进的地方。

（1）大调解与人民调解结合

①浙江枫桥模式

四十多年前，浙江省诸暨市枫桥镇，坚持矛盾不上交，就地解决的工作方式，创造了“捕人少、治安好”的经验。毛泽东同志批示“要各地仿效，经过试点，推广去做”。由此，“枫桥经验”闻名全国。2002年以来，“枫桥经验”进一步丰富和发展，建立了大调解组织以及专业调解机构。

在组织架构上，具体落实为党委政府统一领导，综治部门组织协调，有关部门积极参与的矛盾纠纷排查调处机制，以及基层公安派出所、司法所、民间组织相互协作、官民并举的矛盾纠纷个案调处机制。诸暨市的大调解组织网络覆盖市、镇、村，全部成立调解组织，大调解委员会由政法委负责协调领导，法院直接参与组织实施并进行业务指导，是人民调解与行政调解的兼容典型。它以对乡镇一级的社会矛盾调解为基点，形成镇、社区、村（企业）三级调解网络，注重调解与诉讼的对接，有利于矛盾的解决。此外，还成立了如医疗、交通等领域的专业调解机构。目前，全市共有各类调解组织839家、调解员3522名、矛盾纠纷信息员3299名。为在第一时间化解矛盾，诸暨把全市农村社区划分为一个个网格，由党员干部一对一负责，只要辖区网格内一有风吹草动，就第一时间获得信息，及时处理。

从起点管理上看，枫桥坚持做到“组织建设走在工作前，预测工作走在预防前，预防工作走在调解前，调解工作走在激化前”，“预警在先，苗头问题早消化；教育在先，重点对象早转化；控制在先，敏感时期早防范；调解在先，矛盾纠纷早处理。”概括而言，把矛盾化解在萌芽状态就是“枫桥经验”的基本特点。

从过程管理上看，为化解矛盾，诸暨市整合资源，采取组团式服务合力化解矛盾。枫桥镇成立了集公安、司法、法庭、检察、工商等各个力量的综治工作中心，设立服务大厅，由镇干部带头，实行“工作日坐诊、双休日出诊、不定期会诊”的“三诊”矛盾化解工作机制。该机制的实施，构建了信访的绿色通道，实现了新形势下社会各类矛盾全方位调处、一站式解决的目标。2010年，诸暨市各级人民调解委员会共排查调处各类纠纷5627件，法院调处各类民商事纠纷8300件，公安部门调解治安和交通案件5342件。甚至春节期间，这些调解组织还在正常运转，排查矛盾纠纷544

件，调解成功521件。

总之，“枫桥模式”矛盾纠纷大调解新体系，是以人民调解为基础，整合司法调解、行政调解、仲裁调解等资源，由政府力量、社会力量和专业力量共同参与，具有多层次、专业化、全覆盖的特点。另外，“枫桥模式”的一个亮点就是做好预防准备工作，将矛盾解决在萌芽状态。

②江苏南通模式

从组织机构上看，以矛盾调处中心为载体的社会“大调解”机制，是江苏省南通市首创并已走向全国的一项品牌性综治工作。2003年7月，南通市设立了“社会矛盾纠纷调处指导委员会”，并在县、乡两级设立社会矛盾纠纷调处中心，在村或社区设立调解站、村（居）民小组调解员以及每十户设立一名信息员，在市直属部门和行业协会设立调解办公室等六级组织网络，对社会矛盾实行“统一受理、集中梳理、归口管理和限期处理”的原则。目前，南通市已建立9个县（市）区级调处中心，拥有行政事业编制64名；122个乡镇街道调处中心配有专职调解员440名，乡镇公安警务与社会调解对接站有专职调解员456名，1972个村（居）调处站配备了以老干部为主体的专职调解员4070名。通过夯实县、乡镇、村（居）三级调解组织体系，提升了基层调解组织调处能力，使全市矛盾纠纷的化解呈现“金字塔”形格局，80%左右的矛盾纠纷在村（居）化解，12%左右的矛盾纠纷在乡镇化解，8%左右的涉及跨行业、跨地区、有影响的矛盾纠纷化解在县（市）区级，实现了“小矛盾不出村、大矛盾不出镇、重大疑难矛盾不出县”的调解目标。到2009年，南通累计化解各类矛盾纠纷20.9万件，调处成功率达97%以上；有效防止“民转刑”案件1732起、越级上访3689起、群体性事件3105起。

从起点管理上看，南通坚持把排查、防控、调处、回访等一系列工作机制落到实处，切实提升大调解综合效能。县（市）区每月、乡镇（街道）每半月、村（居）每旬排查一次矛盾纠纷，实行“零报告”制度，对可能出现的越级上访、群体性事件、“民转刑”案件等矛盾纠纷的化解率达到98%以上。

从过程管理上看，除了上述的基层建设调解矛盾的工作方式之外，南通还将社会矛盾纠纷调处中心与法院、公安局、检察院职能工作进行有效对接，促进社会调解资源与公检法专业资源有机整合，使矛盾纠纷进入司法程序的数量大幅减少。通过“诉调对接”，2009 年全市两级法院调撤率超过75%；通过“公调对接”，全市公安机关 2006～2009 年调解纠纷 45843 件，调解成功率达97%以上；通过“检调对接”，全市两级检察机关2006～2009年以来调解结案 986 件，防止群体性上访事件60余起。

从结果管理上看，2008 年 2 月 23 日，南通市委常委会发出当年第 1 号会议纪要，出台该市落实社会治安综合治理领导责任制的五条硬性措施。其中最引人注意的就是：将抓社会治安综合治理工作的能力与实绩，作为任用干部的重要依据之一，对干部任内期间发生严重影响社会稳定重大问题的，实施“一票否决”，并取消党政领导干部本人评先、授奖、晋职、晋级的资格。这样的考核机制，将倒逼干部充分重视并努力做好乡村矛盾调解工作。另外，南通十分重视专业技能的培训，近六年来，南通市共组织调解业务培训 4170 场次，1.9 万人次参训。通过培训提升调解员的职能，推动矛盾的解决。此外，全市每两年评选一次“十佳调处中心”和“十佳调解员”，还有“双十佳”表彰。

近年来，社会矛盾呈现跨地区、跨部门、跨行业的特点，以往单一的调处机制，很难达到综合的效益。当前的大量社会矛盾纠纷可以在基层化解，关键是创新调解机制，形成“大联动”、“大整合”、“大覆盖”的调解格局。南通市的“大调解”机制突破了过去人民调解由司法行政部门归口管理的体制局限，形成了党委政府统一领导、政法综治牵头协调、调处中心具体负责、司法行政部门业务指导、职能部门共同参与、社会各方整体联动的社会矛盾纠纷“大调解”的工作新格局。这种综合性的大调解把人民调解、基层司法调解和行政调解有机地结合在一起，将人民调解合情合理，行政、司法调解合法的特点很好地融会贯通，既使调解合法和具有权威性，又体现了说理和灵活的特点，从而最大限度发挥了调解的功能，促进了南通市的和谐稳定。南通市的另一大特点就是做好了考核机制，有奖有惩，有利于激发干部和调解员的积极性。

（2）专业调解

①南京模式——医患纠纷调解委员会

南京市卫生局、市司法局正式发文，在 2008 年 3 月 1 日依托现有的区、县人民调解委员会，设立了医患纠纷人民调解委员会，属于区域性的行业人民调解组织。调委会成员由司法行政、卫生行政等部门分管领导和人大代表、政协委员及医学、法学等方面的专业人士7~9人组成。

这种医患纠纷调解委员会有三种不同的存在形式。鼓楼区因为医院多，医患纠纷比较多。所以鼓楼区是“独立型”的调解委员会，专门在上海路建立场所，调拨人员和经费。医患纠纷调委会接受上级司法行政机关和区县人民调解委员会的工作指导，依法独立受理和调解本辖区的医患纠纷。白下区等地是“依托型”模式，这些地区纠纷不是特别多，于是调委会依托这些区县的大调解中心成立，没有专门建立场所，但可以调拨人员和经费。高淳、溧水等地因为纠纷比较少，则是典型的“融合型”模式，有专门的经费即可。

南京市医调委的亮点在于，它是政府主导下的群众组织，是政府出资在第三地建立的真正的第三方医患纠纷人民调解组织。通过搭建各功能的调解中心平台，医调委与治安管理和卫生行政部门实现对接（所在地派出所参与、各医院配备医疗纠纷联络员），由法学和医学专家组成的专家咨询委员会，供各区医调委共享平台资源。

另外，市卫生局、市司法局还致力于在南京市推行医疗责任保险建立第三方调解机制，作为调委会运行的基础保障和行动机制。市卫生局授权一些保险公司负责一些公立医院的医责险投保工作。投保半年以来，鼓楼区的医调委受理54起医患纠纷案件，保险公司根据医调委的调解报告，完成其中30起理赔，共支付了90万元，而医院对保险公司的赔偿满意度尚可。在南京模式中，保险公司已被放在了自己的位置上，以纯粹的保险商的身份代表医方参与医患纠纷调解，承担医方的经济赔偿责任。

②北京模式——外来务工人员调解委员会

1996年，一名普通北京外来务工者魏伟先生创办了“小小鸟”。“小小鸟”成立之初是一条公益热线电话，活动内容包括组织外来务工人员联谊，组织志愿者开展各种公益活动，为打工者免费提供招聘信息，帮助农民工讨要工资等等。可以说，这是一个典型的NGO组织，主要面向外来务工人员服务。

2004年9月，“小小鸟人民调解委员会”在“小小鸟”热线的基础上挂牌成立，北京东城区东华门街道司法所为其中的调解员制作了“人民调解委员会调解员工作证”。“小小鸟委员会”是专门为外来务工人员提供服务的组织，其特点是跨行业、跨地域。其工作程序一般是如果打电话来求助的当事人在北京，则接线人会请其来办公室面谈，并要求当事人带上证明事实的必要材料。在掌握情况和当事人诉求后，一般先给涉诉方打电话核实情况，了解对方想法，再进一步调解。如果有必要，工作人员和志愿律师会直接到现场找涉诉方调解。涉及人数众多，款项巨大，影响恶劣的，往往还会与媒体联系，与记者一起出面，要是还不能解决，就会指导求助者向劳动部门投诉，或委托律师提起诉讼。

仅凭“小小鸟”几个工作人员的力量，是难以维护农民工权益的。“小小鸟”的工作得到了多方面的支持。很多律师志愿者都积极参与其维权调解工作，他们或者在办公室帮助接听求助者的电话，或者协助接待求助者，或者一同去现场进行调解工作。另外，北京市司法局、东城区司法局，在政策和身份上给予“小小鸟”极大的支持，并及时给予工作上的指导和帮助。除了“小小鸟人民调解委员会”的身份，让“小小鸟”在维权的时候如鱼得水，“小小鸟”的筹资能力也助它越飞越高。从2004年得到加拿大驻华大使馆的第一笔10万元捐赠外，“小小鸟”已经获得资助逾400万元人民币。从2004年调委会成立到2010年10月，“小小鸟”已经解决来访求助2300余件，累计涉及2.4万余人，帮助讨回拖欠工资近9000万元。

2006年9月，北京海淀区成立的“燕园专家民调工作室”与此类型相似，具有专门性和跨行业性，是由大学教授组成的专家调解工作室，负责该辖区内影响较大、疑难复杂、各社区调解委员会难于处理的纠纷案件。

由上述可见，目前在我国社会矛盾调解领域，仍有进一步施行柔性管理的空间。首先，可以尝试由人民调解员主动出击，上门探访，预防矛盾的激化；在调解过程中，考虑纳入市场性力量的帮助，并与专业人才合作，进行矛盾的化解；引入调解的绩效考核机制，激发干部和工作人员的调解积极性；最后将调解结果赋予法律认可的地位，巩固调解成果。这些都是可以进一步探索柔性管理的地方。

根据上述对我国人民调解以及大调解等方面的介绍，为了更好地解决社会矛盾，安抚利益受损人群，改变目前调解主动性不够、调解效果落实存在问题等方面的不足，建议从以下几个方面做出努力，予以改善。

（1）组织领导

政府做好矛盾调解的“掌舵人”，政府的支持是矛盾调解顺利进行的首要保证。各级政府应认识到调解组织的重要作用，对人民调解组织提供足够的财力、人力等方面的支持，以保证人民调解工作的可持续进行。同时，主管部门的有效领导是矛盾调解工作有效持续的中坚力量。司法局作为主要责任领导部门，应切实发挥好组织领导矛盾调解工作的作用，对人民调解委员会和大调解机构进行工作的支持、指导以及参与。再者，相关部门间的协调配合是做好矛盾调解的有力支撑。无论是信访局、民政局还是建设局、环保局，只要涉及社会矛盾调解的，都应该积极履行职责并相互配合，使得群众与本部门的矛盾以及跨部门的矛盾都可以得到有效化解。

（2）体制机制创新

①强化调委会人员建设机制。

现行立法虽然规定了由群众民主选举和乡镇司法所聘任两种调解员的产生机制，但从实践的情况看，聘任产生则被更多地加以采用。应改革现行调解员产生的双重机制，在对调解员的任职条件明确规定的前提下，保留由社区群众民主选举产生的方式选聘调解员，让具有一定社会责任感和社会影响力，处事公道正派，具备一定文化素质和法律专业知识，受群众普遍公认的人加入到调解员的行列，彻底改变现有的乡镇司法助理员和其他行政人员兼任人民调解员的状况，提升农村基层人民调解委员会的权威地位和广泛的社会认同感。对于一些经验丰富的原行政人员，在其退休后可以返聘为人民调解员，也有利于矛盾的化解。

另外，随着社会矛盾的日趋复杂化，调委会需要专业人才的加入，进行专业化的调解。在专业性、行业性的调委会不断建立的情况下，一些调委会的专业人才配备不够，使得矛盾调解效果不尽如人意。在加大宣传、聘任专业人才加入调委会之后，有助于配合其他调解员的工作，促进矛盾化解。

②前置矛盾的解决，探索矛盾预防机制建设。

服务型政府的建设要求主动去服务民众，在矛盾调解方面，前置矛盾解决是一个很好的体现主动性的方式。基层调委会平时可以主动走访社区、村居，尤其在拆迁等社会矛盾频发之际，更应该主动上门了解利益受损群体的心理和困难，在矛盾激化之前就将其化解，能够提升调委会形象。

另外，在调委会平时调解矛盾之后，应对矛盾的类型、严重性、有效的解决方式进行总结，在下次遇到相似的案例后可以直接运用之前的经验，提升解决的效率。

③加强考核奖励机制建设，激发调解员的积极性。

目前我国对调解的反馈机制建设力度不够，典型的就是考核奖励机制。柔性社会管理方式对结果十分重视，也要求对管理结构进行反馈。考核奖励机制的存在，是做好结果管理的必需。通过考核奖励机制有利于人民调解员积极性的发挥，也因为考核机制的反馈性，使得相关行政人员不能随意推脱职责，尽可能做好调解工作。在对矛盾调解工作的考核上，不太适宜使用惩罚机制。首先调解并不是必须的，一些矛盾已超越了调解的范畴，需要通过仲裁或者诉讼的方式解决，另外有一些矛盾在调解时会遇到很大的困难，如果使用惩罚机制，不利于调解工作的进行。

重点对策措施建议如下。

第一，加大财政保障力度，提高专职调解员收入，增加对兼职调解员的奖励。我国目前建立的人民调解委员会，在其基本性质上仍属于由政府或司法行政机关组织的民间纠纷解决机构，而且人民调解所具有的对诉讼审判制度补偏救弊、分担压力和补充代替作用，以及在减少社会在纠纷解决方面的成本和代价，应建立由政府财政给予其必要的物质保障机制，唯有如此，才能从物质条件上充分保证人民调解在农村社会的有效运行和功能发挥。同时，目前的专职调解员收入是偏低的，应改革现行的调解员报酬制度，根据当地经济水平，并参照政府公职人员的收入状况，确定人民调解委员会专职调解员的工作报酬。对于兼职调解员，应按照他们的工作量进行相应的奖励，从而提升他们调解的积极性，推进调解工作的顺利进行。

第二，探索社会组织参与调解的途径，引入市场性力量进行矛盾解决。柔性社会管理一个很重要的方面就是对社会力量的重视，通过社会组织实现社会对自己的管理。我国应放开矛盾调解的途径，鼓励社会组织参与到矛盾调解中来，政府通过对社会组织提供工作指导给予支持。一方面可以减轻政府工作负担，另一方面有助于社会组织取得调解矛盾的“身份认可”，加上社会组织容易使民众产生亲切感，故有利于矛盾的化解。这也是做到柔性社会管理的重要一步。

第三，赋予人民调解协议强制执行效力。人民调解纠纷解决机制有一个欠缺，即通过人民调解形成的纠纷解决结果，或者说纠纷当事人经人民调解达成的调解协议的法律效力，不仅还没有在立法上做出明确规定，而且其法律效力相对于其他纠纷解决机制产生的结果较弱。为了鼓励、吸引纠纷当事人利用人民调解解决纠纷，提升人民调解纠纷解决的法律地位，促进人民调解纠纷解决社会功能充分发挥，就必须从立法上赋予人民调解协议更为强大的法律效力，其核心问题就是规定人民调解协议具有强制执行的效力。从柔性社会管理的角度说，就是应该重视结果管理，做好调解结果的具体落实工作，给予调解结果法律认可的地位。

（四）城市管理综合执法

可以从城市管理整个流程中的三个关键节点来进行把握。

1. 城市管理起点上：以服务对象的需求为导向

变城市管理为城市服务实践证明，行政管理部门仅仅依赖传统的行政强制和行政处罚等行政行为和管理方式越来越不能适应现代城市管理的需要，也与当下强调的“服务型政府”和“以人为本”的理念精神背道而驰，尤其是在居民的权利意识和法制意识普遍增强的情况下，如要缓解和改变前文述及的行政管理部门与管理对象间的不和谐关系，对现有的行政活动方式的革新就势在必行。由于管理本身很难摆脱刚性，现在通常讲“依法行政”，具体到执法部门往往就是循章办事，没有变通和融通的空间。这本身无可厚非，因为唯其如此，才能限制行政权力的膨胀，杜绝和规避行政执法的随意和自由裁量宽泛的问题。因此，在管理的实践中呈现的往往就是一种“问题解决式”的行政思维和处理方式。例如，在工商行政管理中，只有出现了无照经营，工商部门才会查处，多是依法取缔和关闭；在城市综合行政执法中，只有出现了占道经营，城管部门才会查处，多是暂扣工具和取缔。这样的管理思维和执法方式是有问题的，实质在于根本没有考虑到管理对象的利益和需求，极易引发执法者和执法相对人之间关系的紧张和尖锐冲突。不少相对人不服或不接受行政处理结果，还要进入信访和诉讼程序，导致管理部门的行政效率低下和管理效果差强人意。

因此，要从根本上扭转和摆脱当前城市管理困境和行政执法的瓶颈，处方就是“变事后的管理为事前的服务”、“变问题的解决为问题的预防”、“变规则的服从为权利的告知”，推动政府部门由管理为主向服务为主的治理模式的转变。

这方面，国外的探索开始得较早，以20世纪中后期开展的“新公共管理”（New Public Management）运动为契机，将传统的主体中心主义、权力中心主义转化为客体中心主义和服务中心主义，政府和市民社会的关系中更多地融入了“平等”、“协商”、“契约”等词汇，地方政府体制改革形成了多中心治理的格局，积累了丰富的改革经验。在当代行政治理中最先开拓出以“小权力、大权威”为特点的行政指导、行政合同等灵活治理模式的是日本。借鉴其思路，作为一种制度创新，我国最早于2004年，国务院在《全面推进依法行政实施纲要》中明确指出：要充分发挥行政规划、行政指导、行政合同等方式的作用；2009年末，国务院《关于深入贯彻落实〈全面推进依法行政实施纲要〉的实施意见（征求意见稿）》中再一次指出：要积极创新行政执法方式，更多地运用行政指导、行政合同等非强制性执法手段。由此，本文认为，非强制行政行为尤其是行政指导应当作为推进政府管理工作转型和构建新型城市治理模式的重要手段和方式得到应有的重视和发展。2005年，在泉州市工商机关开展行政指导并取得成功的基础上，福建省工商系统开始全面推行行政指导，形成了一套较为成熟的做法，被称为“泉州经验”。在“泉州经验”的基础上，许多地方政府部门也积极探索和应用非强制行政行为。2006年，吉林市工商局确定了三年内完成非强制行政管理体系建设的目标。2007年，“泉州经验”开始逐步向农林、城管等部门推广。自2009年起，诸如北京、上海、成都、苏州等市政府亦开始普遍推广行政指导。

2. 继续深化和创新以行政指导为代表的非强制行政行为

首先，这里有必要费些许笔墨对非强制行政行为做一些基本描述。这一领域的最先开拓者是日本的行政法学理论研究者们，我国最早是20世纪90年代末期由崔卓兰教授以《试论非强制行政行为》一文呼吁将这一概念纳入我国行政法学的研究视野中之后才得到理论界的关注和引用，其理论核心是弱化传统的行政行为所强调的强制性，通过指导、协商、鼓励等温和的手段实现行政管理的目标。关于这一概念本身存在的争议①，这里不作赘述。非强制行政行为是由一定的行政主体，按照非正式的程序，不以强制对方服从、接受为特征的行政行为。在界定非强制行政行为范畴时，学者们通常认为有以下几种典型行为：行政指导、行政合同、行政奖励、行政调解、行政资助和行政信息服务②。它们是传统行政的一种必要补充和灵活辅助。这里我们选择最具代表性的行政指导为阐述的关键内容，它是可以广泛推广到现有城市管理各相关部门的重要服务方式，当然其他的方式亦有广阔的适用空间，这取决于各部门的职能内容、对行政改革的决心和热情以及对管理手段创新的主动性和积极性。

行政指导（Administrative Guidance）是指行政机关为适应复杂多样化的经济和社会管理需要，基于国家的法律精神、原则、规则或政策，采取指导、劝告、建议、预警、提醒等温和的方法，谋求相对人同意或协作，以有效地实现一定行政目的之行为。我国自2005年开始行政指导的试点，主要集中于行政管理窗口部门。就目前的治理实践而言，各地基层政府部门主要在重大项目辅导、服务发展建议、行政监管劝勉、轻微问题提示、违法行为纠错、重大案件回访等六个方面适用行政指导，主要侧重于微观管理层面，突出行政管理部门的服务功能，以建议、劝告、疏导等方式来弥补强制执法的不足③。

行政指导的必要性上文已经有所述及，一方面，传统以强制性和单面性为特点的消极行政管理方式简单、冷漠、刻板，片面强调相对人的义务和对规则的服从，强调对管理秩序的维护，已经与现代城市管理的现实情

---

① 2008年，蒋红珍博士首次对这一表述提出质疑，她在《非正式行政行为的内涵——基于比较法视角的初步展开》一文中，结合不同国家的法律文化，隐晦地指出“非强制性行政行为”一说的伪科学性，她说：“非强制性的解读视角尚不足以支撑司法救济的制度管道空间，尚需寻求以制度性为主轴的内涵构建基点。”因此，关于对这一行为的概念表述上，目前存在的有“非正式行政行为”、德国学者平特纳的“非要式行政行为”、汉斯·J. 沃尔夫的“非单方处理性行政行为”以及美国的“非正式程序”等。这里为论述方便，还是采用国内普遍的表述“非强制性行政行为”。

② 崔卓兰、蔡立东：《非强制行政行为——现代行政法学的新范畴》，载罗豪才主编《行政法论丛》（第4卷），法律出版社，2001，第129页。

③ 储殷、储畅然：《行政指导及其改进思路》，《理论探索》2010年第2期。

况格格不入；另一方面，管制型的执法方式基本上不考虑相对人的需求和权利，造成行政执法机关和相对人关系的恶化和紧张，进而极大影响了行政效率，以致管理成效低下而管理成本极高，更有甚者，危及执法的合法性和政府诚信。此外，随着对“以人为本”和“服务型政府”理念的大力倡导和积极宣传，居民的文化素质和法制意识在普遍提升，维权意识愈益觉醒，对行政机关的期望和对城市居住的自然、社会环境的要求越来越高，这些也从另一个侧面对行政机关的改革和转型提出了现实而迫切的要求。

行政指导的可行性可以从以下几个方面来把握：第一，虽然城市管理实践相较其他社会管理领域起步较晚，成熟做法和经验不充分，但是从全国方面来看，部分省市和地区的成功经验依然有值得借鉴和学习之处，只要地方有充分的信心和决心，因地制宜，一定有继续深化和创新发展行政指导为代表的非强制行政行为的机会和可能；第二，南京目前在工商行政部门和城管部门已经开展了以行政指导为方式的积极探索和具体实践，亦取得了一定的成果和经验，已经具备和奠定了下一步深化发展的有利基础，而且行政指导作为一种非正式的行政行为，对规则的依赖程度低，因而实践创新的空间较大；第三，行政指导作为非强制性行政行为的一种，它强调从管理对象的需求出发，尊重其意志和权利，通过管理对象的参与和沟通协商来实现公共利益与个人利益的平衡，它体现了现代城市管理中对参与和民主协商精神的呼唤，对减少行政摩擦和行政成本的追求，是行政管理转型和发展的必然趋势；第四，但并非是最不重要的一点，尽管在法律层面，关于行政指导尚无单独立法，但是较多法律和地方规章已经对其进行了规范，如颁布的《公众预防非典型性肺炎指导原则》（卫生部）、《全国社区建设示范活动指导纲要》（民政部）等。

泉州工商局推行的行政指导主要体现为登记事务教导制、规范经营劝导制、维权兴企引导制、查处违法疏导制。前三项多是以工商管理专业职能为依托，辅导企业办理有关工商手续，帮助企业做大做强。比如，在行政许可、行政确认领域推行的登记事务教导制，是以信息公开、到期提醒、申办教示、退出指引为主题，通过公开登记信息资料，提醒企业即将到期的登记事项、许可证照，明确所需的材料、提供示范文本、教导规范填报等方式，引导企业正确申办各项注册登记事务，指引停产、被吊销企业依法退出市场。又比如，在服务经济发展领域推行的维权兴企引导制，通过指导企业准备有关申报材料、履行有关手续，以鼓励、引导和促进企业申请证明商标、国家驰名商标，扶持企业强筋壮骨、依法维权，实现企业健康快速的发展，扭转了工商在人们眼中“不是收费就是罚款”的负面形象。此外，泉州经验中还有两点值得一提：第一，泉州的行政指导多是授益性、助成性的，表现出浓烈的服务色彩，如“送法下乡”、“送法到企业”，对公司的规范经营指导，主要是劝导其建立健全商标标识业务审核制度、登记建档制度、商标标志出入库制度、废次商标标识销毁制度等，是一种主动服务企业、服务经济发展的积极姿态和重要举措；第二，为了保证行政指导的正确，落实行政指导的责任，泉州工商局一般要求在指导前进行集体研究，商议“对症下药”的指导方案，而且还史无前例地建立了行政指导效果的评议机制，一发生偏差，就及时纠正。在行政指导引发的赔偿和补充责任也有所规定，行政相对人认为工商机关实施的行政指导违法并给自己的合法权益造成损害的，可以依法请求行政赔偿。泉州经验可以说树立了一个很好的表率，行政机关如果能够做到积极承担、强化服务、以诚待人、主动纠错和自我问责，那么行政相对人才会去支持和理解其工作，这也许可以理解泉州模式中为什么几乎没有发生过行政指导纠纷。

2007 年 5 月，北京市城管执法局开始在全市逐步推开六项柔性执法指导措施，即执法事项提示制、轻微问题告诫制、管理责任建议制、突出问题约见制、重大案件回访制和典型案例披露制，以取代传统的“一步到罚”的简单执法方式。这些全国层面上的成功实践为“变事后的管理为事前的服务”、“变问题的解决为问题的预防”、“变规则的服从为权利的告知”的行政治理模式的转变提供了经验上的例证和实践上的范式。

进一步深化和发展行政指导为形式的非强制行政行为还需对其内涵做以下理解。

第一，权力因素的非正式性。它包含两个方面的内容：首先，行政指导可以参照大量的政策、内部规定、弹性法条、行政惯例等“软法”规范加以实施，这是基于非强制行政行为固有的“灵活性”决定的；其次，行政指导不以强制力实现行政管理的目的，其途径更多的是基于相对人的自愿接受，仅有的权利干涉运用最多不过是“诚实信用”原则。

第二，行政程序的非正式性。这种非正式程序是指程序的自由或协商，其范围非常广泛，包括从完全没有任何程序的口头谈话，到几乎接近审判型的听证程序在内。行政指导并不需要严格意义上的程序法调控机制的运作，尽管“程序之治”作为控制行政权滥用如今备受青睐。非强制行政行为中存在大量的“协商”和“主动纠错”元素，这些本身便是一种外在契约[①]。这里要注意，非正式性程序不等于“非程序”。20 世纪 90 年代以来，一些国家通过立法特别是有关行政程序立法来实现非强制行政行为的法治化。如日本在 1993 年，韩国在 1996 年通过的行政程序法中都开辟了专章来规范行政指导、行政合同等。

第三，法律效力的非正式性。目前行政指导等非强制行政行为的救济途径是受限的，尽管学者试图在理论上构建它的可诉性，甚至出现了立法上的规定如《政府信息公开条例》，但国内现有的行政诉讼机制总体上对它是不予受理的。因此，以行政指导等方式发生的利益纠纷等行为目前只能诉诸道德层面的探寻，依靠社会道德而非司法干涉。但是在地方实践中，可以借鉴泉州和吉林等地的经验，将行政指导引发的纠纷纳入政府问责和考核范围，以表现政府行政服务的诚意和担当。

服务下沉，提升行政服务的亲近感和便捷性。要想最大限度地满足居民对行政服务的需求，必须考虑两个问题：第一，行政机关有无基层服务网点的机构设置；第二，基层服务网点的分布是否经过合理论证和详细规划以保证足够能力接纳居民和满足居民日益提高的对行政服务的需求，这是改进行政服务的质量、提升行政服务的效果、增进行政服务的便捷性、争取服务对象理解和支持的重要步骤。

信息公开，保障公民的知情权。2007 年，党的十七大明确提出了建设“服务型政府”的要求，经过 5 年时间的实践，通过政务公开、任前公示、政府上网、政务超市、政务热线等方式，在保障公民的知情权、减少行政审批环节、接受公众批评与建议等方面都有所改善。这些举措有助于实现城市管理向城市服务的转变。南京市目前主要的行政管理部门都建立了较为完善的门户网站，内容涉及政务公开、工作动态、办事指南、在线服务

---

① 熊樟林：《“非正式行政行为”概念界定——兼“非强制行政行为”评析》，《行政法学研究》2009 年第 4 期。

等板块。此外，还设立了局长信箱、网上投诉、12319和12315服务热线等互动服务平台，倾听民声、聆听民意，为服务对象提供全面而周到的表达渠道和维权手段。这些公开的信息告知和传递，极大便利了服务对象的需求，保障了公民的知情权、投诉权等合法权益。这部分工作需要进一步坚持和完善。

建立公众参与机制。现代政府及其公共权力产生于人民的直接或间接授权，因此，城市管理权力的运行必须服务于公共利益。城市管理和服务的核心是以人为本，它应包括三层含义：第一，公众作为城市治理的主体成员，有权参与城市管理公共决策的过程；第二，城市管理的决策应当切实尊重和保护公众的权利；第三，应当保持城市管理决策信息系统的开放性和决策系统的有效输出与反馈①，使公民在公共决策上享有知情权和建议权。

3. 公众参与机制是各城市主体对关系自身利益的城市政策、发展战略进行决策的重要渠道

公众参与的强度和广度将影响政策目标实现的程度。在国外，城市政府调动利益相关者参与城市管理的方式有很多，而且大多制度化，例如议员和政府官员走访市民、公共舆论宣传、召开听证会等。其中，听证会是一种应用广泛也最为有效的参与形式。通过这些措施协调各方利益，提高决策的科学水平，增强城市的亲和力和归属感，改善政府和城市的形象，因此，必须建立公众参与的“协商谈判”机制。目前，业已存在的公众参与和互动反馈的形式有针对行政违法提起的行政复议和法律诉讼，部门网站上的公众参与栏目和投诉、咨询热线乃至信访程序。但比较来看，这些渠道仍然过于狭窄且制度化水平不高，公民的利益诉求在行政决策体系中没有得到过足够重视，并且由于公民事实上没有形成有效的组织和合力，其发出的声音往往被忽视，其意见表达的权重往往被低估，尤其是边缘和弱势群体的声音没有人代表，往往导致了这样一种悖论：即利益越是被牺牲的群体越需要表达心声，但却由于他们手中没有充分的资源和权力，往往越被边缘化，形成了政策结果的马太效应。这客观上说明了继续探索和深化发展公众参与机制仍有很大的可为空间。

① 冯晓英：《公共治理视角下的城市管理》，《北京社会科学》2009年第6期。

例如，在重大项目和社会政策出台时，采用听证、社会公示、圆桌会议等协商谈判机制，将利益相关者的意见和声音纳入决策系统；在行政机关执法过程中，赋予行政相对人陈述、申辩、质证、听证等程序性权利，加强其与执法者的博弈和谈判的力量。在公众参与过程中，鼓励利益相关者凝聚合力、成立组织，在法律许可范围内，代表成员合法而有序地表达诉求，争取合法权益。

人性化执法，兼顾服务对象尊严和权利。尽管城市管理本身很难做到柔性执法，但是仍然可以在执法观念和执法方式上有所改进。以城管为例，该领域暴露出的矛盾和问题很大程度上是与政府城市管理的价值取向有关，即片面强调城市的整洁和秩序，导致行政执法一味追求效率。通过更新政府城市管理的理念，在不影响城市建设和城市人文环境的情况下，兼顾管理对象的基本权利，为其创造一定的空间和布局，这是一个从管理到服务思路上的重大转向。

在执法方式上，除了要加强以非强制行政行为为代表的需求服务外，在执法过程中，则应切实改变市场监管中“重行政惩处，轻引导规范”的状况，有步骤、有条件、分部门、分区域地推行人性化执法方式，在执法中尊重私权、保护人权，体现执法民主，倡导柔性化执法，重视执法的社会影响。

这里需要对人性化执法的内涵理解作一些概念上的澄清。第一，不能将“人性化”泛化为“人情化”①，否则势必影响法律的权威性，也给一些投机钻营的不法分子提供了违法的机会，还会成为滋生和孕育权力寻租和腐败的温床。在实践中，人性化执法的尺度的确较难掌握。因此，必须严格规范人性化执法，做到宽严有度。而解决这一难题的可行做法之一是建立行政执法中的量化标准，它规定了在何种情况下适用行政指导等柔性执法方式，何种情况下过渡到强制执法的量变过程。因为在具体的管理服务实践中，先行提醒、劝告、建议通常是与一定次数后的强制执法环节密切相联的。所以，为了规范这一过程，必须将其客观化、标准化，从而提高执法效率，也给相对人以合理的预期去决定自己的行为。目前，一些地方

---

① 陈保中、蔡爱平：《从强制到合意——行政执法方式改进的路径选择》，《上海大学学报》（社会科学版）2007年第5期。

已经开始在市政管理服务中试点类似于车辆驾驶管理中的积分制度，通过扣分来规范柔性指导向刚性强制的转变。第二，人性化执法不等于软弱执法。在访谈中，行政执法机关表达了他们对人性化执法不能起到震慑和制约违法者的担心，这里他们就是误将人性化执法等同于软弱执法。事实上，人性化执法既不是对违法行为的袒护，亦不是降低执法标准而对违法行为的简单同情，而是在根本上对人的尊严和权利的尊重①。因此，在实践中，执法人员由于担心被投诉而执法不严、执法不力、对违法行为迁就忍让，以致影响了执法质量，甚至受到严重的人身伤害，这就有悖于人性化执法的初衷，是对人性化执法的错误理解和异化。

2007 年 1 月 1 日，成都市城管执法局施行了先敬礼、后告知、再执法的“三步走”文明执法程序制度，规定了三种情况必须敬礼：需要开具调查通知书的，需要收缴当事人物品的，需要现场实施行政处罚的。这样做不仅仅是出于礼节的考虑，更反映了城管执法理念和心态上的一种更新。践行人性化执法，就是要求在城市管理过程中即使是执法最为刚性的部分，也能融入疏导、服务、指引的人性化色彩，寓服务于管理，从而提升了执法人员的形象，同时也拉近与执法相对人的距离，使其感到有尊严、被尊重，心理上也更容易配合和接受执法者的工作，真正落实 2010 年全国两会上“让百姓活得更有尊严”的要求。

（五）流动人口管理

其他城市的典型做法：

模式之一：无锡模式——大人口机构统筹型

2006 年，无锡市为了配合城市发展战略的顺利推进，无锡市在原有政府架构总体上不动的情况下，强调“大人口”观，通过人口计生部门协调各部门的人口服务管理工作，加强对常住人口服务和管理的统筹，形成了“大人口机构统筹型”新体制。其具体的改革措施主要包括四个方面。

1. 以资源整合为手段，创新人口服务管理体制

体制整合：为适应流动人口剧增、基本情况不明、人口服务管理内容

① 刘卓芳：《服务型政府视角下的城市管理综合行政执法》，《社会科学家》2009 年第 8 期。

不断拓展等人口工作新形势，无锡建立了“市规划指导、区协调监督、街道（镇）组织落实、社区（村）综合服务”的人口工作新体制，撤销了市外来人口管理服务工作领导小组，成立市人口工作领导小组，其办公室设在市人口计生委（简称“人口委”）；各区、街道（镇）成立相应的人口工作领导小组；各社区（村）建立健全社区事务工作站（村社区服务中心），集中各部门在社区（村）的力量，实行人口登记、劳动就业和社会保障、民政、教育、卫生、计生、综治、房屋租赁备案及相关便民办税等服务管理事务“一站式”受理。

职能整合：在精简、高效的机构设置原则下，重视发挥市人口计生委在人口服务管理工作中的“规划指导”、“综合协调”作用。为市人口计生委增加了“人口信息汇总分析管理”、“人口服务管理工作的综合协调”、“加强人口发展规划和政策研究”三项综合性职能，从市政法委、民政局、劳动和社会保障局、公安局划转9名编制至市人口计生委。市人口计生委增设“综合协调处”和“信息管理处”，其中，综合协调处负责与人口服务管理相关部门的综合协调工作；信息管理处负责人口综合信息管理系统的正常运转，并对全市人口信息进行汇总、分析和管理。

信息整合：无锡市建立了“社区化集中采集”、“数字化统一管理”、“按权限分类查询”、由市人口计生部门统筹协调的人口综合信息服务网络。此网络纵向连接各市（县）、区、街道（镇）和社区（村），横向连通公安、民政、劳动和社会保障、人口计生、税收、房管等相关部门。在信息采集的起点环节上，由各社区事务工作站（村社区服务中心）的工作人员采集各类人口综合信息，并上传至市人口综合信息管理系统，各相关职能部门可按权限进行信息的分类查询；在信息平台的综合管理上，由市人口计生委负责人口综合信息采集的技术指导、数据库和信息系统的管理运行，做好人口综合信息的实时监控、综合分析和人口政策研究等工作。

2. 以社会化管理为路径，建立“一证二合同三承诺”的新型人口服务管理工作机制

为消除对流动人口的歧视，提升常住人口素质，无锡打破了传统人口管理模式的禁锢，探索建立了“一证二合同三承诺”的新型人口服务管理工作机制。“一证”即居住证件；“二合同”即房屋租赁合同、劳动用工合同；“三承诺”即《无锡市公民文明守法承诺书》、《无锡市房屋租赁社会责任书》和《无锡市劳动用工社会责任书》。这种制度安排明确了居住证件持有人、房屋出租人、用工者（单位）的各自责任。

3. 以公平公正为准则，推进常住人口公共服务均等化和权利义务平等化

无锡市以常住人口为基数调整和完善经济社会发展规划，并加强城市规划、产业规划、人口规划的有效衔接；按照优先投资于人的发展理念，建立惠及常住人口的公共财政和公共服务体制，提升常住人口公共服务水平；深化与户籍相关联的各项配套制度改革和政策调整，构筑覆盖城乡的社会保障体系，促进常住人口真正享受公平均等的公共服务。

4. 以人的全面发展为目标，促进人口素质与产业结构、城市功能的互动提升

一方面，无锡市坚持人口管理与产业结构调整相结合的原则，通过产业结构优化升级，改善对劳动力供给总量及技能素质的需求结构，推动本地及外来从业人员素质和能力的提高，实现人口素质与产业结构双向互动、协同提升；另一方面，无锡市按照城市总体规划和“七区一体、一体两翼”的总体架构，加快城镇体系建设步伐，促进人口合理分布。此外，无锡市还鼓励发展社会力量办学和提供教育培训，不断提升城镇、农村从业人员的职业技能和业务水平。

在流动人口管理方面，正如本文前面部分所介绍的，是一项涉及部门众多的系统性工程，部门协调是服务提供的一个重要基础，而无锡模式的亮点则在于将需要全面协调的工作内容以“人口委”为基础对其进行了统筹和整合，实现体制、职能和信息的统一管理，既有利于实现部门之间的协调，方便管理，也提升了流动人员接受服务的便利性水平。同时，推进流动人员享受均等化服务以及自身素质技能的提升，既是城市产业结构优化升级的要求，也符合“以人为中心”全面发展的理念。

模式之二：嘉兴模式——专门机构协调型

近年来，流动人口在为嘉兴发展注入强大活力的同时，也给包括计划生育在内的社会管理和公共服务带来了巨大压力，现有管理机制的综合协调能力逐步弱化。为了更好地实施统一服务管理，嘉兴市将务工、经商、创业的非嘉兴市户籍、有固定住所的人员统一称之为“嘉兴新居民”，取消

了“外来民工”、“外来人员”、“外来务工者”等称谓，并通过成立单独的流动人口服务管理部门来加强流动人口的服务管理，形成了“专门机构协调型”服务管理新体制，具体改革思路包括以下几个方面。

1. *以居民事务局为专职管理机构，推动流动人口的专业化服务*

管理依托独立运作的专业化组织网络。2007 年 9 月，在总结嘉善、平湖等县（市）流动人口服务管理经验的基础上，全国首个地级市新居民服务管理机构——嘉兴市新居民事务局正式挂牌成立，为参照公务员管理的监督管理类事业单位；各县（市、区）、镇（街道）均按照场所、编制、人员、经费“四落实”的原则，相应成立新居民事务局（所）；各村、社区、规模以上企业建立工作站；各地按照 500∶1 的要求配备建立专职协管员队伍，隶属新居民事务局（所）统一管理，从而在嘉兴市范围内建立了既相对独立又专门承担流动人口服务管理工作的机构及四级组织网络。此外，市新居民事务局还设立了 3 个职能处室：一个是综合处，负责协调和管理日常事务；一个是监督协调处，负责全市新居民服务管理工作规划、计划、调研和组织监督等工作；另一个是登记管理处，负责组织开展居住证制度改革试点工作和全市新居民登记管理工作的组织实施等工作。

高效精干的专兼职人员配备。市新居民事务局设局长 1 名，专职副局长 2 名，兼职（来自公安局、人口计生委、劳动保障局）副局长 3 名，科级领导职数 3 名；暂配事业人员编制 3 名（不含兼职领导和从相关部门选调人员）；市公安局选派 5 名，市劳动保障局、市人口计生委各选派 1 名业务骨干到市新居民事务局工作。市新居民事务局所需人员从相关职能部门抽调或向社会招聘。

明确清晰的机构职责。新居民事务局主要负责全市新居民服务管理工作的组织、协调、指导和综合管理，同时承担嘉兴市新居民服务管理和居住证制度改革工作领导小组办公室的日常工作，实行两块牌子、一套班子。在新居民事务局的九项机构职责中，有两项职责显得尤为重要：一个是制定新居民服务管理和居住证制度的改革政策、措施和实施方案；另一个则是负责全市新居民信息管理系统和居住证登记管理平台建设，协调、整合相关职能部门的信息资源，全面掌握新居民基础信息和服务管理工作动态，实施信息的综合管理，提高信息共享服务水平。

2. 以经济转型升级为导向，积极探索居住证制度改革

嘉兴市探索建立了与经济社会发展水平相协调、与产业结构调整力度相匹配、与环境资源承载能力和公共财政供给能力相适应的居住证制度改革，统筹兼顾新老居民利益，推动新老居民和谐融合。本着统一管理、注重服务、兼顾特点的原则，根据新居民来市工作时间长短、技术技能等具体情况和基本条件，嘉兴市对新居民实行临时居住证、居住证和技术员工居住证分类登记管理，并以计划生育情况作为前置条件。

三类证件与新居民需求和福利相挂钩：门槛最低的临时居住证持有者，可享受免费就业服务、7岁以下子女计划免疫基础疫苗免费接种、符合计生政策的子女免除义务教育阶段学杂费、育龄妇女计划生育“三免费”等待遇；普通人员居住证持有者，可享受与本地居民同等的职业技能培训补助、减免结核病等传染病检查和治疗费用、符合计生政策的子女可报考嘉兴市所属的高中和中等职业学校等待遇；专业人员居住证持有者，符合相关规定条件的可申请廉租住房、申购小户型经济适用房，符合计生政策的子女在公办学校就读免收借读费，持证10年以上的可申请最低生活保障，持证15年以上的可根据本人意愿准予在暂住地城镇落户等。

3. 以新居民基础信息管理系统为平台，促进信息的上下联通、部门共享

由新居民事务局系统内的专职协管员对流动人口、出租房屋、治安管理等各部门信息进行统一采集，统一录入。依托公共事务信息系统，由公安、新居民事务、卫生、劳动保障、人口计生、教育、司法等部门共同参与并设计开发互通筛选软件，搭建了上下联通、资源共享的“新居民信息管理系统”平台，实现了信息的动态管理。在此平台之上，各部门信息系统与之对接，各部门对相关信息进行核实、修正和补充，提高了信息的使用效率。例如，人口计生部门将浙江省暂住人口管理信息系统与新居民信息管理系统对接，依托计生网络五级联网，实现了新居民信息即时导入流动人口网络版平台，村（社区）实时开展信息校验，修改情况能够及时反馈到新居民信息管理平台之中。

有别于无锡模式当中以统筹和整合来推进部门之间的协同性水平，嘉兴模式则成立专门机构来重新分配市政管理资源，以“新居民”为基础，建立了“新居民事务局”，并重新配置了管理资源和权力分配，大大提升了

管理和服务的水平。而信息采集方面在“事务局”的统一指导下，进行统一采集和录入，并依托公共事务信息系统搭建信息管理系统平台，更好地实现了信息的动态管理，方便了政府部门的管理和运作。

模式之三：海口外来工之家模式

海南省海口市龙华区创办外来工之家，推行新型外来工管理模式。“121”系统工程：政府为外来工营造一个生存发展的环境——外来工之家；重点为外来工解决两大难题——居住与就业；从中探索出一条流动人口管理的新路子——管理与服务相结合、教育与保护相结合、综合治理与市场经济相结合的管理模式。明确提出“政府牵头，企业出资，分类建设，统一管理”的模式。“政府牵头”是这一模式最大的特色，主要指外来工之家管理模式的政府主导性。政府在外来工之家中扮演着支持和引导的角色。在资源上，外来工之家设立所利用的土地都是政府代为处置工程安排使用的地盘。在政策上，除了以低廉的价格提供给外来工就业、居住的机会外，政府在诸多方面都为外来工之家提供了优惠政策和配套服务。此外，政府还在外来工之家设立专门的办公窗口，十个服务中心同时在外来工之家的办公地点挂牌，有目的、有规划地配套设立起了十个政府的服务窗口，政府各部门上门办公，为外来工提供全方位的服务，同时，第二家外来工之家还设立起流动党员工作委员会和流动团员工作委员会，将党团建设深入外来工之中。

“企业出资”，主要指外来工之家结合了企业经营的方式，“以企养家”。每一个“家”的建立都首先以房屋租赁为基础并由物业公司来管理，以这种途径为外来工提供居住、就业场所，在此之上实现对外来工的全面管理和服务。在政府指导之下，外来工之家管理模式采取了“三化”的形式：首先，经营方式企业化，通过企业化运作以实现外来工之家的自我供给、良性循环；其次，“家”的形式庭院化，外来工之家的选址一般是选择一些“烂尾”楼房及其庭院和周边区域，建成商住兼用的小区；最后，发展方向社会化，发动社会各界，挖掘企业潜力，发挥镇、街道、居（村）委会中社会组织的作用，因地制宜，分类兴办。外来工之家的企业化运作模式是政府指导下的市场化运作，一方面，企业是独立的法人，“家”的整个经营运作由企业承担；另一方面，企业享受政府提供的土地、人员支持等优惠，也必须先行出资做好三通一平（即通电、通水、通路和土地平整）等基础设施建设，以及按照政府的要求实行对外来工优先、价格优惠和全面的服务。

“分类建设，统一管理”，主要指外来工之家作为一种管理模式，在业务类型、涉及经济领域上各不相同，每个“家”都是一个独立运作的实体，但所有的“家”又都要按照一定的设立要求和管理模式建设，协调统一，共同实现对外来工管理和服务的功能。2002 年 6 月，在龙华区政府的号召下，各镇（街道）、各村（居）委会也因地制宜地开始兴办起“外来工之家”、“外来工之村”、“外来工之园”、“外来工就业一条街”等经营场所，使“外来工之家”逐步向社会化、多元化发展。这些不同的经营场所，在“外来工之家”的统一管理模式下，已经逐渐形成为外来工服务的可扩展性环境，显示了城市与外来工的新型关系和融管理于服务的新型管理思路。为实现对已有不同外来工之家之间的统一协调，以及加强对“家”之外的外来工的服务和整体管理，就需要把“家”的模式扩展为更广泛的外来工的组织。2002 年，龙华区政法委决定为外来工组建自己的组织——外来工协会，以便更好地发挥外来工自身的积极性，在外来工与政府之间搭建更开放的桥梁，旨在强化流动人口管理，促进外来工之间的交流与联系，维护外来工的合法权益，促进外来工经济的发展，更好地为外来工服务。

外来工管理协会成立以后，以“联合和发展”为主题，以“保障、提升和发展外来工”为目标，按照“扩大影响、壮大协会、强化服务、繁荣经济”的思路开展各项工作。包括继续通过兴办外来工之家帮助外来工解决居住和就业；为外来工提供就业帮助、技能培训、法律援助、权益保护、子女入学、代办证件等多种服务；组织外来工企业和团体开展商业信息、科技成果、技能技术的交流，促进外来工企业的发展；兴办文体设施，采用多种形式丰富外来工的文体生活等。协会自身通过各种形式开展宣传活动，建立网络联结，大力发展会员，加强外来工之间的合作与交流。

不同于前面介绍的“无锡模式”和“嘉兴模式”，海口外来工之家的模式不仅发挥了政府在服务供给中的主导作用，还充分调动了社会资源和力量，发挥了企业和非政府组织的作用，政府主要提供基本的服务，企业则满足流动人员的就业发展和技能提升的需求，而非政府组织以其服务的弹性化和多样化来填补政府和企业在服务供给上的“真空地带”。多元化的服务渠道和供给方式，使得服务能够更为贴近流动人员的实际需求，而且提升了其获取服务的便利性水平。

根据上述介绍的基本情况以及其他城市对柔性社会管理的实践和尝试，为了更好地协调劳资关系，并在解决劳资纠纷上更好地实现柔性社会管理，需要立足于三个支撑点：即社会服务、公众参与和社会组织，那么在此基础上，本文具体提出以下建议。

（1）在理念上，向“以人为本”、“服务导向”转变，强调从被服务者自身的服务需求和权益出发，同时考虑不同群体的需求差异性。流动人员管理是对流动人员的全方位、系统性的管理，由于其流动性强、数量庞大以及不稳定性等群体性的特点，在提供服务的过程中，就更需要结合流动人员自身的特征，考虑到其对服务的需求来进行管理。现有的管理模式下，往往是参照“部门职能”来进行管理和服务，考虑的是管理主体管理的便利性，较多强调流动人员的义务，而对流动人员自身的需求和权益考虑不足。所以，实现柔性社会管理，政府部门首先应当转变观念，强调以“服务”而不是“管理”的理念来进行实际的服务。

（2）引入社会组织参与服务，发挥和调动社会资源和民间力量，实现服务供给的多元化和多样化。现在对流动人员的管理，主要是以政府为管理主体，而政府管理和服务多以部门职能为参照来提供服务，而且考虑到管理和服务的便利性，往往采取“一条线”、“一刀切”式的管理方法，而难以充分考虑到被服务群体自身的特点以及不同的服务要求，必然具有一定程度的刚性。因此对流动人口进行柔性管理，应该充分发挥和调动社会资源和民间力量，引入社会组织参与提供服务。社会组织因其服务的灵活性和弹性，以及相对扁平的组织管理结构和“个案服务”的优势，这样能够更好地贴近流动人员，可以及时、迅速地了解流动人员的实际情况和服务需求，而其所提供的多样化服务也更符合流动人员的需要。例如，珠三角的劳工组织是其一大特色，主要面向外来务工人员提供服务，在相关的法律法规咨询、生活融入引导以及精神帮扶、心理引导方面发挥了很大的作用，一方面帮助他们尽快地融入城市生活，适应陌生环境，另一方面则通过维权咨询和法律援助能够更好地帮助流动人员维护自身的合法权益。

因此，在提供服务的过程中，应该提供一定的空间让民间组织发挥作用，这样他们才可以更好地提供社会服务。

（3）在过程管理上，实现服务的统筹管理，转变单向的管理过程，强调公众参与，增进管理主体与服务群体之间的双向互动和有效沟通。现有的管理以“证件”为主，各项服务都立基于“证件”，“证件”是获得服务的“许可证”，但这种管理模式一方面由于涉及众多的领域和部门，而没有形成很好的统筹和整合，增加了流动人员获得服务的门槛和成本，另一方面由于“证件证明”的烦琐而在流动人员中间区分出不同的群体，使得应该享受的服务由于证件的烦琐或者管理自身的矛盾无法提供证明而无法享受，因而呈现管理主体被动管理，服务群体被动接受的特征。所以，在推行柔性管理的过程中，首先应该整合政府内部管理资源，协调各部门之间的行动，实现流动人口的统筹管理，依托现有的基层网络推进“一站式”服务，同时在提供服务时可以尝试管理方式的创新，推行新政策之前，进行服务需求调查或者采用听证会、座谈会的方式，将流动人员的声音和意见纳入进来。

（4）在结果管理上，纳入流动人员的考核，引入服务质量和满意度的测评，重视流动人员对服务的反馈和意见。目前在对流动人员管理中，有相应的投诉和反馈机制，例如市长信箱、12345 投诉热线，而且也能够发挥一定的作用，例如 12345 投诉热线要求管理主体要在 5 个工作日内进行答复，并且直到对方满意为止。这些投诉热线的存在让管理部门对服务的满意度有了一定程度的重视，但对具体部门的考核上除了内部的“行业评测”外，服务质量和满意度测评还没有完全成为考核的一部分，因此，在柔性管理的进一步推进过程中，需要将此作为考核的内容，出具细化和具体的考核测评指标，同时，还应该重视被服务者对整个服务过程的反馈和意见，并尽可能地根据反馈来完善和改进服务，提升服务的柔性化水平。

（六）劳资关系调解

相比于刚性社会管理，柔性社会管理则是以人为中心，尊重人的尊严与感受，考虑个体需求的多样性，强调通过服务来实现个体权益，鼓励社会的多元参与，尤其是公众参与，而在结果上重在对服务的质量、便利性等的考核。而其实现则依赖于相应的社会条件和社会环境，需要实现三个转向：实现由“管理”、“控制”向“以人为本”、“服务导向”理念的转向，实现由事后管理向事前服务的转向，实现由“政府为主体”向“以社会为主体”的转向。以公众参与、社会服务和社会组织作为柔性社会管理的稳固支撑。而在具体运作过程中，则重在两个方面的实践：一是政府管理的柔性化；二是引入社会组织，来实现社会服务供给的多样化。

在各地社会管理的创新和尝试中，也涌现出了不少的模式。下面就一些地方的实践在具体情境中进一步来探讨柔性社会管理的可行性。

模式之一：重庆南川模式

南川市总工会从2003年开始，通过积极探索，建立起一套从输出地发展农民工入会和为农民工维权的源头维权机制，该维权机制建设是从农民工工会的组建开始起步的。确立了半年建完乡镇农民工工会联合会，一年发展农民工会员不少于农业人口的3%，5年达到大多数农民工入会的目标。

在具体建会和会员发展过程中，他们一改过去手持“红头文件”，自上而下贯彻执行的做法，而是根据农民工的实际情况，采取更人性化的方式。具体包括：

寄一封信——由乡镇党政给外出务工人员发出宣传信，对农民工进行问候，介绍工会的性质和作用以及维权承诺。

建一个家——鉴于村（居委）干部都有相对固定的收入，具备入会条件，因此，该市将村（居委）干部吸收到农民工工会联合会村（居委）分会中，作为不流动的会员，其职责是帮助外出务工者解决土地代耕、子女入学、关照老人、住宅安全、远程维权服务联络等具体事宜。

买一份保单——针对农民工抗风险能力弱的特点，工会主动联系计生和保险部门，专门为农民工量身订制了意外伤害保险。

搭一张台子——为了避免一些企业主拒绝建会、压制农民工加入工会的现象，利用政府主办的全市大型用工招聘会之机，大张旗鼓开展建会宣传，并现场受理入会申请。

办一个（会员）证——农民工会员实行双重会籍制，在输出地的乡镇工会入会成为会员；到外出务工地可以凭会员证加入当地工会，遇到问题和困难找当地工会组织反映自己的要求，由务工所在地工会帮助解决困难。

建一个机制——建立以工会、劳动、司法、农业等部门为主体，相关部门紧密配合的维权联动机制。

“4+X”联动维权系统，这一联动维权是由工会、司法、劳动和社会保障、农业（劳务输出、阳光工程办公室）四个部门为主体，有关部门（即X）参与的一个合力维权系统。把各个部门分散的权力集中起来使用，形成合力，构成了维护农民工权益的快速反应系统。其工作机构延伸到了乡镇(街道)，南川农民工不管在哪里打工遭遇侵权，都可以及时地向这个联动系统寻求援助。

“4+X”联动维权系统主要是通过“源头参与，委托维权”，“架通桥梁，双向维权”，“参加保险，边际维权”，“培训提升，自主维权”来为南川的农民工维权的。目前，南川市已把农民工工会组织覆盖到了每一个村，50%左右的进城务工农民参加了工会。这些工会会员凭输出地的会员证，到输入地加入当地的工会，实行双重会籍，来去都有“家”。把企业建成农民工之家。

“南川模式”是专门针对权益无法维护和保障的农民工来进行的。农民工多数不具有本地户籍，人地不熟，缺乏工会意识、缺乏亲情关怀等群体性弱势的特点，南川模式则重在强调从农民工的实际情况和需求出发，以较为人性化的措施和手段，一方面使得政府和工会等部门机构对农民工的服务下沉，提供更为贴近农民工实际需要的服务，充分考虑到群体自身的特点和实际情况；另一方面则通过联络各方资源形成维权联动机制，并强调事前对矛盾的化解，服务更为柔性化，相应地扭转了较为弱势的农民工在强势资本面前的不利局面。

模式之二：广元模式

广元市劳动保障局在解决劳动争议纠纷的过程中，确立了面向基层，立足调解的仲裁工作指导思想，探索建立多层级劳动争议调解处理机制，积极推进劳动争议仲裁实体化建设，着眼于源头拦截劳动争议纠纷。

（1）前置调解程序，努力将矛盾化解在基层

对属于前置范围（有调解组织的单位）的当事人的仲裁申请，原则上不予立案，而是要求申请人凭仲裁处下发的告知书向本单位（区域、行业）调解委员会申请调解，调解委员会及时将调解情况反馈给劳动仲裁机构，

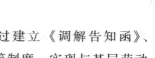

调解不成的再由劳动仲裁机构依法调解仲裁。通过建立《调解告知函》、《调解意见书备案制度》、《调解员年度考核办法》等制度，实现与基层劳动争议调解组织的制度对接，同时辅之以参与协商、指导调解等多项工作手段，大量劳资纠纷在基层得以化解。

（2）创立“阶梯式”调解模式，构建大调解工作机制

对劳动争议进行“企业内部调解→社区、街道调解→工会、主管部门参与调解→仲裁院调解”四个层级的调解，构建了全新的调解工作机制。①企业内部调解：争议发生后，企业劳动争议调解委员会充分发挥人在基层、接触实际、熟悉情况的优势，及时组织当事人双方面对面友好协商，使矛盾纠纷在源头得到及时化解。②社区、街道调解：企业内部调解不成功的，由企业调解委员会及时将情况反馈给就近的社区、街道劳动争议调解组织。由社区、街道组织双方当事人二次调解。通过倾听、了解、疏导、协调等方法，消除劳动者疑虑，提高调解的成功率。③工会、主管部门参与调解：社区、街道调解不成的，由市总工会、主管部门介入，进行外部沟通。工会作为职工利益代言人，会同主管部门，积极参与斡旋，通过座谈等形式讲法析理，尽量使双方互谅互让、达成调解协议。④仲裁院调解：对前三级调解拦截劳资纠纷不成而提起劳动仲裁申请的案件，仲裁院首先启动立案前的调解程序，对双方当事人进行充分的法律释明，并告知仲裁权利义务与仲裁风险，引导或促成当事人达成调解。对于立案案件，在正式开庭审理前，仲裁员仍须进行庭前调解。开庭审理过程中，还要尽可能调解止争。通过立案前调解、开庭前调解、庭审中调解，力争做到多调少裁、能调不裁。同时，为便于推进这一模式，建立了调解联动协作机制，强化与市总工会、人民法院、企业、乡镇、街道和工业园区的配合协作；开展模拟调解、庭审观摩、流动办案等多项活动，提高基层调解工作质量；开辟劳动争议调解“绿色通道”，方便当事人，维护当事人的法定诉权。

（3）夯实基层调解组织，形成全覆盖调解工作网络

整合工会、司法、乡镇和街道、工业园区等多种社会资源，坚持各部门协作，上下联动，调动全社会力量共同参与劳动争议调解是预防和减少劳动争议发生的有效途径。一方面，强化了劳动争议调解组织建设，基本形成了市、县有劳动争议仲裁院，行业、园区有调解中心，街道、社区、

乡镇有调解委员会的三级劳动争议调解网络。另一方面，强力推进县级仲裁机构实体化。按照省厅实体化三年规划，市、县两级仲裁院已全部实现了“机构、编制、经费、场地”四落实。实体化的仲裁院行政职能与办案职能相分离，专司劳动争议调解仲裁。

（4）坚持分类指导，突出调解工作的针对性

当前的劳动争议案件越来越多样，劳动争议调解工作的开展，必须突出重心、体现个性，甄别类型、分类指导。广元模式的主要做法是：对企业，按规模设立调解中心和小组开展多层级内部调解，着力从个案调解入手解决企业发展中的突出问题；对乡镇、街道，动态掌握辖区社情民意，根据不同辖区情况开展“预防型”、“服务型”、“处理型”等多种形式的调解活动。2008年以来，突出对灾区群众、高校毕业生、返乡农民工、城市低收入家庭失业人员、被征地农民等五类重点群体的前沿服务；对工业园区，加强与园区用人单位的衔接与互动，排查动态纠纷，解决热点难题。

（5）加强队伍培训管理，建立健全工作制度

对调解员的专业知识培训纳入日常工作议程，聘请专业人士讲法与业务骨干讲实务相结合，通过内学、外训、典型案件调解巡回观摩等形式，让调解员掌握《劳动合同法》、《劳动争议调解仲裁法》等法律法规的基本内容，熟悉调解程序，规范调解行为，避免调解的随意性，增强劳动争议调解的权威性，制定了专职仲裁员分片负责，定期深入基层调解组织进行业务指导的工作制度，把对基层调解组织的业务指导纳入对专职仲裁员的绩效考核范围。通过指导和服务，积极推进基层劳动争议调解组织的制度化、标准化、规范化建设。

（6）加大宣传力度，切实增强群众维权意识

广元模式在强化法律法规的宣传方面，采取了多种方式。在电视台开辟了以案说法专栏节目，建立了“广元市劳动争议仲裁院网站”，提供在线法律服务。启动流动仲裁庭公开办案，邀请社会各界旁听民工欠薪案的开庭情况，新闻媒体全程跟踪报道。同时，与相关部门配合，共同设立了《劳动合同法》、《劳动争议调解仲裁法》等法规定期宣传流动点，免费散发宣传资料、现场释疑、现场调解、现场立案，通过零距离的即时服务，提高了全社会对劳动法律法规的认知和理解，很好地化解了许多潜在的争议风险。

广元模式的亮点主要体现为以下几个方面：一是强调调解作为前置矛盾解决的主要手段，并以此为依托建立四个层级的阶梯式调解机制，依托全覆盖的网络调解机制，而且在调解过程中，强调从当事人的实际情况和需求出发，重在使用聆听、疏导、协调等柔性的手段来缓和矛盾纠纷；二是强调根据不同劳工群体的需求和特点来进行分类指导，突出从个案入手进行调解；三是在协调劳资关系过程中强调采用不同途径来加大对各种信息的公开和宣传，以求让信息能够及时送达到劳工群体中。

模式之三：圆桌仲裁模式

烟台市芝罘区劳动仲裁委员会在进行劳动仲裁时引入了圆桌仲裁。“圆桌仲裁”即审理时在审判区摆放象征平等的椭圆形审判台，双方当事人和仲裁员面对面而坐，在仲裁员的主持下，用平等讨论式的开庭，改变了以往棱角割据式的仲裁模式，有利于双方当事人充分发表意见，有利于仲裁庭调查、调解和法律宣传，也利于双方当事人协商、和解。与一般高高在上的矩形仲裁席不同，“圆桌仲裁”审理时在审判区摆放的是象征着平等的椭圆形的审判台。

目前“圆桌仲裁”在案件性质上有所限制，主要适用于追索工资、经济补偿金、工伤待遇、加班费等案件；案件事实比较清楚，双方争议数额不是巨大的案件；特殊职工的案件，如女职工等；诉求单一或诉讼相对较少的案件。具体程序是仲裁委将部分案情简单、纠纷事实清楚，法律依据充分的案件搬上“圆桌”，在仲裁员的主持下，通过营造一种相对宽松、缓和的庭审气氛，双方当事人“敞开心扉”、“互诉苦衷”，然后由仲裁员居间“权衡利弊”，经引导疏通后“和谐结案”。目前，芝罘区仲裁委的圆桌仲裁方式已从最初的庭审阶段延伸到仲裁案件受理的全过程，即庭前圆桌式交流、庭上圆桌式审理、庭下圆桌式协调。

烟台圆桌仲裁模式则属于对社会管理在方式上进行创新和尝试，“圆桌模式”改变了仲裁对刚性法律法规的依赖，为双方提供了对话的平台，通过双方充分表达意见，以平等讨论式的方式实现调解和仲裁，而圆桌仲裁在实际管理过程引入了双方当事人的参与，也就更容易在管理过程中实现柔性化的管理。

根据上述介绍的基本情况以及其他城市对柔性社会管理的实践和尝试，

为了更好地协调劳资关系，并在解决劳资纠纷上更好地实现柔性社会管理，有赖于两个方面的支撑：即一是政府管理的柔性化；二是引入社会组织，实现服务供给多样化。在此基础上，本文具体提出以下建议。

(1) 在理念上，实现由“管理导向”转向“服务导向”，重在服务的起点上关注劳动者个体的利益和服务需求。随着经济的发展和社会的进步，人们的需求也在日渐多样化，而过去刚性社会管理下采用一个标准，一种模式的方式已经无法满足和应对日益多样的个体需求，如果还依赖刚性管理的方式方法，不利于社会的继续进步。因此，柔性社会管理的实现有赖于在理念上强调“以人为本”、“服务导向”，要求在服务过程中，关注被服务者个体的权益和要求。具体到劳资关系协调方面，政府部门应该强化“服务导向”的理念，“以个体为中心”，在提供公共服务的过程中，尤其要求关注处于较为弱势一方的工人利益。目前，由于社会处于转型的关键时期，城乡二元结构分化，以及改革开放中的经济体制转型而产生了的各种不同类型的劳动者群体，例如一般合同工人、企业改制工人、退休工人、农民工以及灵活就业者等，不同群体由于其产生的时代背景和发展状况不同，因而劳动者一方就会因属于不同群体而存在不同的权益和需求，因此政府部门应该加强与不同劳动群体的密切沟通，深入到群众当中进行需求调查，而且在提供服务的过程中，要考虑到不同群体的服务需求，采用网格化、扁平化管理，实现服务的下沉，贴近被服务群体，重视个案管理。

(2) 在管理过程中，前置社会管理，尝试多种方式来推进公众的参与，加强服务主体与被服务主体双方互动和有效沟通。以往刚性的管理过程往往呈现管理单向性、事后性的特征，即以作为管理主体的政府部门的“管理”为主，而被管理者的建议等较少纳入管理过程中，即被管理主体在管理过程中的有效参与不足，同时，以事后管理为主，即矛盾纠纷发生之后才介入管理过程中，因而出现“双被动”的现象，即管理部门被动管理、被管理者被动参与。而在柔性社会管理过程中，则强调管理的双向性和事前管理，即应该鼓励尝试多种方式，推进公众参与，而且强调前置社会管理，加强对矛盾纠纷出现的预防和规范。具体到化解劳动争议纠纷方面，政府部门应该尽可能地搭建平台把双方当事人引进来进行平等的讨论和对话，尤其要在“强资本弱劳动”的局面下，扭转劳方不利的局面。例如采用进行圆桌对话、集体协商、听证会等形式，推进公众参与，有利于更好地协调劳资关系。

（3）在结果上，强调将服务质量和服务便利性等引入考核指标，并强调公众考核。以往的管理重在以数据指标作为考核依据，即以问题解决的数量和效率为主要标准，却没有将被服务群体对服务的满意程度、认同程度纳入考核当中，因此在结果导向上，应该强调将服务的有效性和便利性等指标纳入考核指标，改变以往以上级考核为主的方式，推动公众的考核。具体到管理部门，在解决完劳资纠纷之后，可以在结果考核的过程中，将双方当事人对整个过程以及结果的满意程度进行评测，并将此计入考核当中，或者尝试多种评测方式，例如填写问卷、参加网上评测等，收集被服务群体的反馈意见，以便更好地改进服务。

（4）引进社会组织参与社会服务的提供，实现服务供给的多样化。政府部门受限于其职能以及管理方式，所以完全通过政府提供服务是不能完全做到柔性化的。因此，要引入社会组织参与服务的供给，这样可以很好地根据不同群体的不同服务需求来提供服务，一定程度上也能够缓解政府在服务供给上的压力，还能够发挥社会的力量，通过社会自治和自我管理来协调社会矛盾的解决。目前，工会的发展相对来讲是比较迅速的，尤其是在珠三角地区，工会是一大特色，但是社会组织自身发展的空间还是相对受限，制度和政策给予的空间还是不足，导致很多工会也是“艰难维持”，而且能够起到的作用也大大受限制。因而在劳动领域，应该坚持在政府的领导下，鼓励和推动各种社会组织的发展，支持其在劳动领域发挥作用和功效，一方面能够做到服务提供的多元化，另一方面也能够对政府的服务加以很好的补充。

社会转型中的政治秩序*

冯仕政**

在当今中国，信访制度虽然在整个政治体系中处于相对边缘的位置，但其牵出的“信访问题”却是最为复杂和严重的社会问题之一。在这个意义上，可以说，“小信访，大问题”。即看似小小的信访问题，其实无论在理论上，还是在政治上，都是一个极富挑战性的难题。以信访问题为对象的信访研究因此而崛起，成为中国学术版图中的一项重要领域。本文将首先揭示“信访问题”的提出和“信访研究”的兴起，然后综述以往信访研究的成果，评述其得失，最后讨论如何在信访研究这个老问题上开出新视野，凝聚新议程。了解信访研究的历史脉络、内在逻辑和得失长短，有助于为当前的信访研究重新定位，促进信访研究创新发展。

一　讨论“信访问题”的三个层次

通常所谓“信访问题”，从逻辑上说，可以划分为三个层次，用英语来说，分别是 issue，problem，question，用中文来说大体可以表述为“话题”、“难题”和“论题”。其中，“话题”（issue）是指信访作为一种客观现象获得社会关注和标识的程度。世间万象纷繁复杂，而人类的注意力是有限的，

* 本文为国家社科基金课题“社会冲突治理与新中国信访制度的演进研究”（11ASH004）和中国人民大学科研基金项目“当前中国网络群体性的形成及治理研究”（13XNL005）的阶段性成果，本文已经刊发于《学海》2016 年第 2 期。

** 冯仕政，中国人民大学社会与人口学院党委书记，教授、博士生导师。

一个现象首先必须引起人类足够的注意并被标识出来，才有可能被作为一个问题来讨论。因此，成为话题是信访问题得以形成的第一步。对事物进行命名是对其进行讨论的基础，专门用以指代某种现象的专有名词的诞生，是该现象受到重视并被标识的最重要的标志。

第二个层次，难题（problem），是指信访对现实社会生活产生了多大程度的影响，尤其是负面影响。对社会科学来说，关注社会难题是其使命。一种社会现象的现实影响越大，社会关切程度越高，被当作一个问题来研究的必要性和可能性也就越高。即使是对当下已无什么影响的历史现象，往往也是作为现实社会问题的镜鉴才进入研究视野的。“一切历史都是当代史”，说的就是这个意思。

第三个层次，论题（question），则是指信访问题在多大程度上实现了概念化，即被用严谨而专业的概念刻画出来，使之从一个相对模糊、漫散的话题或难题上升为一个内涵和外延都相对清晰、明确的理论问题。只有把信访问题从一个话题和难题上升为论题，关于信访问题的讨论才有可能借鉴前人的理论智慧，然后在此基础上做出更系统、更精炼、更有洞察力的分析。在此过程中，信访问题将被置于特定的知识背景中重新审视和界定，从而脱离具体的情节和环境，抽象为更具一般性的概念和命题。到达这个问题层次的信访问题，仍然包含对现实的关切，但因为已经融入特定学科的思维范式，所以是源于现实而又高于现实了。依据审视和界定经验问题的知识框架不同，同一个经验意义上的问题可能被抽象成不同的理论论题。

信访问题从一个模糊而浮泛的话题（issue），到一个具体可感的难题（problem），再到一个抽象的论题（question）的发展过程，是一个从感性的抽象到感性的具体，再到理性的抽象的辩证运动过程，也是一个人类的认识不断加深、描述和解释不断精密的过程。下面就从这三个层次来看“信访问题”是怎样逐步显露并引起研究的。

二　“信访”概念的形成与扩散

人类对社会现象的认知和理解最终会凝结为一个个概念。概念是人类赖以界定和分析世界的基础。同样，“信访”概念也是有关现象引起重视并被标识的产物。从字面上看，“信访”是对“人民来信来访”一词的缩略，但经过几十年的演化，它早已超出缩略语的意义，成为一个具有独特含义的政治概念。

从语素上分析，“信访”包括信和访，即来信和来访。但此处所谓“来信”和“来访”是有特定含义的。根据国务院于2005年颁布的、目前最新的《信访条例》，所谓“信访”，是指“公民、法人或者其他组织采用书信、电子邮件、传真、电话、走访等形式，向各级人民政府、县级以上人民政府工作部门反映情况，提出建议、意见或者投诉请求，依法由有关行政机关处理的活动”。也就是说，此处的“来信”和“来访”，描述的是国家与社会之间的一种特定关系，即只有民众向国家反映情况，提出建议、意见或者投诉请求的通信和走访才能称为“信访”。

民众通过通信或走访向国家表达意见和诉求的现象古已有之，但在中华人民共和国成立之前不存在“信访”这样一个概念。确切地说，它是新中国信访制度的产物。但在信访制度建立之后，“信访”概念并未马上形成，而是有一个历史过程。

政务院于1951年6月7日发布的《关于处理人民来信和接见人民工作的决定》[①]，被公认是中国信访制度的历史起点。但该决定中并未出现“信访”字样。该文件对信访现象的表述是“人民的来信或要求见面谈话”，不但没有出现“信访”，甚至连“来访”和“上访”的概念都未出现；上访被称为“要求见面谈话”，当前大家耳熟能详的“信访工作”也被表述为“处理人民来信和接见人民工作”。冗长的表述显然不适应实际工作对于效率的需要。因此，到1953年，“人民的来信或要求见面谈话”就已经被《人民日报》等中央媒体，以及山西、陕西等地方政府简化为“来信、来访”或“来信来访”。[②] 又经过一段时间的演化，最终被简化为目前所见的“信访”。

---

① 该文件见中共中央文献研究室编《建国以来重要文献选编》（第二册），中央文献出版社，1997，第322~324页。

② 参见《各地各级人民政府应更加重视人民来信来访》，《人民日报》1953年1月19日，第1版；《中国共产党山西省委员会关于加强处理人民来信、接见人民来访工作的决定》，《山西政报》1953年第7期，第12~14页；《山西省人民政府关于加强处理群众来信、来访工作的指示》，《山西政报》1953年第8期，第67~69页；《陕西省人民政府关于省级政府各机关处理群众来信和接见群众来访暂行办法》，《陕西政报》1953年第10期，第12~14页。

从目前档案所见，最早公开正式使用“信访”一词的是天津市。1960年，天津市人民委员会人民接待室整理的《河北省交河县开展人民来信来访工作的几点经验》[①] 被国务院秘书厅作为先进经验转发全国。该材料的标题和国务院的批语虽然使用“来信来访”字眼，但内文却普遍使用“信访”一词。1961年，《天津政报》又刊出《天津市1960年信访工作总结（摘要）》[②]，已在题目中径直使用“信访”字样。这表明，天津市至迟从1960年即已公开正式地使用“信访”一词。差不多在同一时间，其他地方政府也开始正式使用“信访”概念。比如，“北京市革命委员会办事组信访组”从1967年下半年开始按月编印《信访简报》，并持续数年之久。[③] 由此可见，当时至少在地方上，“信访”已经是一个广泛而正式使用的政治概念。

但在中央层面，对“信访”的接纳还有一个过程。从中央文件来看，直到1963年中共中央、国务院发布《关于加强人民来信来访工作的通知》以及1964年国务院秘书厅发布《人民来信来访工作的基本经验》[④]，仍未使用“信访”，而是继续使用“来信来访”概念。对于“信访”概念究竟是在何时被中央采用的，有不同的说法。综合各家观点，一个比较公认的事实是：国务院秘书厅于1963年制定的《信访档案分类方法》中使用了“信访”概念[⑤]。尽管这只是一个内部而且级别较低的实务性文件，但毕竟是中央使用“信访”概念的开端。1966年7月，中共中央办公厅将专门负责信访工作的秘书室改称“信访处”[⑥]，意味着“信访”概念被进一步接受。1971年，中共中央理论刊物《红旗》发表文章《必须重视人民来信来访》，文中把人民来信来访称为“信访”，把处理人民来信来访的工作称为“信访

① 该文件见《湖南政报》1960年第7期，第138~141页。当时天津市属河北省，交河县属天津市，后交河县撤销，其政区并入泊头市。

② 《天津市1960年信访工作总结（摘要）》，《天津政报》1961年第14期，第5~7页。

③ 笔者掌握的最早的北京市《信访简报》为1967年第4期（档号182-1-90），刊发于1967年12月8日。按期刊发行频率推定，第1期当刊发于当年9月。

④ 参见《天津政报》1964年第17期，第7~11页。

⑤ 张修成：《1978年以来信访工作研究——以山东威海为个案》，博士学位论文，中共中央党校，2007，序言第7页；吴超：《中国当代信访史基本问题探讨》，《当代中国史研究》2011年第1期。

⑥ 中共中央办公厅信访局、国务院办公厅信访局编著《信访学概论》，华夏出版社，1991，第5页。

工作”，这是中央首次对外公开使用“信访”一词。[①] 1972 年 12 月，中共中央向全国转发《关于加强信访工作和维护首都治安的报告》，并在批示中要求各地“健全各级信访工作机构，抓好信访队伍的建设”，“做好信访工作”，这是“信访”首次出现在中央文件中，[②] 表明“信访”作为一个概念已经被中央正式接受。

不过，“信访”概念真正走向群众还是在“文革”结束之后。1970 年代末，“文革”中积累的种种社会矛盾演变为信访洪峰，而国家也把做好信访工作作为拨乱反正和促进安定团结的重要突破口。在此过程中，国家与民众自然会围绕信访现象发生广泛而密集的互动，于是原本主要在国家内部流传的“信访”概念随之走向民间，成为一个家喻户晓的政治概念。

概念产生于社会实践的需要并反映着社会实践的变化。表面上看，“信访”概念的形成只是一个措辞简化过程，实际上它是这样一种信访工作制度化的必然要求和结果。制度化的不断加深，意味着处理“人民来信或要求见面谈话”的工作越来越成为一项日常性的政治事务，从而被越来越多的个人和组织越来越频繁地思考、言说、讨论、请示、指示、传达、发布，等等。这些活动都离不开语言和概念。而从语言和概念的角度来说，“来信或要求见面谈话”无论单独表述还是组词搭配都很笨拙，而“信访”使用起来则要方便和灵活得多。与此同时，“来信或要求见面谈话”平淡而冗长，“信访”概念简洁而独特，能够更加鲜明、有力地标识信访制度与其他制度之间的界限，有利于建立社会对信访制度的认知和认同。而建立这样一种认知和认同，是信访制度得以存在和发展的合法性基础。要言之，“信访”概念的产生是国家的效率需要和合法性需要在语言和概念上的必然反映。

“信访”是对有关现象进行识别和标注的产物。它一旦形成，就会作为一种认知框架引发人们的注意力，制约或引导人们对有关现象的解读和行动，为信访问题受到持续关注奠定强而有力的心理基础。

---

① 张成良编著《信访工作》，高等教育出版社，1988，第 3 页；另见中共中央办公厅信访局、国务院办公厅信访局编著《信访学概论》，华夏出版社，1991，第 5 页。

② 张成良编著《信访工作》，高等教育出版社，1998，第 3 页；《中共中央转发〈关于加强信访工作和维护首都治安的报告〉的批示（摘录）》，载金志良、孙伟汉、李发云主编《信访工作实用手册》，黑龙江人民出版社，1991，第 9 页。

三　信访问题意识的崛起

从国家建立信访制度的那天起，信访问题就成为一个受到持续关注的话题。但随着历史的发展，对信访话题的关注逐渐发生分化，即从最初的"信访工作意识"一枝独秀，逐渐演化为"信访问题意识"与"信访工作意识"双峰并峙。在"信访工作意识"的支配下，信访问题被单纯理解为如何更好地完成国家任务的问题，视野比较狭窄，思维也缺乏反思性；而"信访问题意识"则进一步看到信访制度在运作过程中所产生的社会困扰，对信访问题的理解更全面、更丰富、更富于批判性。"信访问题意识"的形成，使信访问题在人们的主观认识中从一个平淡的"话题"（issue）变成一个需要认真对待的"难题"（problem），从而为信访问题进一步上升为学界关注的"论题"（question）打下基础。

从总体上看，自从1951年信访制度创立，信访作为一个社会话题的关注度就一直在攀升。图1是在中国知网数据库（自然科学类数据库不包含在内）上利用与信访问题最相关的7个关键词[①]进行全文检索的结果。计算方法是，只要全文中出现7个关键词中的任意一个，哪怕只有1次，则将该文献计为"信访文献"。图中呈现了每年信访文献的绝对篇数，以及信访文献在当年文献总数中所占的百分比。这两个数字实际体现的是信访关键词在各种文献中的提及率。由于这里所说的"信访文献"并不限于专门研究信访问题的文献，而是包含新闻、会议、宣传、讲话、文件、论文，甚至文学作品在内的各种文献，因此，这两个数字可以很好地刻画信访作为一个话题在社会各个方面所获得的关注度。

从信访文献的增长趋势来看，社会对信访议题的关注是不断提升的，尤其是1994年以后，提升速度尤快。这个过程大致可以分为四段：1951～

① 这7个关键词是："信访"、"人民来信"、"人民来访"、"群众来信"、"群众来访"、"人民来信来访"、"群众来信来访"。由于人们在不同情境下对"信访"现象的措辞有所不同，并且"信访"概念迟至1970年代才广泛使用，所以在"信访"之外，又加了其他6个关键词，以保证检索的完整性。

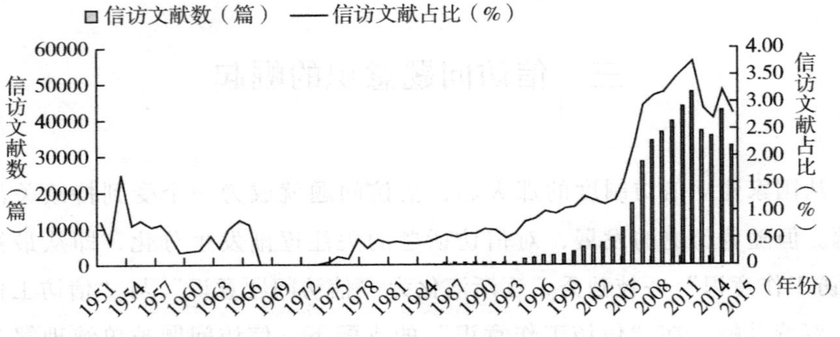

图 1　中国知网数据库中信访文献的发展趋势（1951～2015 年）

1979 年，每年都在 100 篇以下，平均每年只有区区 23.7 篇；1980～1993 年，每年都在 1000 篇以下，平均每年 382.9 篇；1994～2004 年，每年都在 1000 篇以上，平均每年 4397 篇；而 2005～2015 年，则每年都在 10000 篇以上，平均每年达到惊人的 35921 篇！尽管 2011 年后发文篇数有所下降，但总量仍然很大。

考虑到不同历史时期期刊的繁荣程度不同，从而每年发文的总数存在差异，所以本文又考察了信访文献占当年文献总数的百分比。将该指标与前一个指标相比，如图 1，两者 1967 年以后的发展趋势总体上是高度一致的。所不同者，只是 1951～1966 年信访文献的总数很小，但在当年文献总数中的占比却很高。也就是说，用篇数指标来衡量的关注度很小，用占比指标来衡量的关注度却很高。这一差异的形成与当时在国家信访工作中占主导地位的社会动员模式有关，限于篇幅，此处不展开论述。尽管存在差异，如果把 1951～2015 年作为一个整体来看，则两个指标所描述的总体趋势是一致的，即信访话题的社会关注度在不断上升。

然而，同样是关注信访，在认知取向上却存在一个微妙而重要的历史变化，即在相当长的时间内，信访问题被单纯看作一项来自国家的工作议程，并未被视为一个困扰民众生活的社会问题，更未进入学术研究的视野。仍以从中国知网数据库中爬梳得到的“信访文献”作为样本来分析，结果发现，1979 年及以前的信访文献几乎都是国家发布的信访工作文件，报章杂志对于信访工作的宣传，国家部门和工作人员关于信访工作的经验交流，等等。在这些文献中，关注的焦点是国家对于信访工作的要求，以及达到这些要求的途径；在它们眼中，信访只是一件需要按照国家布置去完成的工作。这样一种思维取向，不妨称为“信访工作取向”。

而1979年以后的信访文献中，虽然仍有大量工作布置、思想宣传和经验交流之类的篇章，但比例已大为减小。与此同时，开始出现关于社会层面的信访问题的报道，比如上访老户、越级上访、集体上访、缠访、闹访，等等。这些问题并不是1979年以后才发生的新鲜事。事实上，1979年以前的信访文献也曾不同程度地涉及这些问题，但总是作为衬托国家信访工作日程的社会背景出现，显得概略而模糊。而在1979年以后的文献中，这些曾经只是一个背景的问题开始走上前台，成为焦点，变得越来越清晰和具体，反倒是国家的信访工作日程逐渐退缩为构成讨论这些问题的背景。而且，即使那些从国家角度讨论信访工作的文献，也开始超出国家设定的思维框架，呈现更为丰富和自由的思考角度。比照“信访工作取向”，不妨将这样一种关注取向称为“信访问题取向”。

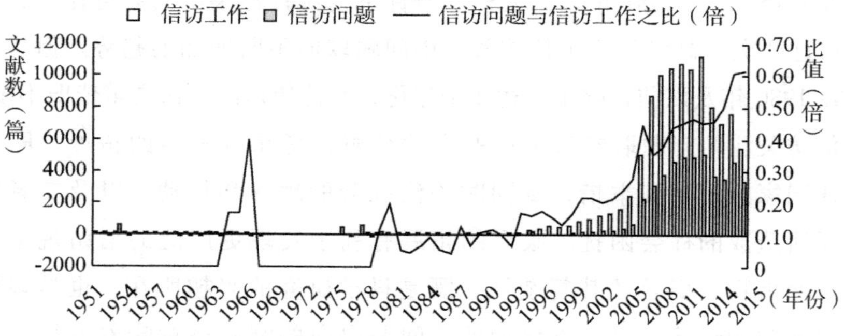

图2　信访文献中工作取向与问题取向的消长趋势（1951～2015年）

图2呈现了两种取向的消长趋势。图中使用了两个数据，分别是“信访工作”和“信访问题”的文献篇数。与图1中数据的形成一样，这两个数据也是利用中国知网数据库，如果文献中明确提到“信访问题”及相近关键词①，哪怕只有1次，都标记为“信访问题”文献；相应地，如果明确提到“信访工作”及相近关键词，则标记为“信访工作”文献。如果文中

① 这些关键词除了“信访问题”之外，还包括“人民来信问题”、“人民来访问题”、“群众来信问题”、“群众来访问题”和“来信来访问题”。“信访工作”关键词则是将上述关键词中的“问题”替换为“工作”。

同时使用了上述两种关键词，则两边各计 1 次。

一个合理的假设是，一篇文献中如果出现“信访问题”字样，则代表它有“信访问题取向”；如果出现“信访工作”字样，则代表它有“信访工作取向”；如果两类字眼都出现，则表示兼有两种取向。如图 2 中折线所示，从 1951～2015 年，虽然信访工作取向总体上仍占主导地位，但信访问题取向的增长趋势是非常明显的：在 1981 年，问题取向与工作取向的比值只有 0.06，而到 2015 年已经提高到 0.61。并且，2011 年以后，在信访文献总量以及两种取向的文献总量（分别见图 1 和图 2）都显著下滑的情况下，问题取向与工作取向的比值仍逆势上扬，说明信访问题意识增强。

需要特别解释一下 1981 年之前信访问题取向出现的两个高峰。一个是 1964～1966 年这三年间，两种取向的比值分别达到 0.13、0.17 和 0.40；另一个是 1980 年，比值达到 0.20。对这两个高峰，要看到，它们是在样本量非常小的情况下发生的统计结果（上述 4 个年份的比数分别是 2∶16、1∶6、2∶5 和 3∶15），与 1981 年以后大样本条件下的统计结果不具有可比性，因此不能以这两次“高峰”否定信访关注中问题取向不断增加的趋势。但另一方面，在 1980 年及以前，除了上述 4 个年份，其他年份的信访文献依旧不多。

信访关注中问题取向与工作取向的分野，意味着眼界的拓展，即从单纯关注国家的主张和举措，到同时关注社会的理解和行动，以及二者之间的背反所造成的社会困扰。眼界的拓展有利于发现更广泛的信访现象及其变异。而事物之变异及其复杂性，既是科学研究的兴趣所在，也是理论思考得以酝酿的经验基础。不仅如此，问题取向的崛起还意味着人们不再单纯服从国家的制度安排，而是开始反思这些安排在各个层面上产生的非期然后果。比起工作取向，这无疑是一种更具有反思性和批判性的思维。而反思和批判，既是科学思维的基本特征，也是科学发展的必要条件。

总而言之，尽管从客观上说，信访问题与信访工作从一开始就是相依不离的两个方面，但就对这两个方面的关注而言，却存在一个微妙然而重要的历史转变，即在 1980 年以前，国家的信访工作几乎占据着全部的注意力，“工作取向”一枝独秀；但此后，信访作为社会问题的一面引起越来越多的关注，“问题取向”开始兴起。这样一种转变，为信访问题进入学术研究奠定了基础。

四 信访学术研究的兴起

尽管关于信访现象的问题意识早在1980年代初即已萌芽，并在1990年代获得显著发展，但在相当长的时间内，它并未把对现实问题的关切上升到理论高度，研究成果也基本停留在简单的现象描述和经验总结上，思考的深度和分析的严整程度都十分有限。究其原因，在于信访问题意识系从信访工作意识分化而来，最早认识到信访问题是一个问题并进行相关研究的不是学者，而是实际从事或接触信访工作的工作人员。这批人构成早期信访问题研究的主力。不难料想，他们多是由于现实工作的需要，基于信访工作与信访问题的内在联系而涉足信访问题。就整体而言，他们在理论兴趣和素养方面自然赶不上从事专业研究的学者，以致不能把信访问题从一个直观的社会问题上升为一个深刻的理论问题来讨论。

事实上，早在1980年代，信访部门就不断有人呼吁重视信访工作的专业属性，要求把信访工作作为一门学科来对待。为此，1986年，沈阳大学还曾试办过全国第一个信访学专业，1987年出版了第一本《信访学概论》，此后也曾多次出版类似著作。[①] 但这些研究和教学的主要参与者仍然是信访部门的工作人员，基本定位还是服务于实际的信访工作，仍未摆脱信访工作意识的束缚。这就决定了不管主观愿望如何良好，这些工作的科学含量实际并不高，在学界也几乎无人响应。

这种状况直到1990年代中期才有所突破。首开先河的是欧博文和李连江。他们在1995年发表了一篇题为《中国农村的告状政治》的英文论文[②]，

① 王显堂、陈鸿滨主编《信访学概论》，辽宁大学出版社，1987。此后还有：中共中央办公厅信访局、国务院办公厅信访局编著《信访学概论》，华夏出版社，1991；李慕洁编著《应用信访学》，华龄出版社，1991；中国行政管理学会信访分会编著《信访学概论》，方正出版社，2005；田秉锷主编《中国信访学论纲》，江苏人民出版社，2010；薄钢主编《信访学概论》，中国民主法制出版社，2012。

② O'Brien, Kevin J., and Lianjiang Li, "The Politics of Lodging Complaints in Rural China," *The China Quarterly*, 1995, 143: pp. 756 – 783.

1996 年又发表了另一篇英文论文《当前中国的农民与抗争》[①]，两篇论文对信访问题都有涉及，但都不是关于信访的专题研究，加上是用英文发表，所以在较长时间内并未引起关注，直到 2001 年国内信访研究兴起之后才开始有人引用。

有同样遭遇的还有刁杰成于 1997 年出版的《人民信访史略》一书。[②] 该书仔细梳理了新中国信访制度形成及演变的历史过程，无疑是信访研究非常重要的参考资料。但该书出版后长期乏人问津。从其在中国知网数据库中的引用情况来看，该书在出版后的头六年中，只在 1997 年被评介 1 次，2000 年被引用 1 次，其余年份为 0。直到 2003 年之后才开始有比较稳定的引用。这种遭遇，一方面说明该书未能有效地推动信访学术研究，另一方面也反证当时学术意义上的信访研究还非常冷清。

真正启动信访学术研究的是应星于 2001 年出版的《大河移民上访的故事》一书。[③] 该书详细地描述了一桩时间跨度 20 余年，涉及省、地区、县、乡等多个政府层级的集体上访案，并就其中的理论问题做了较为深入的探讨。这是一个完全基于学术兴趣、按照学术规范并且系统地讨论信访问题的研究作品。该书在学术界引起热烈反响。从中国知网数据库检索得知，该书出版后的第二年即有 6 次评介和引用，到 2015 年已被引用或评论 1202 次，年均 93 次，境遇比刁杰成的《人民信访史略》好得多，推动信访研究的作用十分显著。

而从论文方面来看，根据中国知网数据，影响力最大且发表最早的学术论文是应星于 2004 年发表的《作为特殊行政救济的信访救济》[④] 一文。从发表至 2015 年，总计被引用 754 次，年均 69 次。

图 3 展现了上述三种信访研究文献在中国知网数据库中的被引情况。这三篇文献都属于纯粹的学术作品，那些不关心学术问题的信访文献一般不会引用。因此，从这三篇文献的被引情况中，不仅可以看到它们各自的影响力，而且可以窥见学术意义上信访研究的发展状况。如图 3 所示，正是

① Li, Lianjiang, and Kevin J. O'Brien, "Villagers and Popular Resistance in Contemporary China," *Modern China*, 1996, 22 (1): pp. 28 – 61.

② 刁杰成：《人民信访史略》，北京经济学院出版社，1997。

③ 应星：《大河移民上访的故事》，三联书店，2001。

④ 应星：《作为特殊行政救济的信访救济》，《法学研究》2004 年第 3 期。

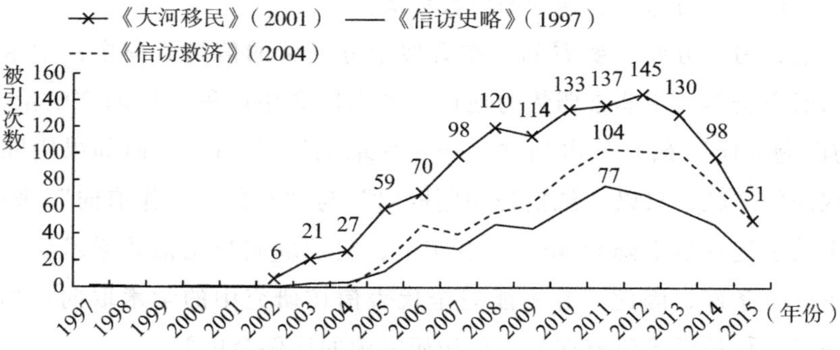

图 3　中国知网数据库中三种信访学术研究文献的被引情况

2001 年《大河移民上访的故事》(图中简称《大河移民》)的出版带动了该领域的发展。在此之前，该领域一直很冷清，冷到刁杰成的《人民信访史略》(图中简称《信访史略》)几乎无人引用；而在此之后，不仅《大河移民》本身的被引次数节节攀升，连此前被忽略的《信访史略》也开始有了引用率，并与《大河移民》同步上升。这显然只有在信访问题研究作为一个领域得到发展的条件下才有可能。而《作为特殊行政救济的信访救济》(图中简称《信访救济》)一文，其被引情况与上述两篇文献大体一致。这说明，作为学术意义上的信访研究大体是在 2001 年以后才发展起来的。至于三篇的被引次数在 2011 ~2012 年达到高峰，然后下滑的趋势，既与 2011 年后关于信访问题的发文总量大幅下滑约 23% (参见图 1) 有关，也与该领域日益繁荣，议题增多，引文逐渐分散有关。

应该说，自诞生以来，学术意义上的信访研究数量一直是增长的。这表现在，如图 1，2011 年以后，信访文献总量的总体上是不断下滑的，2012 年、2015 年分别比 2011 年减少 23% 和 32%，再看图 2，信访工作取向的文献同样有明显的下滑，但信访问题取向的文献却保持了相对平稳的发展趋势。最终，在整个领域的发表量走低的形势下，信访问题取向的相对比重不但没有下降，反而强劲地逆势上扬。这算是学术意义上的信访研究一直在成长的一个表征。由于一些文献兼有信访问题和信访工作两种取向，为了更好地测算两种取向的相对走势，本文又将这些兼有两种取向的文献刨除，专门统计“纯信访问题取向”和“纯信访工作取向”的文献。结果显示，两种取向之间的比值与图 3 中所呈现的趋势差不多，即也证明学术意义上的信访研究一直保持着强劲的增长势头。

不过，另一方面也要看到，在看似十分繁荣的信访研究中，学术取向的信访研究仍然处于非常弱势的地位。如以图 2 中两种取向的文献量来看，“信访问题取向”最高只占到“信访工作取向”的 61%。而如果刨除兼有两种取向的文献，只以“纯信访问题取向”与“纯信访工作取向”来衡量，则这个数字进一步下降到 46%。事实上，问题取向只是信访学术研究的必要而不充分条件，因此，并不能完全代表信访研究中的学术取向。如果考虑这一点，信访学术研究在整个信访研究中的比例会更低。

上面简单地勾勒了信访问题进入学术研究日程的历史过程及其内在逻辑。不难发现，信访研究的兴起与国家政治生活有密切的联系。可以说，它是国家设计的信访制度运作效果不彰的产物。正是信访制度的效果不彰引发一系列广泛而持久的社会问题，然后才被上升到理论高度来讨论。于是发生学术取向的信访研究。与现实政治的紧密联系，一方面不断给信访研究注入新的动力，使该领域得以不断扩张，但另一方面，也使大量研究难以超越时政热点而做足够深广的学理思考，以致该领域的研究参差不齐，整体水平不高。下面就来看看该领域以往研究的成果及其得失。

五　信访研究概况与主题

信访研究是一个非常庞杂的领域，不仅文献量巨大，而且涉及的学科众多，讨论的问题也复杂多变，如何梳理该领域的研究成果是一件极具挑战性的事。

信访研究领域每天发表的成果数量十分惊人。中国知网是目前国内收录期刊、报纸、学位论文等各种文献最全的数据库，不妨利用该数据库来观察信访研究领域的发表情况。以“信访”为主题检索中国知网数据库发现，截至 2015 年底，该主题的文献共有 16746 篇。其中，2001～2015 年 14803 篇，占到 88%，与前面关于学术取向的信访研究发生在 2001 年以后的判断相吻合。在这 15 年中，平均每年发表 987 篇，每天 2.7 篇，数量不可谓不高。表 1 展示了这 15 年中所发文献的学科和类型分布。

按中国知网的学科划分，2001～2015 年间发文量排名前 5 位的学科依次是：行政学及国家行政管理、中国政治与国际政治、诉讼法与司法制度、中国共产党、行政法及地方法制。这 5 个学科合计发文 12434 篇，占同期发文总量的 84%（见表 1）。这样的学科分布也充分印证了信访研究与国家政治生活紧密相关的事实。

而按中国知网划分的"研究类型"来看，2001～2015 年发文最多的依次是政策研究、基础研究、行业指导、大众文化、职业指导，5 种类型合计发文 12380 篇，也占到同期发文总量的近 84%。细查各个类型之下的文献发现，所谓"大众文化"，其实就是新闻报道，因此，可以排除在信访研究之外，而"行业指导"和"职业指导"其实也是政策研究，只不过是针对行业和职业的政策研究。经过这样一整合，政策研究总计达到 7413 篇，占同期发文总量的 64%；而基础研究只占同期发文总量的 36%，相当于政策研究的 57%。这同样印证了信访研究与国家政治生活紧密相关的判断。

表 1　中国知网数据库信访研究文献的分布（2001－2015 年）

	学科分布			研究类型		
排序	类别	篇数（篇）	占同期文献比例（%）	类型	篇数（篇）	占同期文献比例（%）
1	行政学及国家行政管理	7133	48.19	政策研究	5202	35.14
2	中国政治与国际政治	1583	10.69	基础研究	4248	28.70
3	诉讼法与司法制度	1552	10.48	行业指导	1513	10.22
4	中国共产党	1126	7.61	大众文化	719	4.86
5	行政法及地方法制	1040	7.03	职业指导	698	4.72
合计		12434	84.00		12380	83.64

由此可见，信访研究虽然非常繁荣，但分布极不均衡：一是学科高度集中，光是"行政学及国家行政管理"一个学科就占到 48%，几乎是半壁江山；二是对策研究多，而基础研究少，两者呈倒四六开。这样一种态势也表明，信访研究领域的理论视野亟待扩大、理论层次亟待提高。这不是说行政学与行政管理或者政策研究不重要，而是说，信访作为中国社会中一个旷日持久且似乎愈演愈烈的社会问题，其研究仅仅停留在行政管理和

政策研究的层面是远远不够的。

信访研究的文献虽然堪称汗牛充栋，但就基本议题而言，大体可以归纳为信访行动、信访工作和信访改革三大主题。这三个主题的区别在于它们理论思考的着眼点和取向不同。如图4，关于信访问题的研究，在理论上有两个切入点，一个是着眼于社会（或曰民众）怎么闹，另一个是着眼于国家怎么管；与此同时，在理论上有两种取向：一个是实证研究，关注实际发生什么；另一个是规范研究，关注应该发生什么。两个维度交叉，遂形成三个研究主题：第一个主题系着眼于社会的实证研究，致力于用经验事实剖析民众的信访行动，包括行动的类型、发生的原因以及形成和演变的过程、机制、结局等。根据其关键词，该主题可简称“信访行动”。

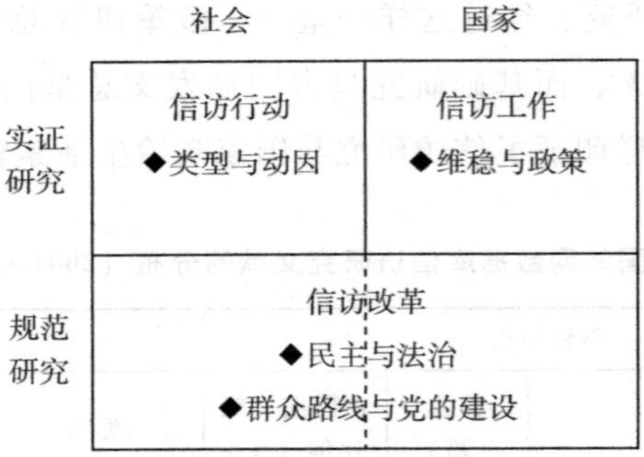

图4　信访研究的基本主题

第二个主题是以国家为着眼点的实证研究，核心关切是国家实际展开的信访工作，包括它在历史上的发展以及在当前的维稳和控访工作。同样，根据其关键词，将该主题简称为“信访工作”。

最后，第三个主题是着眼于调整国家与社会之间关系的规范研究，基本内容是讨论信访制度改革的各种理念和方案，旨在国家与社会之间建立起更有效率、更受认可的互动关系。前两个主题都是基于实然的社会事实展开论辩，属实证研究；唯该主题是面向一个应然的社会愿景，当数规范研究。既然致力于调整国家与社会的关系，就着眼点而论，自然是兼顾国家与社会两个方面的。循前例，将这个主题简称为“信访改革”。

（一）信访行动研究

在上述三个主题中，信访工作和信访改革均涉及国家内部的政治运作，观察、研究和发表都多有不便。相对来说，民众的信访行动更容易引起注意，更容易观察和收集资料，加上1992年后围绕改革以来第二次集体抗争浪潮[①]兴起所形成的学术氛围，使信访行动成为三个主题中最先崛起的领域。如前所述，在该领域中，欧博文与李连江于1995年发表的《当代中国农村的告状政治》一文算是最早涉及信访问题的研究性文献，但此文并非专门讨论信访。真正的开篇是应星于2001年出版的《大河移民上访的故事》，从此关于信访行动的专门研究就多起来。

在该领域中，有为数甚众的文献致力于探讨引发信访行动的结构性原因，但大都是自说自话的皮相之论，因而也没有形成什么具有科学意义的学术争论。真正有意思并且构成一个学术争论的是信访行动的逻辑，即信访行动的形成和展开遵循什么样的规律。在这个问题上，争议的起点和焦点都是欧博文和李连江提出的“依法抗争”观点。1997年，他们在《当代中国农民的依法抗争》一文中认为，当前中国农民的抗争具有一个重要特点，即充分利用国家政策与地方官员做斗争。他们把这种策略称为“policy-based resistance”，意为以政策为基础的抗争，后又改称“rightful resistance”[②]，在中文里则统一译作“依法抗争”[③]。欧博文和李连江的这一系列研究以及“依法抗争”概念的提出其实都不是专门针对信访，而是面向更具有一般性的“民众抗争”（popular resistance）。但由于信访是中国民众经常采用的抗争手法之一，于是关于抗争的研究通常会涉及信访，而关于信访的研究通常也会参考抗争研究的成果，导致两个领域紧密地交汇在一起。相应地，针对民众抗争而提出的“依法抗争”观点也引起信访研究的关注，并以这一观点为触发点展开了广泛的争论。争论基本围绕四个问题展开。

第一，信访行动在多大程度上遵循政治逻辑或利益逻辑。“依法抗争”理论虽然未明确指出这一点，但这个概念本身实际上已经暗示这些行动本

---

① 关于改革以来的三次集体抗争浪潮，参见冯仕政《社会冲突、国家治理与“群体性事件”概念的演生》，《社会学研究》2015年第5期。

② O'Brien, Kevin J., “Rightful Resistance,” *World Politics*, 1996, 49 (1): 31-55; O'Brien, Kevin J. and Lianjiang Li, *Rightful Resistance in Rural China.* Cambridge: Cambridge University Press, 2006.

③ 李连江、欧博文：《当代中国农民的依法抗争》，载吴国光主编《九七效应》，太平洋世纪研究所，1997。

身都是在法律和政策允许的范围内，它争取的是政策的落实而不是政策本身。在这个意义上，它是非政治性的。而于建嵘等人则认为，包括信访行动在内的民众抗争有着更明确而高远的价值追求，它是以集体权益和公民权利为基础，以挑战现有政策乃至体制为目标的“以法抗争”。[①] 但有学者认为，此类观点夸大了民众抗争的政治性，事实上，信访仍然是底层民众争取私人利益的一种手段，具有明显的非政治性，民众甚至会为了利益的最大化而有意识地避免行动的政治化。[②]

第二，信访行动在多大程度上遵循利益逻辑或伦理逻辑。有学者认为，信访行动的逻辑除了政治与利益的分野，还存在利益与伦理的分化，而以往研究都过分强调抗争行动的利益追求，忽视了伦理因素在抗争过程中所发挥的作用及其机制。[③] 在这方面，影响甚大的是应星的“气”论。他认为，基层政府对行动精英惯有的强力打压引发了反弹，使农民的抗争变成为获得人格尊严和底线承认的殊死斗争，因此，当代中国乡村集体行动再生产的基础并非利益或理性，而是伦理。这种伦理可用中国文化中一个独特的概念——“气”来描述。为此，他分析了“气”在乡村集体行动（包括信访）过程中的作用机制。[④]

第三，信访行动在多大程度上是策略性的或一致性的？如果强调信访行动的政治性和伦理性，就势必或明或暗地强调信访行动的内在一致性，包括多人行动之间及同一人前后行动之间的协调性。但大量研究都发现，信访行动往往是策略性的，即访民们会权衡局势的变化而不断调整自己的目标和手段，并不会从一而终，自然也不会从信访而终。[⑤] 他们会在忍气吞

---

① 于建嵘：《当前农民维权活动的一个解释框架》，《社会学研究》2004 年第 2 期。

② 应星：《草根动员与农民群体利益的表达机制——四个个案的比较研究》，《社会学研究》2007 年第 2 期；应星：《大河移民上访的故事》，三联书店，2001；吴毅：《“权力 - 利益的结构之网”与农民群体性利益的表达困境：对一起石场纠纷案例的分析》，《社会学研究》2007 年第 5 期。

③ 吴长青：《从“策略”到“伦理”对“依法抗争”的批评性讨论》，《社会》2010 年第 2 期。

④ 应星：《“气场”与群体性事件的发生机制——两个个案的比较》，《社会学研究》2009 年第 6 期；应星：《“气”与中国乡村集体行动的再生》，《开放时代》2007 年第 6 期；应星：《“气”与抗争政治：当代中国乡村社会稳定问题研究》，社会科学文献出版社，2011。

⑤ 在这方面，陈希有非常系统的论述，参见（Chen, Xi, *Social Protest and Contentious Authoritarianism in China*. New York: Cambridge University Press, 2012.）中的第六章。应星在《大河移民上访的故事》中也对上访的种种招数有生动的描述。

声、信访、诉讼、暴力、街头抗争等多种问题解决方式之间来回选择[①]；他们会利用弱者身份“依势博弈”[②]，他们内部也会发生派系分化[③]；如此等等。

第四，信访行动在多大程度上是正义的或非正义的。长期以来，在社会舆论和学术研究中，信访行动都被定位为一种维权行动，言下之意，都是正义的。但近年来，越来越多的学者注意到问题的另一面，即并非所有信访行动都是正当的，而是存在不正当的“偏执型上访”、“无理上访”、“不合理上访”，甚至“谋利型上访”、“要挟型上访”。[④] 这是以往信访研究注意不够的，无疑具有很大的颠覆性。

上面这些争论实际上从多个角度展现了信访行动在形态上的复杂变异。了解这些变异，是研究信访问题的经验基础。上述研究为我们了解和理解信访行动的形态变异提供了良好的基础，但另一方面，不难看出，首先，信访行动研究的发育并不充分。这表现在大量研究都倾向于把信访行动与群体性事件等社会抗争现象打包处理，亦即将信访行动视为社会抗争的一种特殊情况来分析，并且往往被置于非常边缘的位置。事实上，尽管信访行动与其他社会抗争形式之间的界限比较模糊，常常相互转化，但它毕竟是一种在意识形态上得到承认，在制度上有独特安排的一种社会行动，完全无视这种独特性而简单地借用关于抗争的理论视角和分析框架，难以准确和全面地揭示信访形成和运作的逻辑，以及背后的社会和政治含义。

---

① Michelson, Ethan, “Climbing the Dispute Pagoda: Grievances and Appeals to the Official Justice System in Rural China,” *American Sociological Review*, 2007 (72): 459 - 485; Su, Yang and Xin He, “Street as Courtroom: State Accommodation of Labor Protest in South China,” *Law & Society Review*, 2010 (44): 157 - 184.

② 董海军：《依势博弈：基层社会维权行为的新解释框架》，《社会》2010 年第 5 期；尹利民：《“表演型上访”：作为弱者的上访人的“武器”》，《南昌大学学报》（人文社会科学版）2012 年第 1 期；Michelson, Ethan, “Justice from above or Below? Popular Strategies for Resolving Grievances in Rural China,” *The China Quarterly*, 2008 (193): 43 - 64.

③ 石发勇：《业主委员会、准派系政治与基层治理——以一个上海街区为例》，《社会学研究》2010 年第 3 期。

④ 参见申端锋《乡村治权与分类治理：农民上访研究的范式转换》，《开放时代》2010 年第 6 期；田先红：《从维权到谋利——农民上访行为逻辑变迁的一个解释框架》，《开放时代》2010 年第 6 期；田先红：《治理基层中国：桥镇信访博弈的叙事（1995 - 2009）》，社会科学文献出版社，2012；饶静、叶敬忠、谭思：《“要挟型上访”——底层政治逻辑下的农民上访分析框架》，《中国农村观察》2011 年第 3 期；陈柏峰：《农民上访的分类治理》，《政治学研究》2012 年第 1 期。

其次，正如后文将要指出的是，将信访与抗争相联系，本来就是由历史原因造成的一种不正确的刻板印象。事实上，在国家的设计中，信访是一种政治沟通设置。民众固然可以通过信访渠道申诉和请愿，从而使信访行动表现出一定对立的特征，但民众也可以通过信访渠道向国家提起举报或建议，此时民众与国家更多的是合作而不是对立。并且，这种功能至今没有废弛。现在之所以一提到信访，就联想到社会矛盾和冲突，那是由于特殊的历史背景造成信访制度的前一种功能被使用得更多，以致留下这样一种刻板印象。这一历史事实进一步表明，把信访与抗争打包处理在理论分析上是不合适的——它会导致遗漏对某些信访现象的观察。

最后，该领域研究在非常热闹的同时也比较碎片化，急需理论上的整合。以往各家都基于所观察到的经验现象提出自己的理论观点且相互辩诘，其实这些现象都只是信访行动在特定条件下的变异。因此，现在需要的不是以此非彼、非此即彼，而是一个能够统摄信访行动的各种形态变异（包括已经引起注意和仍未引起注意的）及其边界条件的理论视角和分析框架。

（二）信访工作研究

这里所谓“信访工作”，是指国家围绕民众的来信来访而展开的所有行政或政治活动，既包括对民众信访行动的动员或防控，也包括对信访部门自身的各种建设。如前面所指出的，在当前信访研究中，信访政策方面的研究占到六成左右。宽泛地说，它们都属于这里所说的信访工作研究。不过，绝大多数信访政策研究都属于就事论事或感言式的议论，无论事实梳理还是理论建构都乏善可陈，不属严格意义上的社会科学研究，这里不予综述。

对国家信访工作，学术界真正感兴趣的问题是：国家对民众的信访行动是如何预防和控制的。其体制是如何构成和运作的。逻辑和机制是什么。学者之所以关注这些问题，是因为正如建立“中央处理信访突出问题及群体性事件联席会议制度”所表明的那样，在过去若干年中，信访工作越来越显著地与“维稳”联系在一起。以维稳对中国社会方方面面的深刻影响，社会科学研究关注国家的信访工作，实乃现实的需要。这些问题无疑十分重要，但又相当敏感。相对于民众比较开放、比较松散的信访行动，国家的信访工作规程严密，对研究者来说观察不易进入，资料难以获取，成果的发表也有更多的考虑和限制。尽管如此，该领域的研究还是取得了若干成果，主要集中在以下两个方面。

方面之一：是观察和描述国家信访工作的体制、流程和操作，有的是以国家的信访制度安排为中心，纲要性地呈现国家信访工作的情景[①]，有的则是通过实地调查，试图展现信访制度运作的实际过程和逻辑——由于国家层面的信访工作难以接触，所以这些观察均是以地方或部门信访工作为研究对象。其中，张永和、张炜通过在西安市临潼区近三年的调查，对基层信访制度的运作做了详细的描述。[②] 田先红则考察了某镇 20 世纪 90 年代以来民众信访行动模式的变化，以及应对过程中政府信访治理模式的调整，涉及县乡之间的复杂关系、信访包保责任制的推行、“谋利型上访”，等等。[③] 除了以一个行政区域为调查单位，还有学者围绕法院系统专门调查了“涉诉信访”这一特殊信访类型，鲜明地显示了信访与法治、法治与政治之间的张力。[④] 这些调查展现了丰富的事实和细节，对于外界了解信访体制的运作非常重要。只有在了解信访制度实际运作的前提下，才有可能从理论上概括国家信访工作的一般模式和逻辑。这些研究本身也试图超越田野调查进行理论抽象，但总的来说，理论建构比较薄弱，不够系统、严密和简约。

方面之二：是企图站在整个国家和体制的高度总结国家信访工作的一般规律。这方面的研究不少，但与那些关于民众信访行动的研究一样，此类研究绝大多数都不是专门讨论信访，而是把信访定位为一种特殊的抗争现象，然后与社会抗争打包研究。这些研究从多个角度探讨了国家政治变革与社会抗争之间的逻辑联系。其论述虽然不无道理和启发，但就与信访现象的关系而言，总觉得似有若无，不是那么切合。在这个问题上，陈希的《中国的社会抗争与斗争性威权主义》[⑤] 一书算是少有的例外。该书名为

① 尹利民：《地方的信访与治理——中国地方信访问题调查与研究》，人民出版社，2015。

② 张永和、张炜：《临潼信访——中国基层信访问题研究报告》，人民出版社，2009。

③ 田先红：《治理基层中国：桥镇信访博弈的叙事（1995－2009）》，社会科学文献出版社，2012。

④ 张永和、赵树坤：《常县涉诉信访：中国基层法院涉诉信访研究报告》，人民出版社，2013。

⑤ Chen，Xi，*Social Protest and Contentious Authoritarianism in China*. New York：Cambridge University Press，2012.

研究“社会抗争”，实际是讨论中国信访制度的安排、运作及后果，书中所谓“社会抗争”亦实际指的是集体上访。

陈希的著作是迄今关于信访现象最为系统的研究，其中关于国家内在矛盾的论述尤其富有启发性。然而，作者虽然强调把国家置于理论分析的中心，但终究对中国国家形态的形成和运作缺乏具有历史深度的理解，以致对国家内在矛盾的论述缺乏连贯性和系统性。与此同时，与其他信访研究一样，他仍然将信访现象理解为社会抗争的一种特殊形态，忽略了信访制度的另一种功能和面相。这些不足在认识论上具有同样的根源，即都是因为缺乏历史视野。

与陈希相类似，冯仕政也提倡以国家为中心，并用国家的内在矛盾来分析信访制度的运作，但他强调国家分析要有历史视野；关于国家的内在矛盾及其与信访制度之间的关系，也与陈希的认识不同。[①] 此外，陈柏峰注意到新中国法律传统对国家与信访者之间互动关系的影响。[②]

以上两个方面虽然存在差别，但都是关于当前信访工作的研究。与此相对的另一种路数，是研究国家信访工作的历史，这便是关于中国信访制度史的研究。目前这方面的研究尚属冷门，成果不多。如前所述，开山之作是刁杰成于1997年出版的《人民信访史略》。[③] 此后又陆续有若干专著和论文发表。该领域基本属于历史研究，大家根据各自的理解呈现各自的史实，彼此几乎没有对话。在该领域中，一个难以回避的争议是：如果置于人类制度史的脉络中，当代中国的信访制度应当如何定位？或者说，信访制度到底在多大程度上，又在什么意义上具有中国特色？

一种观点认为，它是中国历史上的上书、请愿、京控、直诉等类似制度的延续，李秋学的《中国信访史论》明确坚持这一观点，持同样观点的还有闵采尔（Carl F. Minzner）、方强（Qiang Fang）等。[④] 而刁杰成和吴超

---

① 冯仕政：《国家政权建设与新中国信访制度的形成及演变》，《社会学研究》2012年第4期。

② 参见陈柏峰《缠讼、信访与新中国法律传统——法律转型时期的缠讼问题》，《中外法学》2004年第2期。

③ 刁杰成：《人民信访史略》，北京经济学院出版社，1997。

④ 参见李秋学《中国信访史论》，中国社会科学出版社，2009；Qiang Fang, A Hot Potato: The Chinese Complaint Systems from Early Times to the Present (unpublished dissertation, University of Buffalo, 2006); Minzner, Carl F., “Xinfang: An Alternative to Formal Chinese Legal Institutions,” *Stanford Journal of International Law*, 2006 (42): 103 – 179.

虽然没有明述，但从其关于历史起点和内容的选择来看，似乎认为信访是当代中国特有的一种制度。① 近年来，又有人开始将中国的信访制度与国外的监察专员、公民申诉、苦情陈诉等制度相联系，强调它们之间的相似性。② 总而言之，信访制度在历史上如何定位是一个重要问题。不过，这显然已经不是一个纯粹的历史学问题，而是一个涉及政治学、社会学、法学等多门学科的理论问题。

关于信访制度史的研究目前还很不发达，但恰恰是目前信访研究非常需要的。历史视野的局限常常导致对信访现象的片面理解。

（三）信访改革研究

当前信访研究的第三个主题是：信访制度改革。这可以说是当前信访研究中争论最集中，同时也最激烈的问题。卷入其中的不仅有学者，还有政界和媒体。亦因为如此，在该问题上，观点的发表渠道比较漫散，论述的格式和严谨程度也参差不齐，这给回顾和综述造成一定困难。大体来说，关于信访制度改革的研究涉及以下三个方面的问题：第一，信访制度当前面临的主要困境是什么。第二，信访制度在政治上应当如何定性和定位。第三，信访改革的目标和路径是什么。显然，这三个问题在逻辑上是一脉相承的：信访改革的提出一定是因为该制度在当前面临严重的困境，而要改革，首先就有一个对信访制度如何定性和定位的问题。

1. 信访制度面临的困境

信访制度在当前一定面临非常严重的困境，否则，从官方到民间都高呼信访制度改革就是一件不可思议的事。这些困境，从具体的信访现象来说，包括以下几点。

（1）信访总量居高不下，形成所谓“信访洪峰”。信访洪峰的形成，原

---

① 参见刁杰成《人民信访史略》，北京经济学院出版社，1997；吴超：《新中国六十年信访制度的历史考察》，《中共党史研究》2009 年第 11 期；吴超：《中国当代信访史基本问题探讨》，《当代中国史研究》2011 年第 1 期；吴超：《新中国信访制度的创建和发展（1949－1957）》，《党的文献》2012 年第 4 期；吴超：《信访制度的阶段性特征》，《重庆社会科学》2015 年第 10 期。

② 参见王凯主编《信访制度与国外相关制度分析研究》，中国民主法制出版社，2013；陈小君：《国际视野下中国信访制度的功能回归》，《信访与社会矛盾问题研究》2013 年第 2 期。

因很复杂。除了社会矛盾不断增多，信访总量也随着水涨船高之外，信访制度本身的缺陷也是重要原因：一是信访程序没有司法程序复杂，某种程度上使社会矛盾更便于流入信访部门而不是司法部门；二是在信访问题被国家列为维稳的内容之后，因上访、截访而不断产生新的信访事件；三是信访制度缺乏完善的终结机制，“终结不终访”，重复信访的问题长期存在，旧的难以退出，新的不断涌来，信访总量自然不断走高。

（2）信访手段不断激进化，甚至政治化。“大闹大解决”是众所周知的上访策略。遵循这一逻辑，信访过程采用破坏性手段的情况越来越多，手段的破坏性越来越强。这表现在不服从法律法规的越级上访和涉法涉诉信访、串联多人的集体上访、信访过程中使用暴力的情况不断增多，甚至引发或演变为群体性事件。中央处理信访突出问题与群体发生事件联席会议将信访问题与群体性事件放在一起处理，原因就在这里。还有一些民众选择到天安门地区、中南海周边、领导人住地、外国使领馆区上访，以图向政府施加政治压力，达到解决问题的目的，此即所谓“非正常上访”。

（3）信访制度功能异化的问题越来越突出。这主要是指一些利用政府出于维稳压力而追求息事宁人的心理，假借信访渠道渔利，以致出现前述所谓“谋利型上访”、“要挟型上访”、“上访专业户”等荒诞现象。

上述问题归纳起来不外乎两个问题：一个是效率问题，即认为信访制度的效率太低，投入与产出严重失衡，非但不能解决矛盾，反而造成新的更多的矛盾。[①] 另一个是合法性问题，即信访制度会导致民众“信访不信法”，损害法制的权威——法学界对此普遍担忧；与此同时，在上访过程中也可能因为不断遭受挫折而丧失对政府的信任。[②] 这两个方面显然是联系在一起的，即解决问题的效率太低，会影响民众对体制的信任和支持，造成合法性问题；而民众丧失对体制的信任和支持，会使问题更难以解决，恶化效率问题。如是形成恶性循环。

2. 信访制度的定性与定位

推动信访制度改革，首先要对信访制度进行一个总的定性和定位，亦

① 参见刘正强《信访的“容量”分析——理解中国信访治理及其限度的一种思路》，《开放时代》2014 年第 1 期。

② 胡荣：《农民上访与政治信任的流失》，《社会学研究》2007 年第 3 期。

即确定信访制度的性质及其在整个制度谱系中的相对位置。只有明确了定性和定位，才能确定改革的原点和目标。定性和定位不同，改革的目标、内容和路径也相去甚远。

中国共产党长期将信访制度定位为一种群众工作制度和社会主义民主制度，即通过信访工作密切联系群众，同时让群众能够方便地监督政府和建言献策。但随着法治观念的兴起，越来越多的学者开始把信访制度置于法治框架中去思考，倾向于从法理和法律的角度上去讨论信访制度的性质和地位。由此产生的一个核心争议是：信访是不是一种有法律依据的权利？如果是，又是一种什么权利？对这个问题的回答，实际就是关于信访制度之法律属性和地位的回答。

第一种观点认为，信访是一项根源于宪法的公民权利。其法源是1982年《宪法》第27条第2款和第41条第1款。前者规定："一切国家机关和国家工作人员必须依靠人民的支持，经常保持同人民的密切联系，倾听人民的意见和建议，接受人民的监督，努力为人民服务。"后者规定："中华人民共和国公民对于任何国家机关和国家工作人员，有提出批评和建议的权利；对于任何国家机关和国家工作人员的违法失职行为，有向有关国家机关提出申诉、控告或者检举的权利，但是不得捏造或者歪曲事实进行诬告陷害。"这两个条款单独或共同构成了"信访权"的宪法依据。[①] 并且历次宪法中均有类似规定。由此可推，信访制度是一项有宪法依据的制度。

但反对的观点则认为，"此说缺乏宪法依据，也没有法律依据。即使从学理上看，也尚未见有学者提出和证明信访是某种基本权利的具体存在形式。将信访称为'权利'的做法有不适当地人为拔高信访和受访行为的法律地位之嫌。"[②]甚至认为，信访制度"是一种政治意义上的治理术，一种政治意义上的社会控制手段——政权合法化的手段以及实现社会有效治理的工具"。"各个时期的代表性文件对于信访的定位虽然也存在着细微差异，但是它们始终没有将信访视为一种独立的法律权利，信访也始终没有脱离

① 参见赵晓力《信访的制度逻辑》，《二十一世纪》（香港）2005年6月号；林喆：《信访制度的功能、属性及其发展趋势》，《中共中央党校学报》2009年第1期；周永坤：《信访潮与中国纠纷机制的路径选择》，《暨南学报》（哲学社会科学版）2006年第1期。

② 童之伟：《信访体制在中国宪法框架中的合理定位》，《现代法学》2011年第1期。

政治的话语体系而进入纯粹的法律范畴。”①根据这一观点，信访完全是一种超越于宪法和法律的政治安排。顺理成章地，所谓信访权，也只是一项有政治含义而无法律依据的权利。

第三种观点认为，信访制度是一种法律之外的“行政救济”机制，或曰“非法律救济”、“法外救济”、“非诉讼救济”机制。这样一种制度安排虽然没有坚实的法律依据，也不太符合法治的形象，但并不必然违反法律，因此是可以接受，甚至是应该提倡的。② 因为它能够“在不违反法律强制性规定的前提下对既有规则和程序进行变通，为当事人提供特殊救济，如道歉、物质补偿救助、特殊待遇（职务、任职条件等）以及任何当事人能够接受的结果”，能够“依靠申诉专员和双方当事人的参与及合作，打破非此即彼的零和思维，鼓励当事人在法律框架内创造性地寻求更加合理与建设性的解纷途径和处理结果”。“申诉制度在当代世界各国受到普遍重视，逐步发展为一种新型的非诉讼救济机制，并向多种行业和领域拓展，显示出新的社会治理模式对现代传统体制、理念、程序和技术等多方面的超越与发展。”③

不难看出，上述三种观点对信访制度的定性和定位分别是：法律制度、政治制度和行政的制度。不同的定性和定位意味着不同的改革方向和方案。反之亦然。

3. 信访改革的方向与方案

2004 年，以国务院《信访条例》的修订为契机，引发了一场关于信访制度改革的激烈争论。④ 此后，不断推出的信访改革措施和不断发生的信访事件都不断引发新的争论，至今没有停歇。⑤ 概括起来，关于信访制度改革的方向和方案大体有三种主张，分别是强化论、取消论和重构论。

---

① 林华：《信访性质的溯源性追问》，《中国政法大学学报》2011 年第 6 期。

② 参见应星《作为特殊行政救济的信访救济》，《法学研究》2004 年第 3 期；范愉：《申诉机制的救济功能与信访制度改革》，《中国法学》2014 年第 4 期。

③ 范愉：《申诉机制的救济功能与信访制度改革》，《中国法学》2014 年第 4 期。

④ 参见赵凌《信访改革引发争议》，《南方周末》2004 年 11 月 18 日。

⑤ 关于这场争论的概况，可参见于建嵘《对信访制度改革争论的反思》，《中国党政干部论坛》2005 年第 5 期；张红、李栋：《中国信访制度：困境与变革》，《华中科技大学学报》（哲学社会科学版）2012 年第 6 期；肖唐镖：《信访政治的变迁及其改革》，《经济社会体制比较》2014 年第 1 期；李栋：《信访制度改革与统一〈信访法〉的制定》，《法学》2014 年第 12 期。

顾名思义，所谓“强化论”就是进一步做大做实信访部门，确保信访部门有职、有权、有资源，避免做有职无权的“二邮局”、“二传手”。同是坚持强化论，但理由也不尽相同。重要的理由包括：当前正处于社会矛盾的高发和多发时期，信访制度有利于及时维护社会稳定；司法救济不够完备和充分，仍需加强信访工作以补司法救济之不足；信访工作是群众工作，群众工作在任何时候都只能加强不能削弱，在当前尤其需要加强。尽管强化论在学界得到的支持不多，但过去10余年中，国家实施的信访改革事实上走的就是强化论的路子。这主要表现在，以2000年中共中央办公厅和国务院办公厅信访局合并组建副部级的“国家信访局”为标志，信访部门被赋予更高的政治地位和更大的权力，在编制、经费、人员等方面给予更多的资源；与此同时，提出了“以群众工作统领信访工作”、构建“统一领导、部门协调，统筹兼顾、标本兼治，各负其责、齐抓共管”的“大信访”格局等指导思想。①

与强化论相对的是取消论。取消论的理由比较一致，即认为信访是一种具有强烈人治和政治色彩的制度安排，是在法治不彰时应运而生的一种代偿性体制。不管信访制度在历史上曾经发挥过多大的积极作用，从当前来看，它在实际运作中喧宾夺主，不断消解和破坏作为基本政治制度的司法体系的权威，则是不争的事实。信访制度因此应当取消，否则不利于法治建设和社会的长治久安。取消论在学术界，尤其是法学界得到很多支持。②

第三种观点，重构论，是比较折中的观点。它认为，信访制度既不能强化，也不应当简单地取消，而应当根据信访制度的属性和现实条件适当重构。一种思路是剥离信访制度中的权利救济功能，将其并入司法系统，而将信访制度中的政治参与功能并入人民代表大会或党的群众工作系统。③另一种思路则是参照西方的行政申诉制度或类似制度，在尊重司法机制的前提下和基础上，将信访制度改造成一种替代性的、补充性的纠纷解决

① 王学军主编《学习贯彻中共中央国务院关于进一步加强新时期信访工作的意见百题解读》，人民出版社，2008，第59页。

② 代表性的观点如童之伟：《信访体制在中国宪法框架中的合理定位》，《现代法学》2011年第1期。

③ 参见于建嵘《中国信访制度批判》，《中国改革》2005年第2期；冯仕政：《国家政权建设与新中国信访制度的形成及演变》，《社会学研究》2012年第4期。

机制。①

从关于信访改革方向和方案的争论中也可以看到，政治与法治之间的张力仍是最大的症结，即到底是为了党的政治合法性需要和现实政治需要（最典型的是维稳）而保留甚至强化信访制度呢，还是出于法治的需要而弱化甚至取消信访制度。

六　走向新议程：中国社会转型中的政治秩序

本文开篇即指出：小信访，大问题。意思是说，即使在当代中国的制度谱系中，信访也只是一个不起眼的、边缘性的制度安排，或者说，只是一种“辅助政制”②，但它牵出的“信访问题”却引起轩然大波，其中的理论含义和现实政治含义十分深长。上述三大主题的信访研究，这里虽然只给出一个概览，却已十分真切地显示出“信访问题”在理论上以及现象上的多样性和复杂性，足证“小信访，大问题”并非虚言。正因为如此，本文试图在既往研究的基础上迈进一步，推出一个更具有统摄性，从而更具有挑战性的研究议程：中国社会转型中的政治秩序。

这项议程的核心理念，是试图把信访问题置于当代中国政治秩序的形成和演变这一宏大的理论和历史背景中去思考，以进一步拓展信访研究的视野，扩大信访研究的格局，整合信访研究的成果。所欲回答的问题包括：当代中国为什么会形成这么一个别具特色的信访制度。信访制度为什么会造成形形色色的信访问题。这些问题的表现及其形成机制在历史上有什么变化。在理论上怎样解释这些变化。基于信访制度的内在逻辑，今后应当进行什么改革。又能够进行什么改革。在考察这些问题时，将时时与“中国社会转型中的政治秩序”这一宏大主题相联系，一方面以信访问题为标本，去透视当代中国政治秩序形成和演变，另一方面以当代中国政治秩序的形成和演变为镜鉴，去反思信访制度及其问题的历史变异，这样以小见

---

① 陈小君：《国际视野下中国信访制度的功能回归》，《信访与社会矛盾问题研究》2013 年第 2 期；范愉：《申诉机制的救济功能与信访制度改革》，《中国法学》2014 年第 4 期。

② 童之伟：《信访体制在中国宪法框架中的合理定位》，《现代法学》2011 年第 1 期。

大、以大观小，让二者相互印证。近代以来，中国社会一直处于剧烈的转型之中。在这样一个转型社会中，政治秩序的形成和巩固始终是个难题。在当代中国，这个问题依然十分突出。准此，本文把这项新的研究议程称为“中国社会转型中的政治秩序”。

（一）信访问题的本质及其要求

之所以推出这么一项议程，首先是由信访问题的本质决定的。信访制度是新中国成立后不久即创立的一种国家制度。该制度牵出的“信访问题”之所以这么复杂难解，原因就在于它实际上涉及国家建构过程中一个根本性的问题，即如何处理国家与社会的关系，从而实现社会治理的秩序化？即使在一般情况下，解决这个问题已经足够复杂，而当前中国正处于一个大转型时期，政治、经济、社会、文化等各方面情况都在发生迅速而剧烈的变化，自然更增加了解决这个问题的复杂性。

广义地说，任何国家制度都涉及国家与社会的关系。但是，信访制度有两个与众不同的属性：首先，它是处在第一线直接联系国家与社会的制度安排。正如国家对信访工作的定位那样：信访工作是党和政府联系群众的桥梁和纽带，是“送上门来的群众工作”，是“最直接的群众工作”，是“最现实的群众工作”，是“面对面的群众工作”。[①] 送上门、最直接、最现实、面对面，这些词汇非常生动也非常准确地描述了信访制度的属性，以及它在国家与社会的关系中所处的独特位置。

其次，它是国家与社会之间最具有综合性的制度安排。所谓最具有综合性，是指举凡国家与社会之间可能发生的任何问题，都可以进入信访渠道：不管是为公的，还是为私的；不管是请求的、建言的，还是申诉、投诉、控告、检举的；不管是合理的，还是不合理的，只要当事人认为是个问题，信访制度都可以受理。[②] 信访制度不会像法院或其他行政部门那样以部门分工、程序或专业为由拒绝受理任何问题。事实上，即使当属其他部

---

① 王学军主编《学习贯彻中共中央国务院关于进一步加强新时期信访工作的意见百题解读》，人民出版社，2008，第 76 ~79 页。

② 关于来信来访活动的主要内容及其分类，可参见王学军主编《学习贯彻中共中央国务院关于进一步加强新时期信访工作的意见百题解读》，人民出版社，2008，第 3 ~4 页。

门处理的问题，只要当事人愿意，也可以转到信访部门来。这样一种工作内容包罗万象的属性，是信访制度之外的其他任何制度都不具有的。

上述两个独特的属性，决定了信访制度虽然在整个国家的制度体系中属于边缘部分，实际处理的问题却是国家与社会的关系中最前沿、最敏感的问题，并且涉及得最全面、最直接。既然如此，那么，在国家建构过程中可能发生的种种矛盾、纠结和磨难，在信访制度的形成、演变和运作过程中都会发生。这正是本文决意从“中国转型社会的政治秩序”的高度来思考信访问题的原因所在。信访问题确实不是一个局部的社会冲突或利益救济的问题，而是一个全局性的政治秩序问题，即国家与社会的关系如何处理，如何实现社会治理秩序化的问题。

如果要从这个高度来思考信访问题，就必须把政治秩序和信访制度的演变看成是一个历史性的国家建构过程，深入分析国家内部的张力，以及在这些张力驱动下制度变迁的轨迹和内在逻辑。如果以这个标准去衡量以往的信访研究，那么，这些研究要么理论建构的专业化程度不够，要么所解释的历史事实有限，要么兼而有之。

（二）新议程的统摄性及其学术价值

推出这一新的研究议程的第二个原因是它可以很好地整合以往信访研究的成果，并弥补以往研究存在的不足。以往信访研究的三大主题，归根到底，都是关心和讨论当代中国的政治秩序问题，即当代中国的政治秩序目前处于什么状态。未来应该形成什么样的政治秩序。又能够形成什么样的政治秩序。只是各自的切入点和着重点有所不同：信访行动研究从社会抗争的角度，信访工作研究从国家治理的角度，信访改革研究从应然的角度，而信访行动和信访工作研究则从实然的角度去讨论同一个问题。这些表面上相互独立的角度，其实在逻辑上都是有内在联系的——那些聚焦当下政治秩序的研究，心中一定有一个关于应然政治秩序的理想；那些关注未来政治秩序的研究，心中一定对当下政治秩序抱有某种判断。同样地，社会分析一定会以对国家的某种理解为底色，国家分析也一定会以对社会的某种理解为背景。总而言之，应然与实然、国家与社会都是相对而存在的，它们在理论建构和演绎中不可避免地会互为参照。

问题就在于，以往关于信访问题的研究常常对应然与实然、国家与社会之间的联系缺乏自觉和反思。这表现在它们总是把应然与实然、国家与社会之间的某种关系当作不证自明的公理，然后把这些“公理”作为理论推演的前提，结果造成很多偏误。比如，如前所述，在那些关于信访改革的讨论中，法治常常被认为是一种毋须争论的理想政治秩序，信访制度的是与非、去与留，都以法治这支标尺来衡量。然而，法治作为一种政治秩序本身又如何可能。它发育和巩固的社会条件是什么。如果这些问题不解决，法治在多大程度上构成衡量信访之是非去留的标尺就颇得申辩一下了。然而，在那些讨论中，这些问题都被忽视了。其实，那些所谓“公理”只是某种先入为主的假设（assumption），以为无可争议，其实大可争议。但由于这些假设常常是被一个研究领域广泛接受的共识，因此很少引起注意和反思，更别说争论。而在“中国社会转型中的政治秩序”这项新议程中，这些假设都将拿出来重新审视。

由于据以展开理论讨论的前提假设不同，三大主题的信访研究常常基于不同的理论传统和脉络去讨论问题，各自割据一方，相互缺少交流。即使是同一主题内部的研究，睽违而无对话的情况并不少见。结果，本来可能有和应该有的逻辑关系变成了事实上没有逻辑关系；本来应该受到检验的逻辑关系变成了不证自明的真理，每个研究都沉浸在自己的理论世界里自娱自乐，导致信访研究越做越干瘪，越做越乏味。本文力倡“中国社会转型中的政治秩序”这一新的研究议程，在理论上最重要的用意之一，就是打破以往研究中那些自以为不证自明或坚不可摧的前提假设，以及因此而形成的研究壁垒，让多个主题在同一个理论平台上形成有效的对话和交流，既避免许多规范研究仅从价值理念出发放言高论而罔顾历史条件约束的弊端，也避免许多实证研究只顾眼前事实而无视历史变异和缺乏价值关怀的弱点。要言之，目的是在整合信访研究成果的同时，拓宽信访研究的视野，扩大信访研究的格局。

（三）新的研究议程与中国社会现实

在理论关怀之外，推出“中国社会转型中的政治秩序”这一研究议程的第三个原因，是它十分切合当下中国社会发展的现实需要。第三世界国家的现代化史已经表明，如何在一个快速变革的社会中建立良好的政治秩序，始终是一个难题。早在1968年，美国政治学家亨廷顿的名著《变革社会中的政治秩序》就已经尖锐地提出了这个问题。[①] 作为第三世界国家的一员，中国也不例外。中国自近代以来一直处于急速的社会转型过程中。1949年以后到改革开放前，暴风骤雨般的政治运动和社会改造不曾停歇。改革开放以后，经济快速发展所造成的社会变化也让人目不暇接。这些都给政治秩序的建立和巩固造成极大的压力。缘是之故，中国社会转型的政治秩序，就成为国内外普遍关心的一个问题。现在国内政界、学界和媒体都在谈论所谓“中等收入陷阱”，其实就是忧心经济发展给政治秩序带来的挑战。而在国外，这个问题同样广受关注，以致所谓“共产体制”的“韧性”和“适应性”成为一个颇为热门的研究选题。[②]

“转型社会的政治秩序”作为一个研究议程的理论价值和现实意义不言而喻，但更关键的问题是研究如何开展。本文拟议的研究策略，是将其置于中国信访制度的创制、运作和变异这一具体的历史情境中去思考。之所以这样做，是因为政治秩序的形成和演变过程十分宏大而抽象，如果不与具体的制度进程相结合，要追寻其中的逻辑和机制难免漫无边际，没有着力点。这样不仅研究工作的效率甚低，而且容易导致理论推演脱离历史情节的约束而流于随意和任性。而政治制度是政治秩序最为集中和明确的表现形式，从信访这样一个久经风雨、饱受争议的政治制度入手，政治秩序发展改革中的种种关节、纠结和磨难就非常具体而可考，探寻历史进程中的因果关系和作用机制就相对容易得多。

---

① Huntington, Samuel P., *Political Order in Changing Societies*. New Haven; London: Yale University Press, 1968.

② 参见 Dimitrov, Martin K, *Why Communism Did Not Collapse: Understanding Authoritarian Regime Resilience in Asia and Europe*. New York: Cambridge University Press, 2013; Cai, Yongshun, "Power Structure and Regime Resilience: Contentious Politics in China," *British Journal of Political Science*, 2008 (38): 411 - 432; Heilmann, Sebastian and Elizabeth J. Perry, *Mao's Invisible Hand: The Political Foundations of Adaptive Governance in China*. Cambridge, Mass.; London: Harvard University Press, 2011; 吕增奎：《执政的转型：海外学者论中国共产党的建设》，中央编译出版社，2011。

纠纷处理规则主义同质化反思

刘国乾*

规则主义处理技艺的趋同导致所有的纠纷矛盾处理机制呈现同质化趋势。规则主义是形式法治最忠实的呈现，但在运用非裁决的处理的技术中，简单规则主义的同质化蔓延，妨碍这些方式解决纠纷效果的发挥。信访处理在管辖上作为法律处理的托底性而非替代性机制，信访在制度属性上属于党的群众性政治制度，这两个区别于常规法律机制的特质均要求信访法治化应超越形式主义，处理问题的技艺应突破规则主义。这种超越和突破的重心是原则主义之下的“商谈－建构”、“程序－沟通”处理范式。信访应对疑难、难办案件，因运用审议性协商机制，有效引导当事人从简单对抗到谅解同情，并在主导机关或社会第三方的帮助下，寻求解决问题的创造性的互惠方案。

一　疑难难办案件处理的同质化规则主义倾向

（一）案件经过

A骑自行车在上班途中与B驾驶跨越实线掉头机动车，在机动车道中线附近位置相撞，导致A腿部受伤。交警部门处警到达现场后观察发现，双方当事人均无明显外伤，并询问是否需要送医急救，双方表示不需要后

* 刘国乾，云南大学法学院副教授。

交警运用简易程序处理。处警对事故现场进行了拍照后，制作了交通事故认定书（简易程序），认定肇事司机 B 在禁止掉转换的车道内掉头，负事故主要责任，A 在机动车道内行使，负次要责任。A 对交警认定责任不服，认为自己没有过错，[①] 并拒绝在交通事故认定责任书上签字。理由是，非机动车道被停放的机动车占用，以及某停放车辆司机突然开门，其要避让自己才骑行到机动车道上，自行车骑到中心位置是由于机动车正逆向掉头，自己进一步避让所致。现场照片显示，道路两侧确实停放着机动车，机动车为逆向掉头，但 A 是否因避让车辆开门而驶入机动车道，由于交警到现场后 A 无法提供具体信息，交警无从查证。后经反复劝导，A 才签字去医院住院治疗。据 A 的病历记录显示，A 受伤位置在此次交通事故前就发生病变并曾住院治疗。A 受伤部位先前病变未治愈，后事故带来物理性损伤并引发炎症。[②]

（二）处理经过

由于对事实和认定责任有争议，当事人现场未要求交警进行调解，但交通事故认定书（简易程序）中已明确告知，各方当事人如果要求交警部门予以调解，应于接到认定书十日内提交书面申请，任何一方不申请或逾期不申请的，将不予调解。双方在告知日期内未申请调解。后双方到人民调解机构申请调解，因调解机构对 A 受伤后的后续治疗费、精神抚慰金问题不予调解，导致 A 不满因而调解不成。《最高人民法院关于审理人身损害赔偿案件适用法律若干问题的解释》第十七条第二款规定，受害人因伤致残的，其因增加生活上需要所支出的必要费用以及因丧失劳动能力导致的收入损失，包括残疾赔偿金、残疾辅助器具费、被扶养人生活费，以及因康复护理、继续治疗实际发生的必要的康复费、护理费、后续治疗费，赔偿义务人也应当予以赔偿。第十九条第二款规定，医疗费的赔偿数额，按

---

① 按照《道路交通安全法》第六十七条第（二）项规定，机动车与非机动车驾驶人、行人之间发生交通事故，非机动车驾驶人、行人没有过错的，由机动车一方承担赔偿责任；有证据证明非机动车驾驶人、行人有过错的，根据过错程度适当减轻机动车一方的赔偿责任。《道路交通安全法实施条例》第七十条第二款规定，因非机动车道被占用无法在本车道内行驶的非机动车，可以在受阻的路段借用相邻的机动车道行驶，并在驶过被占用路段后迅速驶回非机动车道，机动车遇此情况应当减速让行。

② 因案件处理未终结、未公开，故笔者在重述时在此做了技术处理。

照一审法庭辩论终结前实际发生的数额确定。器官功能恢复训练所必要的康复费、适当的整容费以及其他后续治疗费，赔偿权利人可以待实际发生后另行起诉。但根据医疗证明或者鉴定结论确定必然发生的费用，可以与已经发生的医疗费一并予以赔偿。根据这两条的规定，后续治疗费以鉴定意见或实际发生的必要费用为准，由于A新伤旧病叠加，事故后的住院治疗并不是终结的治疗，鉴定机构称无法作司法鉴定。而A又迫切需要赔偿作进一步的后续治疗。A认为，自己需要后续治疗，调解机构严格执行司法解释的规定只对已经实际发生的费用进行调解，不支持后续治疗费、精神抚慰金的调解不合情、不合理，肇事司机的行为可以由保险公司来承担，自己真的被白撞啦。后A到权威医院就诊检查咨询，得知较为彻底的后续治疗费达数十万元，自己无力支付。A遂到上级公安机关信访，认为交警认定有错，上级机关要求原处理机关核实处理。基于上级机关的压力，原处理机关为了化解矛盾、平息争议，继续做当事人的工作，并进行了多次调解，但调解仍按照“解释”的规定严格执行，认为后续治疗费、精神抚慰金问题属于法律规定之外的项目，只能由当事人自己协商解决导致调解失败。后A向法院提起民事诉讼，A为了急于获得赔偿进行后续治疗，就接受法院调解，而后续治疗费、精神抚慰金赔偿问题同样未处理。

在对赔偿问题处理的整个过程中，尽管A提出自己无力承担后续治疗费，要求肇事者B先支付一部分后续治疗费，以便自己先进行治疗，但在各阶段的调解中均被否定。因A受伤部位仍需要后续治疗，但自己无力支付数十万元的后续治疗费，其为获得经济上帮助，不断上访要求认定自己交通事故中无过错，要求上级机关予以帮扶。上级机关受理信访事项后对交通事故认定书逐级认定，[①] 均认为事故责任认定事实清楚、适用法律正确、程序合法，同时，当地政府部门在政策允许的范围内给予了其必要的帮扶，但与预期后续治疗费用相比微不足道。A提出的信访事项经过处理、复查、复核后，其预期的效果无法达到，仍反复持续上访。

① 事实上，按照《道路交通事故处理程序规定》第五十一条规定，适用简易程序处理的道路交通事故做出的事故责任认定书，是不能申请复核的。理论上，当事人如果不服适用简易程序处理的道路交通事故做出的事故责任认定书，在诉讼程序中可以主张不予认可交通事故责任书，由法院决定是否作为证据予以采信。本案中，A在诉讼程序中没有提出这一异议。

由于该案涉及的核心问题是民事赔偿问题，该案不适宜运用普通信访来解决，应当导入涉法涉诉程序来处理，但这又使信访回到A后续治疗费这一核心问题之上。可以想见，由于调解书已经生效并执行，且本案不具有启动再审的条件，因此无法通过审判监督程序来解决。对于后续治疗费、精神抚慰金等理论上条件成立就可重新起诉的问题，因A无能力自行垫付后续治疗费，申请鉴定遭遇治疗未终结的障碍，加上前病后伤以及数年未得到及时治疗，与A受伤部位的现有状况之间存在因果关系如何判断是事实认定的难题，因此，本案如何解决仍大有疑问。

（三）同质化的规则主义处理倾向

从严格依法处理的角度而言，任何处理的机关均无违法不当。但从案件事实来看，对A不利的事实认定可能并没有还原事实真相。即便对A是否有过错这一事实不予关注，本案仍有非常关键的事实——因旧病新伤的交织，此次事故对A造成的伤害程度究竟如何仍难以确定，A无法自证事故给其造成的伤害程度（注意：不是伤害，而是伤害程度），因此该案存在事实上的不确定，其属于事实有争议的“疑难案件”；从法律适用来看，如果严格适用既有的规定，那么可以本案不满足适用“解释”有关规定条件，判定对后续治疗费等不予支持存在结果不合情理的一方面，这属于所谓的“难办案件”。[①]

该案处理所展示的是，人民调解、信访后处理进行的调解和法院的调解均遵循同样的处理策略，即这种处理以是否有既定的规则作为依据，来判断当事人诉求是否合理。现有规范没有明确规定，即便诉求合理，也一概不予处理或不予回应。本案将这种处理策略称作“规则主义”。[②] 显然，规则主义已经成为人民调解、因信访启动的行政机关调解和诉讼调解的共享策略与技术，也就是说，同一案件不同阶段处理的核心技艺已呈现高度同质化。

---

① 苏力：《法条主义 、民意与难办案件》，《中外法学》2009年第1期。

② “规则主义”与“法条主义”、“形式主义”相当，但本文所指的规则不限于法律条文，与美国法上的“形式主义”的用法也不尽一致，“法条主义”、“形式主义”等还与法官的自由裁量权相关，本文用“规则主义”仅指在个案处理中机械地适用规则来处理案件的做法。

二　规则主义的特征及其适用

（一）规则主义的特征

规则主义策略以确定的规则，追求事实、处理后果的确定性。具体而言，这种以规则为中心的处理策略具有以下显著特征。

第一，以规则之网格过滤和截取已发生并可确定的事实，对不确定的事实和未来发生的事实予以筛除；而对于已经发生的事实，也只关注与规则相关的事实，其他事实则不予关注。已发生的相关事实，由当事人予以证明，难以证明的事实不予回应和处理。对于事实的截取，以规则需求为中心，依赖规则指引，去尝试塑造能够被规则涵摄的事实进而去适用规则，而非以解决争议为中心。

第二，对当事人诉求的回应以规则为指引和评价标准，这包括特定当事人是否需要承担责任，以及如何承担责任（对另一方是否予以救济以及救济程度），均取决于规则事前开出的“方子”，而不问当事人能否承担以及如何有效回应当事人诉求。由于关注的是已发生且已确定的事实，因此，救济是面向过去，且损害救济是填补性的，而非修复性的。

第三，对事实和救济方案确定性的追求源于对既定精确规则的“情有独钟”。规则在这个争议处理过程中居于主导地位。这种对确定性的“钟情”本质上是消极应对的体现，其反面是所谓的“能动主义”。这种消极主义有遵循形式法治的一面，也体现纠纷处理者简单处理，以规则为合法合理借口、逃避能动处理以及有效规避责任的利己主义“惰性”。

（二）规则主义的适用

1. 规则主义在裁决模式中的适用价值

对规则主义本身的批评可能是过分的，因为以“规则为中心”的做法有深厚的形式法治传统，深受法律裁决方法论的影响。“法条主义追求由构成法律的一套规则来确定司法的判决，而排除个人因素，如意识形态、个人背景与个性偏好等。"[①] 以三段论作为法律推理过程的形式主义，一直都是法律的正统理论。三段论即依据确定的大前提（法律规则）与小前提（案件事实）得出特定的法律后果。作为大前提的规则包括了要件事实和后果事实，对应的处理包括是否承担法律责任、承担何种责任以及多大责任的判断。也就是说，规则本身指向了事实和处理，法律规则适用于案件事实就能产出结果（及处理）的情况。

形式法治是现代民主政治和法治原则最直接的体现。基于洛克理论建立的近现代代议制政府，立法是民主政治最重要的产出，且被视为人民意志的体现，形式法治就是这种民主形式的忠诚表达。与此同时，形式法治也是所谓"法治"的最基本形式——其要求"法律的统治而不是人的统治"。形式法治以规则为中心[②]，并以遵守严格的正当的程序作为保障[③]。形式法治最大限度体现了"法治"理想对于法律的可预测性与排除不确定性的要求[④]，尽管规则未必全是来自成文立法。"许多人会把法条主义同思想僵化连在一起，未必，法律职业的宿命就是与法条主义的不许离异的包办婚姻，一点法条主义都没有，未必是好的法律人。"[⑤]

形式法治下法律适用的直接产生就是裁决决策模式，尽管裁决过程并不总是遵循法条主义，而可能是实用主义或者其他理论来支持解释规则，但规则是裁决的基础，这一点不容置疑。裁决是一种典型形式化的方法和技术，法律提供一系列框架和分类，通过裁决方式，现实世界被以特定的方式解释。法律裁决将其特有的"网格"加在真实的世界之上，进而界定什么重要或什么不重要，重要的内容被界定为"案件事实"，而不重要的被认为与案件处理不相关甚至视为不见。[⑥] 在裁决中，规则本身就是一种权

---

① 于明：《法条主义、实用主义与制度结构——基于英美的比较》，《北大法律评论》2013年第14卷第1辑。

② P. 诺内特、P. 塞尔兹尼克：《转变中的法律与社会：迈向回应型法》，季卫东、张志铭译，中国政法大学出版社，1994，第67～68页。

③ P. 诺内特、P. 塞尔兹尼克：《转变中的法律与社会：迈向回应型法》，季卫东、张志铭译，中国政法大学出版社，1994，第73～75页。

④ 于明：《法条主义、实用主义与制度结构——基于英美的比较》，《北大法律评论》2013年第14卷第1辑。

⑤ 苏力：《法条主义、民意与难办案件》，《中外法学》2009年第1期。

⑥ Robert Rubinson, "Mapping the World: Facts and Meaning in Adjudication and Mediation," *Maine Law Review*, 2011 (No. 1), pp. 61－87.

力，因为只有遵守规则或违反规则的二元世界，而没有中间地带。为了达到这种二选一的确定性，事实本身也必须是确定的，裁决中的两造对抗将事实调查行动转化为关于何为真实的选择。①

通过裁决的处理结果，也是规则的预设，因为对特定行为在法律上是否应予评价以及如何做出评价，本身是政治或政策选择。这种以规则为中心的处理在裁决程序中虽遭受法律实用主义或其他理论的批评，但不可否认，如果没有事先确定的规则，任由裁决者解释创设和解释规则，对事实任由其解释，对是否处理和如何处理作为决断，那么裁决者就是个案中不可预测的立法者，是个案中专断独裁者。所以，尽管以规则为中心的裁决遭受批评，但为了捍卫“自治型”法治的基本精义，总体而言，裁决者必须屈从于先定的规则，必须受制于一套预先设定的正当法律程序。

2. 规则主义在调解中适用的局限

规则主义纠纷处理技艺在形式化的裁决中虽有苛责之处，但其仍有充分的正当性。问题是，与裁决相对的第三方调解程序中，规则主义的适用是否妥当？

调解通常被认为是纠纷当事人在第三方的协助下做出没有拘束力决定的过程，在这个过程中调解者会尝试推进程序，并帮助达成双方均认可的结果。② 调解是一种在机理上与裁决有着本质不同的解决处理方式。调解就纠纷当事人而言，本质上是争议的合意处理机制；就第三方而言，其在争议处理过程中的角色主要是实体处理和程序推进的促进者，而不是实体上的裁决者。在调解的经典描述中，与裁决相比，调解过程理论上呈现另一番景象。

首先，从调解者和当事人的关系来看，调解程序致力于消除秩序和等级，调解者并不是高高在上，不是在物理空间和心理上远离当事人的决定者；当调解开始，调解人应当表现出一种积极、鼓励和有激情的态度。当事人的表达可完全从裁决机制所运用的事实调查技术中解放出来，对于发

---

① Robert Rubinson, “Mapping the World: Facts and Meaning in Adjudication and Mediation,” *Maine Law Review*, 2011 (No 1), pp. 61 – 87.

② 西蒙·罗伯茨、彭文浩：《纠纷解决过程：ADR与形成决定的主要形式》，刘哲玮等译，北京大学出版社，2011，第119页。

生了什么以及具有何种诉求的愿望，不必严格从法律的视角告诉调解者。[①]就调解者的角色而言，调解人是纠纷解决的促进者，而不是事实发现者和规则生产者，调解者假定当事人是理智的，能够与对方共处且比调解人更能够理解对方的处境。基于此，调解者的核心任务是增强与澄清当事人之间的对话，以便帮助他们做出决定。

其次，在调解程序中，首先承认当事人之间竞争性的认知是可以共存的，而且双方所主张的诉求、利益和其他相关事项也并非是静态的，而是动态的，调解需要考虑和平衡当事人各方的综合需求、现在与未来的需求等。而裁决将纠纷视为静态的，纠纷本身就是对所发生事实唯一真实版本进行重构的最终产品。[②]

最后，就规则的作用而言，富勒对规则在调解中的作用做了另一番描述，调解使当事人从规则的桎梏中解放出来，当事人接受能够使他们在不依赖事先设定好的规则的基础上，接受使彼此能分享共识的相互尊重、信任以及谅解关系。[③] 在调解程序中，当事人的经历与所谓的“地方性”知识，对于纠纷真正涉及什么具有基础意义。这种认识是他们的需求、利益和其他相关事项的混合体，而不论证规则和实体法如何规定。调解中需要的底线规则仅仅发挥着使调解人在一定程度上可以控制调解程序的推进，但这种控制并不是强制性的，当事人有随时退出调解的权利和能力。

在调解的理论预设之中，调解程序对调解人和当事人的定位，以及对纠纷的理解的不同，导致规则在调解程序中地位也不相同。但是，在本案的诉前调解、诉中和信访调解中，调解者以法定规则为中心，进行机械调解，实际上是裁决技术在调解程序中的扩散，这种做法使调解者呈现一副被动、消极的，俨然是权力者的姿态。[④] 调解被视为有效的纠纷处理的东方经验，但在该案件中，调解技艺已经沦为裁决程序的简易和非强制版本，

① Robert Rubinson, “Mapping the World: Facts and Meaning in Adjudication and Mediation,” *Maine Law Review*, 2011 (No 1), pp. 61 – 87.

② Robert Rubinson, “Mapping the World: Facts and Meaning in Adjudication and Mediation,” *Maine Law Review*, 2011 (No 1), pp. 61 – 87.

③ Lon L. Fuller, “Mediation-Its Forms and Functions,” *44 S. CAL. L. REV.* 305 (1971), pp. 325 – 326.

④ 在本案的处理过程中，调解者均有对当事人部分诉求表示“无法支持”或“法律上没有明确规定”类似的表述，因而不予调解。

调解者只是在没有场景包围和仪式烘托的情景下阐释规则，而不是试图解决争议。

三 信访事项处理中克服简单规则主义倾向的必要性

调解如果只是诉前和诉中作为裁判前置性的处理方式，采用这种技术是可以理解的，尽管调解方案不必然接受后续裁判程序的检验。在规则不明确的情形下对当事人诉求进行处理，则会使调解者被置于调解内容违法的风险。另外，当事人会对调解方案与依法裁判的预测结果进行比较，当事人通常不会接受相对裁判对其带来更加不利或更大的麻烦的调解方案，尽管接受调解会使当事人尽快从纠纷中抽身，不必继续耗在冗长的诉讼之中。在整个信访安排，尤其是以裁决作为信访处理事项核心技艺的制度预设中，规则主义是主流的方法论，且已暴露出较大的缺陷。[①] 上文表明，纠纷解决的简单规则主义处理倾向，已经弥散到调解机制之中，在信访处理程序中，如果仍然坚持简单的规则主义处理策略，信访矛盾永远无法化解。在信访事项处理过程中，克服简单的规则主义不仅仅是回应个案、化解矛盾的实用需求，而是信访制度特性使然。

（一）制度定位：信访作为兜底性机制

1. 事项管辖：信访获得剩余事项

信访发挥着社会矛盾预警、提升社会民主、社会救助、纠纷化解和权力监督等功能，这些功能通过两种路径来发挥：一种是通过信访程序本身来实现，即依赖信访人行使信访权利或有关机关、机构信访工作过程的展开就可实现，如信访的监督功能、社会矛盾预警功能、法治宣传教育功能；另一种路径则要求，信访程序与特定的实体处理机制存在关联，从而引出相关的实体问题处理机关来回应诉求。第一种情形，信访与其他机制分享

① 刘国乾：《行政信访处理纠纷的预设模式检讨》，《法学研究》2014 年第 4 期。

共同的目标，如优化社会预警网络、扩大和促进民主；或者信访本身服务于相关机制并促进制度目标的实现，如权力监督。对于这种情形，信访是一种“注入型”机制，至少会对相关价值和目标的实现有增量贡献。第二种情形，因信访与其他周边制度共同面对类似事项和类似诉求，而这些诉求需要得到实体处理，对于这些实体问题的处理，不同的主体可能有不同认识，不同的处理途径可能运用不同的措施，从而导致处理的效果也可能不尽一致。因此，信访及其他实体诉求的解决途径的可接近性、易得性，处理的方式，处理的效果等均可能成为民众进行选择考量的因素。这种情形下，信访和类似的周边制度均属排解问题的“输出型”机制，它们“输出”管道的畅通度，以及输入管道对问题、矛盾预期和事实上的“排解”能力会强化它们之间的竞争。

当信访作为一种问题解决导向的“输出型”机制时，其核心功能是解决矛盾和具体的问题。如其与周边制度之间没有管辖范围和处理程序的分工，便会导致对同一事项处理机制的选择性竞争。确保其他周边制度优先管辖的前提是，其他制度的管辖范围的边界是可确定的。可确定的边界意味着管辖范围也是有限的。如果其他周边制度的管辖范围是有限的话，信访在管辖方面，相对于其他竞争性周边制度也就具有“搜残补阙，网罗遗佚”之作用。

对于此，《信访条例》处理的基本思路是将信访视为诉讼、仲裁、行政复议等法定途径解决的剩余性机制。其第十四条第一款规定：信访人对下列组织、人员的职务行为反映情况，提出建议、意见，或者不服下列组织、人员的职务行为，可以向有关行政机关提出信访事项：（一）行政机关及其工作人员；（二）法律、法规授权的具有管理公共事务职能的组织及其工作人员；（三）提供公共服务的企业、事业单位及其工作人员；（四）社会团体或者其他企业、事业单位中由国家行政机关任命、派出的人员；（五）村民委员会、居民委员会及其成员。第二款规定：对依法应当通过诉讼、仲裁、行政复议等法定途径解决的投诉请求，信访人应当依照有关法律、行政法规规定的程序向有关机关提出。

《信访条例》所确定的是，信访所获得的管辖内容是法定救济机制管辖范围之外的“剩余”事项。信访获得剩余管辖，意味着在确保法定救济机制优先管辖的基础上，信访兜底性地处理那些被排除的事项。例如，现实中大量的社会不满往往来自公共政策对利益的分配，但对于公共政策引发的争议，缺乏由当事人启动的对政策的审查机制，利害关系人无法通过既有的法定救济机制来寻求解决，因此，只能依赖信访来表达诉求。信访作为一种解决矛盾和问题的实体性制度，其解决的问题不限于纠纷，对于其他实体诉求或问题解决机制，如救助制度等，信访也具有兜底性。

2. 范围管辖：信访应支持合理诉求

就特定事项的管辖范围，法律处理的内容通常也是有限的。传统的法律救济机制，展开救济的前提通常对行为人的行为进行法律评价，法律评价的核心是合法性评价，当然，这种合法性评价是广义的，包括行为是否违法、是否有过错，行为是否造成损害后果等诸多层面。相应地，纠纷中另一方当事人的诉求也主要限于合法的诉求，救济机制支持的诉求是法律规定应予支持的事项和内容。在我国的行政救济中，合理性审查被部分纳入了法律救济之中，如行政复议机关可审查行政行为合理性，[①] 法院可有限审查行政行为合理性，[②] 但这种合理性审查的范围事实上仅局限于滥用职权和处理结果明显不当，可被解释为违反法律授权目的（目的不正当的滥用职权）和滥用裁量权（没有考虑适当因素，违反比例原则、没有理由区别对待、违背裁决准则、不考虑具体情况“一刀切”）[③] 这两种属于广义违法的情形。

现有的信访处理所遵循的也是合法性评价准则，虽然其将合法性评价扩大到合规（政策）评价，但这不能否定现有信访制度在范围管辖方面，仍限于合法性评价原则。例如，《信访条例》第32条第1款规定，对信访事项有权处理的行政机关经调查核实，应当依照有关法律、法规、规章及其他有关规定，分别做出以下处理：（1）请求事实清楚，符合法律、法规、规章或者其他有关规定的，予以支持；（2）请求事由合理但缺乏法律依据的，应当对信访人做好解释工作；（3）请求缺乏事实根据或者不符合法律、法规、规章或者其他有关规定的，不予支持。据此可知，有事实依据，但

① 《行政复议法》第3条第28条的规定。

② 《行政诉讼法》第6条第70条的规定。

③ 何海波：《行政诉讼法》（第二版），法律出版社，2016，第313～326页。

无支持具体请求法律或政策依据，有权处理的行政机关向信访人做好解释工作的情形，对信访人的请求而言本质上仍是不予支持。若无法律或政策依据，自然不支持信访人的请求。因此，信访人的请求能否获得支持，不在于请求是否有事实根据，而在于是否有法律或政策依据。[①]

事实上，信访处理的内容范围，不仅是是否合法的问题，而且是在事先设定的规则欠缺或不明确，或即便存在既定规则、但规则明显滞后或不合理等情形下，就产生是否合理的评价。既有《信访条例》确定以合法性评价为中心的局限已经被中央顶层设计注意到，对信访投诉的请求，强调应从单一的合法性评价过渡到兼顾合理性评价。《中共中央关于全面推进依法治国若干重大问题的决定》强调，把信访纳入法治化轨道，保障合理合法诉求依照法律规定和程序就能得到合理合法的结果。《关于创新群众工作方法解决信访突出问题的意见》（中办发〔2013〕27 号）对特殊疑难信访问题，提出的解决思路已经超越《信访条例》——以“法律、政策规范中心主义”的处理思路，简单的合法性评价措施无助于问题的解决采用，因而更加符合实质正义的“合理标准”。其中指出“综合运用法律、政策、经济、行政等手段和教育、协商、调解、疏导等办法，认真解决特殊疑难信访问题，做到诉求合理的解决问题到位，诉求无理的思想教育到位，生活困难的帮扶救助到位，行为违法的依法处理”。对于合理性评价，该意见强调建立“信访听证制度，对疑难复杂信访问题进行公开听证，促进息诉息访”。这种做法引入社会主体参与的听证，实际上也引入了规范之外的社会评价。

信访无论是在事项管辖还是范围管辖上，均具有托底性，当法定的渠道无法充分有效回应多发的社会矛盾和问题时，信访替补登场，并发挥兜底性功能。

（二）机制设定：作为群众政治的特殊路径

信访是党的群众工作的重要组成部分，一直以来，信访工作在维护群众合法权益、解决群众合理诉求、促进社会和谐稳定等方面发挥着重要作

① 刘国乾：《行政信访处理纠纷的预设模式检讨》，《法学研究》2014 年第 4 期。

用。习近平总书记指出，“共产党的干部是来自人民，为了人民的，在信访中倾听人民的呼声，了解人民的愿望，汲取改进工作和作风的营养，‘关心、济助’每一个需要关心济助的人，是我们的责任，也是我们的义务。”①

在政治定位上，信访一直是党群众工作的重要组成部分，实践中信访的运行展现出强烈的群众政治属性。党领导下的群众路线是当代中国人民主权的一种宪法表达，塑造了人民主权的运作逻辑。② 中国共产党是中国人民和中华民族的先锋队，是中国特色社会主义事业的领导核心，代表中国最广大人民的根本利益。这意味着政治和宪法上的人民主权，在我国通过中国共产党这一组织媒介来实现，中国共产党作为最广大人民群众的代表组建国家机构对其进行领导，国家机构对执政党权威遵循，实际上也是对人民主权和人民意志的尊重。但与此同时，中国共产党代表广大的人民执政，以为人民服务为己任，保障和改善民生为重点，解决好人民最关心、最直接、最现实的利益问题。中国共产党代表广大的人民执政，领导并依赖现代国家机构进行统治并治理，作为主权者的集体意义上的人民，此时以分散的个人作为公民，直接面对的是国家机关，当以公民的身份依赖常规的法律途径无法实现其诉求时，其作为人民的身份才登场，但此时人民不再是集体意义上的，只是作为组成主权者集体的个体或团体的人民，要求回应其诉求。中国共产党的本质和执政党地位，决定了其是中国各类社会矛盾和问题解决的“总责任人”，国家机构的权力和权威既然来自执政党，那么信访的逻辑也是人民主权在我国体现出的政治逻辑。

本文提到的案件作为涉法涉诉案件，即便按照诉访分离的源自导入的法律渠道，仍然无法作为诉类事项启动再审程序来处理，只能作为访类事项来处理。法院在处理常规的诉讼争议时，法院的角色是国家机关序列中，“以事实为依据，以法律为准绳”独立行使审判权的司法机关，但处理访类事项时，司法机关的角色在逻辑上是中国共产党统一领导下的需要回应民众诉求具有人民政治属性的机关，处理好信访事项是其政治责任。这一逻辑可扩大到整个信访制度中，访类事项本质是中国共产党领导下的群众性政治活动。群众路线关乎党的执政合法性和执政伦理，不论处理机关在国

① 习近平：《摆脱贫困》，福建人民出版社，1992。

② 秦小建：《信访纳入宪法监督体制的证成与路径》，《法商研究》2016 年第 3 期。

家机关序列中的属性为何，除法定机构职责必然依法办理外，信访处理作为一项法定化的政治责任必须为之。

信访作为一种群众性政治机制，信访事项的处理本质上具有反科层制常规救济的属性，通过政治路径而非法律路径为中心处理问题技艺，不应限于某种传统的刚性十足的规则主义进路。《关于创新群众工作方法解决信访突出问题的意见》（中办发〔2013〕27号）强调创新群众工作，以及指导如何运用群众工作方法，来解决信访突出问题就是典型的例证。习近平总书记就妥善处理信访突出问题做出重要指示，强调要综合施策，下大气力处理好信访突出问题，把群众合理合法的利益诉求解决好。各地各部门要高度重视，强化责任担当，综合运用法律、政策、经济、行政等手段和教育、调解、疏导等办法，把群众合理合法的利益诉求解决好。[①] 信访唯有作为政治性机制的综合机制，才能有效容纳各类处理手段。同时，信访制度能够吸纳社会力量参与信访处理。通过信访听证等方式，吸纳社会力量参与解决和化解信访突出问题，除运用法律评价、政策评价外，还可引入社会评价、道德评级等。在这一层面，信访不仅“形成对分权逻辑下国家治理的体系化整合，有助于克服（国家机关）科层制因专业职责分工而产生的制度壁垒”[②]；在处理的方式和技艺上，也应当具有统筹性和综合性。

应当注意的是，信访的兜底性不是指信访在制度上设定为监督性机制，信访不是现有法定机制的再审监督机制，而是补充性机制。即在满足现有法定机制优先，并按照法定程序进行终局处理的情形下，仍有合理合法的诉求被遗漏的情形，信访能补位出场。信访处理的出场，不应否定既定的法定处理的结论，只针对遗漏的处理。从这一意义上说，信访处理与其他的法定处理制度是并行但不交叉的制度。有学者提出的，“国家机构—公民”下的常规法救济机制在逻辑上应当优先，信访作为最终的“公民—人民”的主权救济应当居后也是这个道理。[③]

① 《习近平就信访工作做出重要指示》，新华网，发布时间：2016年4月21日，http://news.xinhuanet.com/politics/2016-04/21/c_1118698018.htm，最后访问日期：2017年12月22日。

② 秦小建：《信访纳入宪法监督体制的证成与路径》，《法商研究》2016年第3期。

③ 秦小建：《信访纳入宪法监督体制的证成与路径》，《法商研究》2016年第3期。

四 信访法治化与规则主义的克服：原则主义指导的协商程序主义进路

信访制度长期以来遭受反法治的非议。正如有学者指出的那样，信访“作为人民主权意义上的群众政治，对法治体系的外在压力，并没有转化为法治体系的自我调整动力，反而还因法治的根基不稳，干扰和僭越了科层制的职权运作逻辑，使其陷入‘不出事’的维稳误区；信访自身亦陷入非常规运作的怪圈，越发偏离群众政治的应有内涵，并被置于严重的路径依赖和二元结构的影响之中，积蓄着整体宪法秩序失控的风险”①。信访必须适应国家治理现代化和法治化的基本要求。尽管《信访条例》对信访制度进行了形式法治化的改革，但效果不佳。《中共中央关于全面推进依法治国若干重大问题的决定》提出“把信访纳入法治化轨道”，但现在面临的问题是，形式主义无助于信访制度法治化，那么信访法治化“突围”路在何方？

从宏观上说，信访法治化是群众性政治机制的法治化，无法简单地沿用法律适用或执行机制的法律化路径，其路径必须关注政治机制的基本属性。具体到微观个案来说，如何超越规则主义来合理解决当事人诉求，又能确保法治作为信访处理的基本遵循。

群众政治制度的法治化路径，实体上不在于实体规则的遵循，而在于追求正当目的和以解决问题为导向；不在于遵循严格的公正法律程序，而是通过民主的程序，做出不违反基本公理和法律原则，同时又是尽可能科学的决策。信访作为群众政治机制，基于执政党及其领导的国家机关与人民之间政治伦理关系，在具体信访事项的处理上，信访仍然具有政治属性。因此其法治化的路径处理制度上的法治化，更应聚焦个案处理的法治化，在有具体有效规则可循的情况下，依规则办事是成本最低，效力最高的方式，但在疑难、难办案件的处理中，需要超越规则主义的法治化路径。在疑难、难办案件中，超越简单的规则主义，具体的思路如下。

① 秦小建：《信访纳入宪法监督体制的证成与路径》，《法商研究》2016 年第 3 期。

（一）诉求合理的初步判断

信访实质处理是否出场，首先需要判决的是信访人的诉讼是否合理。在规则主义的视野中，规则是事实截取和诉求支持的依据。诉求是否合理的判断，在缺乏明确的规则依据或根据既有规则依据来判断明显违背常理的情形下，主要依赖是否有事实依据以及是否需要回应，此时，不是以规则为导向，而是以事实和结果为导向。有事实依据表明需要予以关注，如不予关注会给当事人造成不公或其他不良社会后果，则需要予以回应。这一步骤同时也是表明现有规则在特定案件中适用，造成合理的诉求得不到回应因而不合理的过程。①

是否会造成不公或其他社会后果是一个预测性的评价，这种评价不同于合法判断。在合法性判断中，规则是先定的、客观的，关于合法的判断能够较大程度地排除主观性。但关于合理的判断却是主观的，为了限制恣意任性甚至是专断的结论，仍然需要借助规范，尽管不是正式的或事先设定的规范，规范空白无法形成是否合理的判断。在规范世界里，如果没有规则，那么只能借助原则，这些原则是人们日常生活中认可或遵从的，并根植于公平、公正、互利、对美好生活的期待等价值之中，也可以是宪法规范、执政党的政策等。

本案中，对当事人依赖规则主义救济所填补的财产损失（受伤治疗后实际支出的费用）可以不予支持，但对受伤后未治愈（前病后伤叠加的结果）的后续医疗费应当予以适当支持，这既有事实依据，也符合基本的公平原则和常理，同时也不违反法律的禁止性规则和法治的基本原则。司法解释对此未做出规定，是这种情况在实践中属于少见情形，司法解释未能预见到前病后伤叠加对当事人损害的因果关系，难以利用常规鉴定有效判断，也未考虑到完整的后续治疗当事人无法负担等特殊情形。司法解释的遗漏不意味着这种损害不应救济。因此，初步认定 A 要求赔偿后续治疗费至少在一定程度上是合理的，而且当事人长期持续主张该诉求，如不进行实体处理，该矛盾会长期存在，因此应当予以处理。

---

① 注意，这一过程本身不对既有实质法是否合理做出判决，只对适用于特定案件能否有效回应合理诉求做出判断，因此，这一过程并没有突破和超越实证法优越的原则。

（二）突破规则主义的问题解决方式

初步的合理性评价解决了程序上开启处理通道的问题，但如何处理则又是新的难题。如何解决，多大程度上回应当事人诉求则是新的问题。如何解决涉及信访事项的解决方法和实体上的问题解决方式，回应程度也属具体解决方案实体内容。

当存在有效规则供给的情形，规则对做出何种选择提供指引，裁决方式正是做出这种选择的传统法律技艺。显然，在这一阶段要发展出与裁决方式不同的处理技术，这一技术应在第三方帮助和引导下，使当事人适应从有现成的实体规则指引到创造规则，[①] 从法律已提供解决方案到创造新的实体性方案；同时，应该从对过往的“纠结”，只关注与规则指引相关的事实，转到全面关注已发生事实，当事人所处的境遇、情绪等，并着眼未来关注当事人将来的生活与发展；从裁决模式下当事人立场“对抗”转向相互体谅，从零和博弈转向精神上的同情和利益上尽可能的共赢。

第三方在其中的主要作用是搭建一个促进审议协商的平台。“审议性”的协商，依赖当事人自己很难实现，需要借助外部第三方的引导、协助和劝说等。审议性合意所需要的外部第三方包括两大类：一是主导和引导程序的权威第三方；二是参与合意过程的无利害关系第三方。第三方应当具有一定权威性和可信赖性，因为信访的逻辑包括民众对非法律权威，尤其是政治权威的青睐。在信访科层制体制的框架下，政治权威至少为上级机关。在横向上的分布表现为政治权威和专业权威（社会第三方）。现有信访制度对信访处理机关的设置，遵循的主要是国家机关设置的科层制逻辑。但科层制的逻辑，如“属地管理、分级负责，谁主管、谁负责，依法、及时、就地解决问题与疏导教育相结合的原则”未充分展现。信访事项均由引发矛盾的原机关先处理，上级机关进行复查、复核，虽然这一做法遵循科层制监督的逻辑，但同时所运用的仍然是形式法治下的监督方式，即下级做出决定，上级审查。对于非决定（裁决）式处理，如采用调解、协调等超

---

① 正如富勒所说的那样，“当事人被引导去创造与他们自己有关规范，而不是就现有规范达成一致看法”，参见 Lon L. Fuller, “Mediation—Its Forms and Functions,” *44 S. CAL. L. Rev.* 305 (1971), p. 308.

越规则主义的处理方式，如果仍由引发问题的机关处理，科层制的逻辑未充分体现，信访作为群众性政治机关本身对权威的信赖也未体现出来，当被信访者是引发矛盾的原机关时，应考虑由上级机关进行初次处理。社会第三方权威主要表现专业权威，他们在信访处理过程能够发挥专业说理、专业评价、专业引导和心情劝服等作用，另外，也能够针对问题如何解决提出各种备选方案，并就各种方案进行评估。

第三方主导的审议协商的技术中，得到特定的结果不如当事人积极参与重要。确保当事人的意思自决，并将当事人的关系视为纠纷解决最重要的事务。对当事人的激励，对当事人自主性和双方关系的关注才是最重要的。这是因为，依赖先定规则达不成不容置疑的唯一的公正，不可能合理解决问题。这样的程序致力于使当事人能够在规范空白的背景下展开讨论，并激发其产生创造性的问题解决方案。[①] 尊重当事人自主、自决以及合意的做法，合意的微观过程本身就是一个正当的，为自己创制规范的民主过程。在这一技术之下，第三方应该积极、主动、并注重运用有效的技巧来有效引导当事人，同时在一定程度上控制着合意程序的展开。

首先，应先给当事人讲规矩、订约定，第三方要说明主持的调解或类似程序中的目的，各方应遵循底线规则，以及对双方行动和言语上的基本要求等。

其次，听取当事人从自己角度说的“自己的故事”，在此基础上查明并总结基本事实，各自的诉求及理由，双方的争执点，并获取矛盾发生和激化的有关信息等。

再次，第三方在了解当事人关注的实体问题的同时，还要进一步找到当事人情感上导致矛盾激化以及阻碍当事人之间达成共识的主观原因。帮助当事人厘清问题，并对每一问题或诉求的重要性进行区分和排序。同时，为当事人之间的交流提供一个结构性框架，将当事人的纠纷冲突分解成多个部分，引导当事人有组织地、理性地考虑冲突的每一部分具体如何解决，同时又在整体上兼顾双方的利益和解决的可能性。

复次，第三方引导当事人直接对话。一开始可引导双方交流一些与纠

① Ellen A. Waldman, “Identifying the Role of Social Norms in Mediation: A Multiple Model Approach,” *Hastings Law Journal*, 1997 (No. 4), p. 719.

纷无关的话题，意在实现当事人关系的“破冰”，促使当事人以一种相互理解或同情的心态去看待对方。通常，当事人会将双方的对峙扩大化甚至“妖魔化”，第三方介入的主要目标就是逆转这种负面的意象。第三方需要创造一个每一方都能理性看待彼此的环境，给对方予以必要的关注和理解。

最后是创新、选择性方案的阶段，第三方尽可能地鼓励当事人提出各种解决问题可能的选择，帮助当事人放弃先前对峙的立场，以全新的具有建构性的方式来重新审视潜在的问题。当然，这种方案的选择也可以由第三方主导，社会权威和专业力量参与提供。然后，是引导当事人从各种解决问题方案中做出选择，第三方以特定的原则或标准引导当事人让步与妥协，帮助当事人缩小选择的范围，并最终选择可执行的，其尽可能满足双方关键需求的问题解决方案。在此基础上，对当事人之间达成的一致方案进行确定，并就未来如何执行等帮助当事人确认下来。①

具体到本案中，我们可以发现，对于后续治疗费问题，在司法鉴定难以进行、后续治疗无力进行的情形下，要求肇事方支付部分后续治疗费只能利用调解进行。显然，当事人之间在立场和利益上是典型的对峙，要让肇事方支付一部分后续治疗费必须使其在情感上理解和同情受害方的处境，理解如果自己不支付，后续可能会被不断拉入这种纠纷之中，否则不可能改变自己的立场。受伤一方也必须考虑自己的行为，也要充分认识到受伤部位病变带来的脆弱性，调解的任务不是被动解释规则或直接适用规则，而是在积极主动地尝试引导当事人，劝服当事人，制造有利于问题解决的环境，进而化解纠纷。

另外，在制度上必须对非规则主义的处理技艺予以制度上的保障，未来信访制度可以明确，在缺乏明确的法律和政策规范，或者现有的政策或规定明确不合理的情形下，如果当事人诉求合理，应当积极运用调解、协调等方式，解决信访人的合理诉求。经当事人同意，信访处理机关确认的处理结果，当事人应当履行，不履行的可申请法院强制执行。

---

① Ellen A. Waldman, “Identifying the Role of Social Norms in Mediation: A Multiple Model Approach,” *Hastings Law Journal*, 1997 (No. 4), pp. 713 – 716.

二元治理结构的法治化改造

吴英姿*

信访无序与诉访难分是信访制度实践普遍存在的问题，与《信访条例》实现信访法治化、规范化的立法目标相距甚远。“信访+”二元治理结构是信访法治化的瓶颈所在。涉法涉诉信访改革未能打破这种治理结构，有明显的路径依赖。信访法治化不能仅仅停留在“法定化”层面，而应该通过治理模式创新寻求出路。以法治下的共治为框架，重新确定信访制度功能，同时推进信访体制和司法体制改革。以法律制度的有效实施为保障，将信访改造为社会参与公共决策的平台，辅以行政ADR（alternative dispute resolution clause，替代性纠纷解决机制）、行政监督功能，提高司法的社会参与度，强化政府的回应义务，构建全民共建共享的新型治理格局。

一　研究背景与研究方法

作为具有中国特色的政治制度安排，信访同时被用于发挥政治参与和权利救济的制度功能。在2003年前后出现信访洪峰，暴露出信访制度内在的缺陷①，信访制度改革被提上议事日程。2005年国务院制定发布《信访条

---

* 吴英姿，江苏紫金传媒智库“信访与社会矛盾研究中心”主任，南京大学法学院教授、博士生导师。

① 赵凌：《国内首份信访报告获高层重视》，《南方周末》2004年11月4日。

例》，其目的就是要让“信访工作进一步走上法制化、规范化轨道”①。条例明确了信访的定义、信访事项范围、信访制度的目的。《信访条例》将信访界定为民众向人民政府反映情况、提出建议意见或投诉请求的行为。信访工作的目的是保持各级人民政府同人民群众的密切联系，保证科学、民主决策。该条例第十四条，特别区分了可以提出信访的事项与应当通过诉讼、仲裁、行政复议等法律程序解决的事项，意在将信访与权利救济（法律解决纠纷）的程序区别开来。条例还规定了信访的处理机构、处理原则、信访渠道、从受理到办理的处理程序以及信访工作的法律责任等。2015 年 10 月，笔者作为主持人之一，承担了 A 市信访局委托的调研课题“信访法治化的瓶颈与出路”。本课题研究的意图在于调查研究《信访条例》（以下简称《条例》）实施十周年，以及 2014 年 3 月中共中央办公厅、国务院办公厅联合下发《关于依法处理涉法涉诉信访问题的意见》（以下简称《意见》）全面启动涉法涉诉信访改革，特别是党的十八大建设法治国家重大决策提出后，信访工作法治化发展的情况、存在问题，就如何推进信访法治化提出对策建议。

课题采用的调研方法采取收集信访工作信息、访谈和个案研究等方式。信访工作信息包括市信访工作会议领导讲话、市区两级信访机构及职能部门信访情况汇报、部分街道涉法涉诉信访情况汇报共计近 20 份书面材料。资料内容涉及市区两级信访工作中涉诉信访工作类型、信访老户基本情况、信访工作取得的进展、经验性做法、创新性制度、遇到的困境，以及近几年涉诉信访数据统计。笔者的访谈有个别访谈和座谈会两种形式。访谈对象包括信访工作人员和信访人。2015 年 8 月 26 日在 A 市 B 区信访局召开有市区两级信访部门和公安分局、检察院、法院、司法局、政法委、维稳办、街道有关人员参加的座谈会。2015 年 9 月 6 日参加了 A 市信访局召开的调研座谈会。市信访局主要负责人及 A 市政法委、公安局、检察院、法院、司法局等有关人员参加。个案研究选取了李某美、刘某兰、汪某眉三个涉法涉诉信访个案。2015 年 8 月 23 日，在 A 市 C 区法院旁听了汪某眉案件庭审过程。

---

① 国家信访局新闻发言人：《依法维护信访秩序，依法维护人民利益》，新华社北京 2005 年 7 月 30 日电。

二　信访实践问题：诉访难分与信访无序

调查发现，实践中的信访在法治化、规范化方面仍然存在很多问题，突出表现在诉访难分和信访规范化程度不高两个方面。

（一）信访规范化程度不高

一是《信访条例》设定的信访程序规则的有效性不高，突出表现在信访事项的管辖上。《条例》确立了“属地管理、分级负责，谁主管、谁负责”的原则。由于“属地”含义不明，实践中“属地管理”理解和执行标准不一，有的以按照信访人户籍地为标准，有的以信访责任主体所在地为准，有的以信访行为发生地为准，有的一律压到街道……导致信访管理标准不一。最终可能是地方财政实力强或信访工作能力强的地方信访机构受理了更多的信访事件。另外，很多信访问题是反映政府职能部门的“不作为、乱作为”。按照“谁主管，谁负责”的原则，该职能部门就是信访事件的责任主体。但是当事人到政府信访部门投诉后，如果信访事项没有得到很好处理，“主管”部门是谁又有不同解释。管辖规则有效性不足的后果之一是信访法律责任不能落实。尽管《信访条例》对不履行信访工作职责和履行职责违反法定程序、侵害信访人合法权益的行为规定了法律责任，但在实践中该责任机制的约束力不够明显。一些信访事项虽没有得到有效处理，但并没有真正追究具体人员的责任。解释的不统一直接影响责任制的落实。信访工作人员普遍反映：

> 新条例改“归口管理”为“属地管理”。属地管理的基本含义是信访问题应该由信访问题产生的当地行政部门来解决。条例对信访部门的义务和责任也做了划定，主要是督察和建议权。但这些规定在实践中仍然有分歧，实施效果不明显。应该对属地管理及其具体部门做进一步的明确和解释。否则这个修改不会产生预期的效果。

二是“非访”行为普遍存在且愈演愈烈。“非访”即非正常上访，是指信访人不到指定的场所和按规定的逐级信访程序到有权处理信访事项的机关或组织提出诉求，而是采取蓄意的、过激的、相关法律法规明确限制或禁止的方式，以集访、闹访、缠访、越级形态出现的影响党政机关办公秩序，损害社会治安秩序，恶化地区建设发展环境，妨害国家安全和公共安全等行为。尽管条例规定了信访的属地管理原则，但维稳任务却不分行政地域与级别，是所有职能部门的政治任务。《条例》第七条规定，各级人民政府应当将信访工作绩效纳入公务员考核体系。近年来中央面对维稳的巨大压力，强力推行信访考评机制，以强化地方化解社会矛盾、维护社会稳定的责任。该考核排名办法主要以信访事件的“有”、“无”、“多”、“寡”作为评价标准，信访投诉率和进京上访数是重点考察的绩效评估指标，甚至成为唯一的指标。[①] 一些地方政府、法院为求政绩刻意追求“零信访”，实行晋职晋级一票否决，对涉诉信访量过多的轻者通报，重者问责。考核排名形成的压力体制下，“息事宁人”成为信访工作的常见逻辑。妥协、退让，超过法律和政策满足当事人额外的甚至无理要求，“花钱买平安”的做法得到体制的默认。当事人在政治性节日、主要会议期间信访，或者采取越级上访、进京上访的行为，更有“一访就灵”的效果。B 区信访局的一位工作人员在访谈中说：

> 一些涉法涉诉信访老户反复纠缠，不断进京上访，迫使当地政府做出让步，超出法律和政策范围给予补偿。这些年由于信访问责的强力推进，这种“花钱买平安”的做法使得一些缠访闹访获得“高额回报”。这些人尝到了甜头，又带动其他人走上通过上访谋求法外解决之途。

缠访、非正常访行为的普遍存在[②]表明，信访至少在局部与规范化的方向是背道而驰的。

---

① 王保林：《在既定之“道”上踩出新“路”——涉诉信访工作绩效评估指标体系的构建》，《立案工作指导》2013 年第 4 期。

② 杨建军、马志选：《当代中国社会的维权行动——以维权类法治人物、案件和新闻为主要分析对象》，《法制与社会发展》2013 年第 5 期。

三是信访机构“运动员－裁判员”双重角色，使信访工作面临两难困境，信访人对信访机构信任度不高。作为政府的职能部门之一，信访机构身份尴尬。信访人反映的诉求多属于反映政府不作为、乱作为的行政纠纷，如果信访机构直接处理问题，就相当于把自己定位为其他职能部门之上的、能够对具体行政行为进行评判的“上级”机关，而这对于仅仅作为政府下属的一个工作部门的信访机构来说是“不能承受之重”；且因实践中争议反复被同一个机关或者几个机关审查处理，降低了解纷效率，又极大地浪费了行政资源。依据条例规定，信访机关仅享有督促行政机关办理信访事项的权力而无权直接办案或干涉办案，在接受行政投诉后，只能将有关争议转交其他有权处理的行政机关进行处理，而这一机关有可能正是做出行政决定的原处理机关。于是，大多数信访问题最终还是返回当地政府部门处理，访民无法通过信访得到接访部门的实际救助。而在目前我国行政权力强大、内部监督乏力、外部制约缺乏的环境下，行政机关自我纠错的效果并不理想。很多信访人对信访机构心存疑虑，难以信任。

四是信访程序“终结不终”。信访终结程序，就是对同一信访事项，经三级行政机关按照法定程序依次做出处理、复查、复核意见后即告终结。信访人以同一事实和理由再次提出投诉请求的，各级人民政府信访部门和其他机关不再受理。但现实中“终结不终”的情况普遍存在。信访工作人员分析信访程序无法终结的原因主要有：工作人员存在敷衍了事的搪塞心理和行为，三级信访程序走完了也没有解决信访人的诉求，致使信访人继续信访。一些信访事件的处理超出了法律和规则，存在“花钱买平安”的逻辑，部分信访人提出了无理要求得到满足后，助长了通过信访获得更多额外利益的投机行为。以量化指标考核排名的信访评价压力助推了过分信访的“墨池效应”，即信访成功的个案经验常常被迅速地过度扩散，从而激起更强烈的上访或者刺激新的上访诉求。信访工作人员无奈地说：

> 信访机构的权威性不够，越级上访、重复上访、集体上访等难题依然存在。有些信访事件即使信访三级程序终结了，只要信访人进京非访，领导还是批示，还得接回来协调。在实际的信访工作中，很多越级信访问题并不是由于地方工作人员的工作程序和效率问题造成的，

而是信访人故意越级上访来给地方政府施压。结果该终结的没有终结，已经终结的又重新冒头，牵扯了政府部门的大量精力，也造成信访总量的不断攀升，造成行政成本和信访工作量的无限增加。

五是信访工作中损害信访人利益的违法行为屡禁不止。《信访条例》规定了具体的信访受理程序与处理方式，但是现实工作轨迹往往超越了《信访条例》的规范要求。实践中的信访工作“稳定压倒一切”，特别是在两会、党代表大会、全国性集会等政治敏感时期，信访的维稳功能被无限放大，甚至遮蔽了信访原本的信息传递功能。采用不正当手段截访，隐瞒信访信息甚至伪造数据等弄虚作假行为时有发生。这些不仅损害着社会对政府的信任，而且都有悖于法治建设的大方向。一些信访工作人员坦率地说：

> 条例将各级政府的信访工作纳入了公务员考核体系。这一制度在领导责任制的强化下，可能会产生信访工作成为各级地方政府领导人晋升的一个重要砝码。现在上级政府只在对基层政府部门考核、施压上下功夫，而没有在落实三级终结制度上下功夫，使上访户有恃无恐。这样地方各级政府可能会继续“截访”，而且可能产生瞒报、迟报、谎报信访量的情况。

（二）信访与诉讼难以分离

首先，涉法涉诉信访持续高发。有调查表明，长期以来，信访问题突出集中的五类问题中，涉法涉诉问题居第一位。1996 年以后，信访多集中到行政信访（由行政纠纷引发的信访）和涉诉信访两大类上。① 一个鲜明的对照是：行政诉讼救济和行政复议救济缓慢推进而涉法涉诉信访居高不下，行政相对人信访救济的数量远远高于行政诉讼、行政复议案件的总量。② 这说明行政相对人并非不愿或不敢去寻求救济，而是更愿意或更习惯通过信

---

① 张泰苏：《中国人在行政纠纷中为何偏好信访?》，《社会学研究》2009 年第 3 期。

② 其他四类是城市拆迁、企业改制、农村土地征地和企转干部问题。杨小军：《信访法治化改革与完善研究》，《中国法学》2013 年第 5 期。

访渠道去实现救济。①本次调查发现，这种情况经过十年仍然没有明显改变。

表1　A市信访局统计的2009～2015年上半年的信访数据

单位：人（次），%

年份	全市信访总量	涉法涉诉类信访量	涉法涉诉占比
2009	30685	2654	8.6
2010	24696	2295	9.3
2011	25765	2026	7.9
2012	40128	2740	6.8
2013	44724	3241	7.2
2014	46718	2818	6.0
2015年上半年	22355	1818	8.1

一个普遍的现象是：涉法涉诉信访中的非访行为较多。一位信访工作人员说：

> 在信访系统，提起缠访、闹访，信访干部感触最深的就是那些涉法涉诉类的缠访、闹访行为。这些信访人因经历了司法程序的多次判决和裁定，到了行政机关却又因属于涉法涉诉问题，信访部门不能受理，原先充满希望的诉求一次一次变成失望，心理长期处于无望和失落的灰暗之中，有的甚至产生了仇视心理，觉得受到了天大的不公和冤屈，便决定倾家荡产也要讨回公道；有的觉得讲理讲不通了，就采取蛮横不讲理的方式装疯耍泼，企图引起领导和上级的重视关注；有的觉得基层解决不了，就告到上级那里去，背着行囊住在上级部门办公的地方不走。这些信访人的行为严重影响了行政、司法部门的正常工作，在社会上造成了恶劣的影响。

A市B区信访局专门统计了进京信访中的涉法涉诉信访，其中80%左右是长期信访的“老户”。

① 应星：《作为特殊行政救济的信访救济》，《法学研究》2004年第3期。

表 2　A 市 B 区信访局统计的进京信访中的涉法涉诉信访及信访老户

单位：人次，%

年份	进京总量	涉法涉诉		信访老户	
		人次	占比	人次	占（涉法涉诉信访）比
2007	96	18	18.8%	15	83.3
2008	137	22	16.1%	18	81.8
2009	167	30	18.0%	26	86.7
2010	144	12	8.3%	10	83.3
2011	186	61	32.8%	50	82.0
2012	236	58	24.6%	16	27.6
2013	799	227	28.4%	210	92.5
2014	794	168	21.2%	157	93.5

（三）涉法涉诉信访改革及其问题

在不符合《信访条例》规定的意义上，诉访难分是信访无序的表现之一。而涉法涉诉信访是如此的普遍，严重影响到司法公正，削弱了司法能力。更重要的是，司法公信力的失落引发社会对政府的信任危机，对党的执政能力的质疑。于是，信访改革和司法改革的焦点都对准了涉法涉诉信访。2013 年以来，涉法涉诉信访改革成为政法系统工作的重点。2014 年 3 月，中共中央办公厅、国务院办公厅联合下发《关于依法处理涉法涉诉信访问题的意见》（以下简称《意见》），提出“实行诉讼与信访分离制度”。同年 9 月，中央政法委印发了《关于建立涉法涉诉信访事项导入法律程序工作机制的意见》、《关于建立涉法涉诉信访执法错误纠正和瑕疵补正机制的指导意见》、《关于健全涉法涉诉信访依法终结制度的意见》三个文件，分别针对涉法涉诉信访“入口不顺、法律程序‘空转’、出口不畅”三大问题，就诉与访的甄别、分流，落实依法按程序办理，建立涉法涉诉信访依法终结制度等提出解决措施，包括明确诉访分离的标准、范围和程序，建立就地接访、网络办理信访机制，落实信访终结程序制度等。涉法涉诉信访改革也成为人民法院第四个五年改革纲要（2014～2018）（以下简称“四五纲要”）主要内容之一。党的十八届四中全会决定，要求法院尽快推行立案登记制，指向涉法涉诉信访的源头治理。总体上看，上述改革意见的核心，是通过信访工作的“法定化”实现信访法治化。[①] 一位司法机关信访部门负责人将改革的主要内容概括为“六个依法”：依法受理、依法办理、依法答复、依法终结、依法救助、依法打击信访中的违法和犯罪行为。

《意见》及其配套措施颁布以来，在中央政法委牵头下，最高人民法院、最高人民检察院都先后制订发布了本系统涉法涉诉信访改革方案。在司法制度层面确立实施立案登记制，旨在降低起诉门槛，保障当事人诉权，畅通诉讼渠道，解决起诉难、立案难问题，从源头上减少涉法涉诉信访的发生。在司法机关内部信访工作层面，强化信访工作能力，完善信访工作规则，强调依法解决信访问题。问题是，涉法涉诉信访工作的法定化是否能够真正实现诉访分离？

之所以有这样的疑问，是因为诉访分离本来就是信访制度立法的目的之一。2005 年《信访条例》第十四条用概括、列举加排除三种方式，明确规定了信访不同于诉讼、行政复议或仲裁等法定救济渠道的受理范围。按制度设计者的解释，条例的目的在于“让信访与现行法定救济渠道的管辖范围保持一种互动、互补关系”[②]。在制度经济学上，这样的制度安排是有正当性的——在制度均衡状态下各项制度是互补而非互替的关系。因为只有互补的制度结构才是有效率的。如果制度之间存在互替关系，就可能发生制度的逆向选择。事实是，信访制度的实践远远背离了立法初衷，大面积的涉法涉诉信访暴露出信访与诉讼关系已经演变为互替状态，而“信访不信法”情绪的弥散显示逆向选择已然出现。正如童之伟指出的，信访制度在我国宪法框架下本属于辅助政制范畴，在历史上它是我国核心政制效能严重不足时应运而生的代偿性体制。由于过度强调信访的作用，信访承

① 主张通过“法定化”实现信访法治化者不乏其人。有代表性的如杨小军从功能、范围、规则、手段、处理程序及法律依据的法定化来解释信访法治化。参见杨小军《信访法治化改革与完善研究》，《中国法学》2013 年第 5 期；刘旭：《信访法治化进路研究——以信访的司法分流为视角》，《政治与法律》2013 年第 3 期；李红勃：《信访的法治规训：基本内涵与路径选择》，《法律适用》2014 年第 6 期；张示明：《信访终结机制研究》，《中共中央党校学报》2009 年第 1 期；朱恒顺、张瑞祯：《中国语境下的信访法治化》，《山东科技大学学报》（社会科学版）2009 年第 6 期；傅思明：《中国信访立法探究》，《中共中央党校学报》2009 年第 1 期；等等。

② 国家信访局编《信访条例讲话》，法律出版社，2005，第 99 页。

担起纠纷解决、权利救济等明显属于行政、司法等核心政制的功能，取代或者部分取代核心政制，造成信访与核心政制双向削弱的“零和博弈”①。涉法涉诉信访是典型的例子。需要进一步分析的是，是什么样的因素使得信访与司法制度关系演变为交错运行、相互替代的关系？当下信访制度改革以涉法涉诉信访改革为重点，可谓抓住了信访制度最为突出的问题。急需理论跟进，深入挖掘形成信访制度法治化障碍或瓶颈的体制、机制原因，避免新一轮改革重蹈覆辙。

有学者运用制度变迁的路径依赖理论剖析了信访制度逆向选择的成因。陈丰指出，由于信访制度从一开始就选择了用行政权力主导问题解决的方式，历次信访制度改革始终没有改变这一路径，反而因强调首长负责制和属地管理、分级负责而进一步强化，致使信访制度变迁呈现明显的路径依赖。② 庄士成认为，传统文化中的“清官”理念、信访制度初始设定的人治基因和特殊历史时期形成的权利救济功能，构成信访制度的三重路径依赖，制约着信访制度变迁的走向。本应逐步淡化救济功能的信访制度由于自身的“锁定”而使救济功能不断强化，导致信访救济制度与法律救济制度的摩擦与冲突。③ 既有研究业已证明的是：信访制度困境并非立法不明确的结果，毋宁说是信访在治理格局中的错位与越位。按照这个逻辑，仅从细化、落实《信访条例》规定的层面实现诉访分离恐怕并不能真正奏效，治本之道必须从治理结构层面探究造成诉访不分的体制、机制原因，透视可能导致涉法涉诉改革路径依赖的制度元素，这样才能从根本上治愈导致诉访不分的体制问题，创新治理模式，注入新的制度基因。这样才能真正实现“诉访分离”的改革目标，让信访和司法制度各自走上良性发展的轨道。

三　“信访＋”二元治理结构与诉访不分

任何制度的形成都是其所处的社会结构诸因素综合作用的结果。所谓

---

① 童之伟：《信访体制在中国宪法框架中的合理定位》，《现代法学》2011 年第 1 期。

② 陈丰：《信访制度变迁：从路径依赖到路径创新》，《江海学刊》2010 年第 2 期。

③ 庄士成：《我国信访“困境”的制度成因——一个制度经济学的分析视角》，《政治与法律》2011 年第 8 期。

“制度”，用吉登斯的概括就是“在社会中历经时空而深层次地沉淀下来的结构”。换句话说，如果在相当长的时间和特定的空间内，行动者所遵循的规则和凭借的资源被反复持续地再生产时，制度就形成了。① 制度变迁也是其所赖以存在的规则、资源等社会生态环境变化的结果。近十年来，我国改革进入深水区，各种社会矛盾和冲突凸显，社会风险较大，迫切需要一个稳定和谐的环境保障改革的深入推进。2003 年“非典”后，国家将维护社会稳定、构建和谐社会作为治理目标，加强了各级政府社会管控责任。在维稳压力下，各级政府都把信访当作解决纠纷、恢复稳定的重要手段。信访的社会治理功能得到前所未有的重视，信访结构扩张、功能泛化，广泛渗入行政管理、纠纷解决、权利救济、社会保障等各个政治制度领域；另一方面，信访机构普遍设立，党委、政府、人大、政协、法院、检察院、军队、武警、社会团体、国有企业事业单位等都设有信访机构承担信访职能，并按信访渠道处理权限范围内的信访事项。“大信访”格局下的社会治理结构已经形成一种“信访 +”二元结构。其特点是：两种不同性质的治理手段和制度并存共生、交错运行。最为典型的是“信访 - 司法”二元结构。

从结构理论看，司法与信访是两种性质不同的结构。二者赖以形成和维持再生产的资源和规则均不相同，在制度性质、目的与功能定位、适用范围上也有明显区别。但是，基于下列原因，信访与司法界限模糊，共生并存，交织运作，形成“信访 - 司法”二元结构。

（一）信访功能扩张，信访与司法边界模糊

《信访条例》以正式制度的形式扩展了信访制度的功能，赋予其解决纠纷、权利救济等新职能，导致信访功能扩张至司法等法定解纷领域。在维稳政策和压力型体制下，地方政府社会管控任务日趋繁重，信访“解决问题”的职能被层层放大。2007 年中共中央、国务院《关于进一步加强新时期信访工作的意见》将信访工作的目标确定为“切实维护群众合法权益、及时反映社情民意、着力促进社会和谐”，该文件将维护群众合法权益变成

① 安东尼·吉登斯：《社会学方法的新规则——一种对解释社会学的建设性批判》，田佑中等译，社会科学文献出版社，2003，第 275 页。

信访的首要功能。同时期"构建和谐社会"的治理目标和维护社会稳定的政策要求，强化了信访化解纠纷、实现权利救济的功能，一切进入信访的诉求都要回应、处理。终于导致信访功能泛化，模糊了信访与司法的职能分工与制度边界，甚至出现了行政权僭越立法权或司法权的现象。

（二）信访职能变异

条例在制度设计上将信访作为监督司法工作的另一管道，其意在于运用信访机制强化上级机关对立法、司法工作的监督，但其意外的结果是信访机构变得庞大而分散。人大、法院、检察院都设置了专门接待和处理信访诉求的内设机构。尽管信访条例明确规定信访机构不受理涉法涉诉纠纷问题，但仅仅是在受理机构上做了区分。在实际运作中，政府信访部门接待和处理了大量的民事、刑事、行政纠纷；诉讼案件当事人同时进行信访的情形大量存在，司法机构的信访部门也是不堪重负。可见，立法上的诉访分离并未能在实践中得到实现。信访功能已经发生变异——在客观上演变成了诉讼和行政复议之外的又一种纠纷解决的方式，而且兼及权利救济、维护稳定等多项功能。而不同功能实现的程序与运作逻辑是不同甚至相互冲突的。比如纠纷解决与私权利救济，需要遵循公平公正原则，按照权利义务一致要求来处理。而维稳则按照政治逻辑，以当事人最终息事宁人为目的，遵循的是力量对比、博弈均衡的规律。信访与司法交错并行的状态，使得司法裂变为一种兼容信访和诉讼两种不同结构的二元结构。形成信访与诉讼"你中有我，我中有你"相互交织的格局。①

（三）法律、司法制度有效性不足，信访与诉讼之间形成逆向选择

第一，行政复议、行政诉讼公信力不足。全国人大常委会 2013 年对《行政复议法》实施情况的检查结果显示：约 60% 的受访者对行政复议缺乏了解甚至根本就没有听说过。群众对行政复议的信任度不高，存有"官官相护"、办案不公的疑虑，不愿将行政复议作为解决纠纷的首选途径。其结果是，多数省市进入信访渠道的行政争议数量比进入复议渠道的高出十几

① 王亚新：《非诉讼纠纷解决机制与民事审判的交织——以"涉诉信访"的处理为中心》，《法律适用》2005 年第 2 期。

倍甚至几十倍，呈现“大信访，小复议”的格局。[①] 行政诉讼也是如此，据最高法院统计，近几年来全国行政诉讼案件一直维持在十几万件，不到人民法院全部受案总数的2%。其中大量行政诉讼案件被动员撤诉，以判决方式结案的不足1/3，其中原告胜诉率仅为10%。与此同时，大量官民纠纷转入信访渠道，由行政纠纷所引发的信访高达400万至600万件。[②] 第二，起诉难、立案难，把本该通过司法途径解决的刑事案件、民事纠纷、行政争议挤到了信访。侦查机关有案不立、“不破不立”，法院任意提高纠纷案件的受理门槛，对应当受理的民事、行政纠纷不受理，当事人（受害人）不得不向信访机构寻求救济。比如信访人李某的诉求是房屋所有权人与房产开发企业拆迁补偿行为不当给其造成损害的侵权纠纷，属于典型的民事权利义务纠纷问题，因为正好经历了房改政策落实阶段，法院将之定性为“落实政策”问题，屡次拒绝受理。李某只能转向信访寻求救济。第三，审级救济不足。我国的诉讼法规定的审级制度是两审终审制，当事人不服一审法院做出的裁判，只有一次上诉机会。第二审人民法院的裁判一经做出立即生效。事实证明，只能上诉一次的制度安排不能有效和完全地吸收当事人的不满。那些未能吸收掉的不满不少转向了信访，申请再审。第四，执行难、执行乱引发信访。尽管执行难是多种因素的结果，而且最主要的变量是市场风险或被执行人执行能力，但法院“裁判—执行”合一的制度安排，在执行不到位的情况发生时，让付出了时间、金钱获得胜诉的当事人感觉法院“打白条”，难免心理失衡。因此，对法院执行的投诉频率一直居高不下。第五，少数司法人员法律技术和能力不足，加上司法腐败，都给司法公正带来严重损害，司法公信力下降，当事人更依赖信访寻求公正和救济。比如信访老户刘某就声称：“我一开始就不相信法院，就要找政府解决。”第六，司法独立性不足，容易受到外力干扰，法律和程序的有效力不高。当事人认为直接找“说话算数的大领导”更有效。一位信访工作人员说：

---

① 任重远：《人大常委：群众信访不信法主要怪政府》，财新网，http://China.caixin.com/2013-12-27/100622746.htm，最后访问日期：2015年12月14日。

② 何海波在2001年曾撰文指出，行政诉讼案件撤诉率畸高，判决率不足1/3。何海波：《行政诉讼撤诉考》，《中外法学》2001年第2期。从最高人民法院2013年公布的数据看，十三年来情况没有明显变化。任重远：《行政诉讼修法》，《新世纪周刊》2013年第10期。

信访何以被涉法涉诉案件当事人寄予厚望甚至视为“救命稻草”？很大程度上就在于当事人认为可以通过信访，借助党政机关权力突破法律和程序，改变案件的实体处理结果。而且这些信访每每以满足信访人的过分诉求收场。这与司法难以有效独立、司法裁判受到不当干预等较多的尴尬现状相对应。加上信访范围宽泛，解决方式灵活，程序上无终极，契合了上访者的需要，往往成为其首选的方式。

当事人深感立案难、上诉难、申请再审难、执行难，加上司法腐败和司法不公问题，一些本该通过法律和诉讼途径解决的诉求转向了信访渠道。正如有学者指出的那样，行政复议、行政诉讼、民事诉讼等解决机制在纠纷面前出现了严重的缺位现象，最终导致了信访的越位和错位。①

从理论上讲，结构迥异的信访与司法不可能完全融合为一个稳定的结构。但是，因为正式法律制度的赋权加上政策推动，信访职能被植入司法机构，导致司法在处理具体纠纷时，经常与信访相互交错，客观上在同一个纠纷解决过程中可以同时发生信访和司法行为。在社会治理结构上则形成信访与司法并存的二元化结构特征。二元结构的特点是两种不同的结构交错并存、互相牵制，而不同的制度属性所遵循的不同运行逻辑和行动规则难免互相冲突。在制度设计上，条例显然是模仿司法的某些特征来塑造信访的。信访的“类司法”特征表现在两个方面：一是功能类似。条例将行政信访定位为诉讼、行政复议之外的补充性纠纷解决渠道，赋予其权利救济功能。二是处理方式上类似。条例为信访设计的受理、听证、质询、核实、辩论、合议、做出处理决定等方式，明显仿照行政复议和司法处理纠纷的核心技术，即依据实体规则和程序规范做出裁判的“规范－裁判”模式。类司法的结构使得信访与司法在表面上出现了合榫的可能。但信访在本质上是行政管理行为，而司法是通过法律的判断行为。前者遵循的是权力运行逻辑或政治逻辑，后者遵循的是法律逻辑；前者的目的是特定时期的社会治理目标（比如维护社会稳定），后者的目的是公正解决纠纷；等等。当二者交织为一体的时候，两套逻辑和规则的不兼容部分就会形成结

① 张勤、刘晶：《缺位、越位和本位：多元纠纷解决视野下的行政信访》，《社会学评论》2013 年第 6 期。

构冲突，相互之间构成制度经济学上典型的“互替关系”，其结果往往是两种制度的零和博弈，双双陷入低效能状态。具体分析如下。

第一，支撑和维系结构再生产的资源是有限的，而信访与司法都要从中分一杯羹，势必发生争夺，形成博弈。而博弈均衡取决于各方主体的力量对比。对于（信访者）诉讼主体而言，单凭信访的资源或司法裁判的资源都可能是不够的，而不得不同时在正式制度和非正式制度中寻求资源，比如政策、道德、人情、社会舆论甚至领导人批示等。这是大量非法律因素侵入司法过程的结构原因。总体上说，信访体制越有作为，法律规则即愈加疲软，司法权威也愈将弱化。最高法院沈德咏副院长感叹：“群众对司法的不信任感正在泛化成普遍的社会心理，这是一种极其可怕的现象”①。“信访不信法”现象蔓延，司法公信力跌入低谷。

第二，二元结构下规则的流动性大，制度刚性不足。无论是规范性规则还是解释性规则，信访与司法之间都存在天然的差异。换句话说，信访和司法遵循的规范和获得社会认同的合法化机制都存在很大差异，导致司法结构的流动性或不稳定。表现为司法同时认可两套规则，法官同时遵循法律技术逻辑和行政化运作逻辑；（信访人）当事人可以在两种逻辑之间恣意游走，任意选择更有利于己的一套方案。当信访者发现，按照正常的司法程序无法达到其诉讼目的时，还有信访方式可以再次表达自己的诉求，甚至可以借信访给法院、法官施压。事实上，当事人的信访行为，甚至威胁要信访的表示都能影响司法的正常运作。办案法官在审理裁判阶段就不得不考虑案件被信访的可能，对有重大信访风险的在办案件，立案法官和案件承办法官还将向庭领导进行汇报，在合议庭合议案件，甚至审委会讨论案件时，当事人的信访风险性都会被重点提及并成为裁判结果的重要考量因素。如此，涉诉信访的问责通报制已经使涉诉信访越位干预了以审判为中心的诉讼程序，裁判结果有时不得不以牺牲部分的公平公正来预防和减少涉诉信访。党政领导人对信访案件的批示、督办常常可以改变司法程序运作轨迹，比如更多用调解（协调）方式结案、更容易启动再审程序，甚至直接决定裁判结果等。法院常常在依法裁判和信访风险之间走钢丝。

① 沈德咏：《部分群众对司法不信任渐成普遍社会心理》，《人民日报》2009年8月19日。

第三，规则的流动性让行动者具有双重行动结构，行为的投机性和寻租空间明显增多。（信访者）当事人和（信访工作人员）法官都有机会根据个案情境和自身利益选择适用信访或司法的规则和资源，行为的寻租空间出现，机会主义很容易大行其道。此为权力腐败、权利滥用的根源。上访人员利用当前制度、政策等各方面的“空隙”或“机会”，运用“非常规”的信访方式以实现自己的目的与利益诉求，甚至谋取不正当利益。[①] 而在信访治理中，某些地方也会采取一些非正当的手段。

第四，规则的流动性、行动者的投机性都指向结构的制度化程度不高，信访、司法各自的制度化都被软化。实践中，滥用权力（利）的行为屡屡发生，无法根治，管理者不得不设计更多的规范，投入更多的人力物力督促、检查、纠偏，增加了结构维持再生产的成本。法院内部实行的流程管理、案件质量评查、越来越严厉的行政监督、纪律检查、无处不在的电子监控系统，不仅耗费了大量的司法经费，而且加剧了司法权运作的行政化，导致行政监管取代法律和程序约束，法律与程序处于失灵状态。不仅如此，司法还为信访制度负担了相当一部分成本。信访功能的扩张成为在法院系统内与诉讼程序并行的非诉讼纠纷解决方式和权利救济途径，一些当事人在起诉的同时进行信访施压。而基于前面分析的那些原因，总有一些当事人能够获得一些法定诉讼程序内无法获得的利益。这刺激了更多的当事人选择信访来解决问题。如今，每逢重大节假日、全国性会议和政治活动期间，各地法院都要抽调大量人力去劝阻进京上访，上北京接访，花钱遣返上访人员等，因此耗费了大量的司法资源。涉诉信访已让各地法院不堪重负。

信访－司法二元结构缺陷影响着制度运行方向，往往与“法治”的治理目标背道而驰。法治的本质是“政治制度化”，核心是约束权力与保障权利。信访－司法二元结构下，信访、司法制度双重软化，制度效能削减；行动者（当事人、法官、信访工作者）权力（利）没有约束，机会主义盛行。[②] 信访被当事人作为给法官施压的策略，而信访实实在在影响具体案件裁判过程和结论的案例又强化了当事人将信访与诉讼交错运用的动力。这正是涉法涉诉信访久治不愈的症结所在。如果不从根本上破除“信访－司

① 于建嵘：《机会治理：信访制度运行的困境及其根源》，《学术交流》2015 年第 10 期。

② 于建嵘：《机会治理：信访制度运行的困境及其根源》，《学术交流》2015 年第 10 期。

法”二元结构，涉法涉诉信访改革的路径依赖将不可避免。

四　改革的路径依赖与诉访难分

从《意见》内容上看，其本质是针对涉法涉诉信访问题的解决，进一步细化《信访条例》的有关规定，试图通过受理机关、受理流程、处理方式和监督机制的法定化来实现信访法治化。但是，上述改革仍然是在政法一体的体制下进行，并未触及治理结构问题。换句话说，改革无意打破信访－司法二元结构，其重心是细化办事规则、强化贯彻落实。结果不过是既有信访制度的自我强化。从这个角度说，《意见》设定的改革框架的确存在路径依赖问题，表现为以下几个方面。

第一，保留了信访与司法并行的格局。所谓诉访“分离”仍然停留在《信访条例》规定的政府信访职能部门与政法机关内设信访部门的分工层面。司法机关不仅继续承担信访职责，而且必须“畅通信访渠道”，“充分尊重和保障信访人的申诉控告权利”。这意味着，当事人在诉讼的同时仍然可以信访。《意见》要求政法机关甄别诉与访，并按照“诉类事项”与“访类事项”进行分流，前者导入诉讼程序，对于后者由政法机关按照《信访条例》规定的方式和程序处理，主要是“做好解疑释惑和教育疏导工作”；对已经依法终结的涉法涉诉信访事项，“执行信访终结程序”，即政法机关不再启动复查程序，不再作为涉法涉诉信访事项进行统计、交办、通报。但是，终结不等于不予理会，而是“要配合地方党委和政府做好释法明理工作”。

第二，沿用“谁主管，谁负责”的归口管理方式，突出政府主导地位。归口管理是一种按照行业、系统分工管理的管理方式，要求各职能部门只按国家赋予的权力和承担的责任各司其职，按特定的管理渠道实施管理，目的在于防止重复管理、多头管理和相互推诿。[①] 1954年，为加强对信访工

① 1954年，为加强对中央人民政府系统各部门工作的领导，把政府工作按性质划分为若干部门，国务院设立8个办公室，每个办公室分管不同的部门，如第一办公室（政法办）负责分管内务部、公安部、司法部、监察部和民族事务委员会。这些办公室简称“办”，其管辖范围或系统多简称“口”，如“农林口”、“政法口”等。参见王劲松《中华人民共和国政府与政治》，中共中央党校出版社，1995，第81～83页。

作的领导，国务院提出“分级负责，归口办理”原则，指出领导认真抓是做好信访工作的关键，要求各级党委政府必须为信访工作配置一套“班子”。规定省级党委必须有一位书记，省级人民政府必须有一位省长、自治区主席、市长，中央各部必须有一位部长负责信访工作，做到件件有着落，事事有交待。1957年国务院颁布《关于加强处理人民来信和接待人民来访工作的指示》，要求“对于群众提出的大量的各种各样的问题，则必须分别归口交办”，对归口办理做了新的规定，并分别在1958年、1960年、1963年进行了三次修改，强调省、地一级应力求“多办少转”，而县一级原则上应“只办不转”。该原则不断得到强化。1980年制定了《关于中央各部门归口分工接待群众来访的暂行办法》，对信访涉及的问题按来访人所属系统或反映问题的性质，归口由中共中央和国务院各有关部门接谈处理。归口管理原则的确立明确了中央政府部门对信访问题的受理和处理权力，有效强化了中央对地方的监控。但20世纪90年代信访潮的出现，信访大量集中到中央，严重影响到首都社会治安和社会稳定，造成恶劣政治影响。1995年制定《信访条例》时，该原则修改为“属地管理、分级负责，谁主管、谁负责”，强调“依法、及时、就地解决问题与疏导教育相结合”原则。2005年《信访条例》再次重申属地管辖、分级负责的原则。目的在于强化地方各级政府特别是基层政府解决纠纷、维护社会稳定的职责。但在本质上并未改变“归口管理”的框架，始终强调党委政府在处理信访问题上的主导作用，尤其注重中央和省级党政领导在处理跨省、越级、复杂突出信访问题上的责任与作用。《意见》将涉法涉诉信访事项统一交由政法机关办理，同时要求各级政法机关配合党委、人大、政府等信访部门做好涉法涉诉信访与普通信访分流工作；党委、人大、政府的信访部门转交的涉法涉诉信访事项，由同级政法机关接收、处理。依靠政府协调解决突出信访事项。《意见》指出，政法机关对与其他党政部门存在受理争议的信访事项、涉法涉诉信访与普通信访交织的疑难复杂事项、涉众型或涉及相关政策落实的涉法涉诉信访事项，可报请同级处理信访突出问题及群体性事件联席会议，协调相关部门共同化解。《意见》要求各级党委政法委要牵头协调政法机关，建立依法处理涉法涉诉信访问题会商机制，及时研究解决信访事项受理工作中存在的问题。这正是2005年《信访条例》规定的“政府主导、社会参与”信访工作机制在涉法涉诉信访工作上的应用。

第三，沿用信访工作方式与制度逻辑。政法机关内部信访部门在处理信访事项时，与政府信访部门一样，主要工作方式是“收发”，即采取接收、登记、分流、移送的工作方式。信访部门并不直接负责具体信访问题的解决，而是转交给案件承办部门（业务庭或其他主管部门）。属于起诉、申请再审的信访事项，由立案部门审查，导入相应的诉讼程序，然后由审判庭进行审理。不属于诉讼问题的，则导入监察、检察、纪检等环节，由主管部门负责审查、处理。承办部门处理信访事项的方式是：“经审理、复议、复核，原案件办理没有问题的，依法维持原结论。存在执法差错的，依法纠正错误、补正瑕疵”。“要把释法析理、化解矛盾纠纷、做好群众工作贯穿办案始终，促使当事人息诉息访。”从“有错必纠”、“息诉息访”的要求看，这种处理方式并非司法程序（再审程序）维护既判力前提下“有限纠错”的制度逻辑，而是信访工作的“解决问题”、“维持稳定”的制度逻辑。

第四，仍然依赖行政权力解决问题。中国的信访制度在本质上是对信访问题的行政处理，就是动用行政权力解决社会矛盾纠纷，处理利益诉求。从1951年信访制度确立之初，其功能发挥就与党政领导的个人作用分不开。这种行政权力主导下解决问题的方式历史上有过很高的效用：20世纪50年代发挥了重要的了解民意、加强对地方政府领导的作用；20世纪七八十年代用于大量的平反、纠正冤假错案，迅速恢复社会秩序等。行政权力和领导人主导问题解决的模式在社会剧烈变革刚刚结束，百废待兴，开始进入社会重建的时期显得特别有效率。但在社会政治经济文化均进入平稳发展、规则体系已经建立的时期，这种处理问题的方式对于社会矛盾纠纷的解决和权利利益救济问题的处理则就不再匹配。民众更多期待按规则办事，更多渴望公平正义的获得感。尽管《意见》提出的涉法涉诉信访改革的思路正是要“改变过度依赖行政权力解决信访问题”的做法，但是从以下几个方面看出，行政解决依然是处理涉法涉诉信访的基本路线，对于存在争议的疑难复杂信访或者可能矛盾激化、引发群体性事件的“突出信访问题”来说更是“最后一道防线”：一是继续采用信访的首办责任制。《意见》要求政法各单位对符合立案受理条件的诉类事项，要及时明确责任部门和责任人员，落实首办责任。二是重视通过行政监控督促信访工作。《意见》强调司法机关的案件管理部门要“全程监控”，采取“提示预警”的方法，确保符合条件的涉法涉诉信访事项能够顺利导入法律程序办理。要求政法机关加强“职能监督和督导检查”，充分发挥审判监督、法律监督、警务监督、狱务监督作用，及时发现和纠正涉法涉诉信访工作中有访不理、有案不立、有错不纠等问题。三是依靠政府协调解决突出信访事项。《意见》指出，政法机关对与其他党政部门存在受理争议的信访事项、涉法涉诉信访与普通信访交织的疑难复杂事项、涉众型或涉及相关政策落实的涉法涉诉信访事项，可报请同级处理信访突出问题及群体性事件联席会议，协调相关部门共同化解。

就《意见》实施两年的情况看，路径依赖和逆向选择的可能性是很大的。2014 年 9 月，中央政法委有关负责同志就涉法涉诉信访改革答记者问时称：“今年以来，政法机关接待群众来访数量同比上升了 7.1%，涉法涉诉信访事项受理率、立案率有了明显提高，涉法涉诉信访群众到党政信访部门上访数量明显减少。这些情况表明……越来越多的信访群众选择司法渠道反映和解决问题，总体呈现‘弃访转法’的良好势头；越来越多符合受案条件的信访问题在法律程序内得到受理，依法处理涉法涉诉信访问题的效果逐步显现。”M 省法院、检察院 2014 年以来受理的信访数量的确有明显的增幅，部分验证了上述说法。据 M 省法院统计的数据，2014 年全省法院受理信访 35308 件，2015 年受理 38980 件，2016 年上半年受理 16663 件。再看 M 省检察院统计的数据：2014 年全省检察院受理信访 42804 件，比 2013 年 29545 件猛增了 13259 件；2015 年更是达到历史新高的 54812 件，2016 年上半年为 24836 件。检察院信访部门的负责人分析说，检察院 2014 年、2015 年信访受理量有明显增加，2015 年达到一个峰值，可能与《意见》实施以后司法机关信访部门畅通信访渠道，改变了过去“该受理不受理”的做法，因此释放了一批过去未获得受理的信访案件有关。但同期涉法涉诉当事人到党政部门信访的数量也是有增无减。据 A 市信访局统计数据，2014 年受理涉法涉诉信访 2818 件，占全市信访总量的 6.0%；2015 年 2954 件，占总量的 7.8%；2016 上半年 1824 件，占总量的 11.3%。当然，《意见》施行仅两年的时间，对于积重难返的涉法涉诉信访来说，要在这样短的时间内发生彻底的改变是不可能的。改革究竟能否走上良性发展轨道还有待进一步观察。但是，涉法涉诉信访数量居高不下是不争的事实，当事人同时到司法机关和政府信访机构信访的双重行动逻辑并没有明显改变。这表明，至少到目前为止，涉法涉诉信访改革并没有改变将信访与诉讼交错并行的关系。按照这个逻辑，信访规则的细化、法定化只会加速信访-司法二元结构的锁定和自我强化。

五 法治与共治：社会治理新模式

诉访难分的改革困境说明，包裹在“信访+”二元治理结构下的涉法涉诉信访改革逃不掉顽固的制度惯性，制度逆向选择问题将会持续发生，改革零收益的风险很大。这提示我们：信访制度改革仅仅从“法定化”的角度解决规范性问题显然是不够的。信访制度改革之所以陷入瓶颈状态，与制度设计者和大多数执行者从信访“法制化”的意义上理解“法治化”有关。实际上，二者有本质区别。法制是社会规范的范畴，是“法律制度”的简称，信访法制化的内涵很单纯，就是通过立法把信访行为规范变为有法律约束力的制度。而法治是治理上的概念，其含义是“通过法律的治理”。因此必须从治理结构层面进行思考。前面的研究证明，深化信访制度改革、彻底解决涉法涉诉信访难题，必须站在社会治理的高度，以打破固有的治理结构为中心，探索建构新的治理模式。在这个问题上，治理理论的最新成果很有启发意义。

当代治理理论的核心命题是：以政府为主体、以纵向命令控制为特征的传统层级制治理模式，已经无法应对政府面临的各种危机。市场、社会组织等多元主体更多地参与公共事务已经成为当代社会治理的趋势。斯托克指出，“治理”超越了以往的传统公共行政与新公共管理范式，成为了一种新的理论范式。在这种范式下，没有一个部门能够垄断权力与资源，包括政府在内的各个行动者，都需要通过协商而非命令来沟通。政府的职责在于创造公共价值，并综合运用层级、市场、第三部门等多种机制，来保证公共物品供给的公平性和有效性。[①] 治理手段也是多元化的，既包括政府

① 田凯、黄金：《国外治理理论研究：进程与争鸣》，《政治学研究》2015年第6期。

使公民服从正式制度和规则的强制性手段，也包括公众对符合其利益的各种非正式制度安排的自愿认同；既包括政治的、法律的手段，也包括经济的、市场的以及社会的、文化的手段。治理的目标是在各种不同的制度关系中运用权力去引导、控制和规范公民的各种活动，以最大限度地增进公共利益并实现合理合法的个人利益。①

当代中国正处于社会阶层分化、利益主体和利益诉求多元的状态，社会矛盾多发，现实性冲突与非现实性冲突并存，客观上要求治理结构转型。实践中的信访诉求开始出现从个体利益诉求向共同议题转变的端倪。② 这在下岗职工、失地农民、民办教师等特定群体上访中尤其明显。这些群体通常是因体制改革或政策变动利益受到冲击，感受到社会分配的不公平。他们的信访诉求介于有理和无理之间，即符合法律、政策精神，但暂时没有具体法律政策依据的，属于“协商型”上访。③ 现行的信访制度无论在资源还是规则上，都无法独立解决这些问题。涉法涉诉信访常见类型包括征地补偿、房屋拆迁、企业转制引发的纠纷，也是群体访容易形成的领域。这部分信访案件的共同特点是：政策性强，历史遗留问题较多，缺乏具体法律规范可以作为处理依据，往往属于兼具诉类事项和访类事项的诉求。类似涉及政策调整、公共利益的诉求越来越多，对于社会治理而言既是挑战，也是机遇。它释放的一个信号是：如何借助民众关于群体利益乃至公共利益诉求之力，搭建共同治理的机制与平台，是当下中国社会治理面临的新任务。是时候从根本上改革当前的治理模式了。而涉法涉诉信访改革正是一个契机，处理得当可以成为撬动整体治理结构变革的第一股冲击力。值得赞赏的是，执政者敏锐地看到了这个契机，适时提出了治理结构转型的改革方案。2015 年 10 月，中共十八届五中全会公报提出：“运用法治思维和法治方式推动发展，全面提高党依据宪法法律治国理政、依据党内法规管党治党的能力和水平。加强和创新社会治理，推进社会治理精细化，构建全民共建共享的社会治理格局。”如果把“全民共建共享”概括为“共

① 王雅琴：《治理语境下的信访制度》，《中共中央党校学报》2009 年第 1 期。

② 于建嵘：《当前压力维稳的困境与出路——再论中国社会的刚性稳定》，《探索与争鸣》2012 年第 9 期。

③ 陈柏峰：《特定职业群体上访的发生机制》，《社会科学》2012 年第 8 期。

治"，那么上述命题的核心概念就是"法治与共治"。"法治下的共治"作为创新治理模式的目标，不仅切中当代中国社会治理的要害，而且契合政治制度现代化的趋势，为信访制度和涉法涉诉改革指明了路径。

法治下的共治新型治理结构，应当包括以下几个方面的要素。

（一）法治

法治的本质是政治制度化，其核心在于约束权力、保障权利。而制度化的路径必须以宪法为核心，遵循现代政治规律对信访重新进行职责界分，符合相对独立、边界清晰、相互补充、相互配合、相互制约的要求。同时通过宪法和法律的有效实施保障制度的刚性。这要求从体制层面改革信访与司法的关系，打破政法一体的体制，实现诉讼与信访彻底分离。诉访分离需要两手抓，同步推进：一手抓信访体制改革，实现信访职能与司法机构脱钩；一手抓司法体制改革，实现涉法涉诉信访的源头治理，提高司法制度的有效性。

1. 信访体制改革

明确信访制度功能对信访体制改革提供了路标。信访体制改革首先是信访机构调整与整合。应当改变信访机构隶属于地方政府的设置，避免"运动员－裁判员"合一的角色错位。取消司法机构和各职能部门的信访职能，整合信访机构，作为各级人民代表大会常务委员会的内设机构之一，发挥人大汇聚民意、反映民意、代表民意的制度功能。将信访职能转归人大，不仅为民主决策和立法提供了汇聚民意的直接管道，而且也契合人民代表履行监督"一府两院"的工作职责。这样有助于理顺信访工作机制，以加强系统性和协调性。①

2. 司法体制改革

打破政法一体司法体制，保障司法权独立公正行使。在管理体制上，改变政治－法律不分的架构，承认司法权独立行使是司法规律的要求，也是保障司法公正的基本条件。法律是司法权最直接也是最有效的约束。严格依法裁判就是坚持党的领导。司法地方化被认为是破坏司法权公正独立

---

① 于建嵘：《信访制度改革与宪政建设——围绕〈信访条例〉修改的争论》，《二十一世纪》2005年6月号第89期。

行使的根本原因。通常认为司法地方化源于法院、检察院人财物受控于地方政府，因此去地方化的路径就是将司法权明确为中央事权，隔断司法机关与地方政府的人财物关系。在实行司法机关人财物中央统一管理尚不具备条件的情况下，试点人财物省级统管就成为退而求其次的方案。无论在哪一种政治体制下，司法机关都不可能是自给自足的自治组织。它的人员、经费及其他资源供给都是外来的。我国司法权对地方政府的依赖，根本原因是人财物供给关系的制度化程度不高，司法机关和政府之间有太多的讨价还价机会和空间。去除司法对地方的依赖，治本之道在于改革司法经费预算制度，提高司法预算的制度化程度。该改革路径必然指向人民代表大会制度的改革。可以考虑在人大内部设立由人大代表中的审计、会计、法律专家组成的预算专业委员会，提高人大审议能力，切实发挥人大在审核、通过预算和监督预算执行方面的决定性作用。只有让预算制度真正发挥约束政府权力的功能，才能保证审判权独立行使。此外，还有必要建立司法预算制度。大多数西方国家都采取在国家财政预算中单列司法预算的制度，由议会批准，行政机关保证执行。司法预算制定的步骤是：首先由司法机关拟定初步预算方案，交由行政机关进行平衡与修改，但必须与司法机关协商，不能随意进行削减，然后由行政机关将预算案提交议会，由议会做出最后的决定。① 我国目前实行的是“分级管理、分灶吃饭”的财政体制，地区发展不平衡的现实决定了全国统一制定司法预算非常困难，采取省级司法预算独立的方案有合理性。关键是抓好预算的编制程序和执行保障。可以考虑由地方各级法院根据实际需要提出经费使用计划，由高级人民法院编制司法预算，经本省（自治区、直辖市）政府主管部门汇总、平衡，提交人大批准后，政府主管部门按预算拨款，由人大监督执行。

3. *涉诉信访的源头治理*

修改完善诉讼法律制度，提高司法制度的有效性，彻底解决司法领域中存在的立案难、上诉难、申请再审难、执行难、执行乱、司法不公与司法腐败等问题。在涉法涉诉信访改革方面，司法制度第一步已经迈出：改革立案制度，实行登记式立案，保障每个诉求能够进入法院大门。按照最

---

① 汪家乾：《建立司法预算制度的思考》，中国法院网，http://www.chinacourt.org/article/detail/2004/03/id/109803.shtml，最后访问日期：2014 年 8 月 28 日。

高人民法院2015年民事诉讼法司法解释，法院不能事先正式或非正式地规定一些受理与不受理的标准，提高起诉“门槛”，而应让所有的纠纷有接近司法的机会。司法改革的第二步应当是推进诉讼程序规则的改进完善，充实当事人程序异议权，增强程序在吸收当事人不满、提高司法裁判可接受性方面的作用。其中，审级制度改革是当务之急。构建符合中国实际的三审制势在必行。有效的审级制度又以司法权运作去行政化和法院机构改革作为配套，目标指向保障司法机关独立公正行使司法权，保证司法的专业化，提高审判质量。当事人的信访行为不能作为裁判的理由。党委、政府和上级法院不得因为当事人信访而干预案件审理过程。

4. 信访事项的识别与分流

在隔断信访对司法的直接影响的同时，建立起信访事项与诉讼事项的分流机制，让进入信访的可诉性争议顺畅转入司法渠道，反之亦然。取消法院、检察院的信访部门和信访职能后，当事人对司法裁判有异议、疑问的，通过正常的上诉、申请再审解决。法院收到当事人起诉后，发现不具有可诉性、不适合通过司法途径解决的诉求，应引导其通过信访途径反映。当事人坚持起诉的，法院应当受理，按照法律规定的程序审理后，仍然认为不属于法律和诉讼解决的问题的，应当做出裁判，充分说明理由，驳回当事人诉讼请求。同样，信访部门受理信访人诉求后，认为属于涉法涉诉请求的，要引导当事人通过向公安机关报案或向人民法院起诉、向仲裁机构申请仲裁等途径解决。当事人坚持信访的，可以尝试行政调解，在当事人自愿基础上促成和解。经调解不能达成协议的，在充分说明理由后，可以决定不予受理。当事人可以向人民法院起诉。

（二）共治

共治即全民共建共享的治理格局。其内涵是国家公共权力和公民权利对于社会事务的共同治理，表现为社会广泛参与公共决策。共治的本质是治理方式和决策过程的社会共同参与。信访如果能够发挥公民政治参与的公共领域或民主对话沟通平台的功能，那么就是理想的社会共治平台。这需要对信访功能重新定位，改革信访工作机制，由“受理－转处”改为“分流－对话”；在司法的社会参与方面，要构建司法过程中的公共领域，将陪审制改造为社会参与司法的制度化沟通平台。

1. 信访功能的重新定位

信访功能定位应当跳出“维稳”的政策思维，理顺信访与核心政制的关系，从政治体制现代化的层面重新定位信访制度功能。现代政治体制的核心是法治，其重要指标是政治的制度化程度。政治制度化程度高的重要标志之一是不同制度分工明确且以立法形式固定下来。特定制度具有自身明确的制度目的与功能定位，可以与其他制度的目的作清晰的划分，具有其他制度不可替代的作用，该制度才有存在的必要和存续的基础。从社会认同的角度说，某种制度认同的形成首先取决于该制度与其他制度的识别度。如果信访与司法、行政、调解等其他制度共享纠纷解决的目的，制度边界不清、功能混同，不仅影响社会对信访的认知理解，也会破坏社会对法律、司法和政府的认同。中国特色的信访制度特有的、不能为其他解纷方式替代的价值，是其民意收集与传递的管道功能。但重新定位信访制度功能，不是简单回归该制度功能。在政治现代化和法治建设的大背景下，信访的民意传递功能不能简单停留在“上传下达”的传声筒的作用，而应当进一步强化提升其作为公民政治参与的公共领域或民主对话沟通平台的作用，服务于保障公共决策与立法的民主性、科学性。信访的附属功能是监督，即通过人大代表监督“一府两院”工作。

2. 大幅收缩信访的解纷与救济功能，向行政ADR转变

以权利义务关系争议为内容的纠纷解决机制整体上趋向于程序性和专业性，而这些特征是信访不具备或不擅长的。从治理的逻辑出发，信访对于通过利益诉求发现社会问题、促进决策调适、缓解社会矛盾是合适的管道。在这个过程中附带解决部分纠纷可以视为信访功能的延伸。① 改变信访功能泛化、过多介入司法等其他制度领域的现状，不是完全取消信访解决纠纷的功能，而是防止信访直接取代司法及其他纠纷解决方式的做法。在司法等制度功能尚待恢复、逐渐增强的过渡时期，信访制度改革应当采取渐进的策略，逐步收缩信访的解纷与救济功能，弱化行政权力直接调配解纷资源的制度逻辑，提高信访解纷的中立性、规范化程度。可以借鉴欧洲

① 王雅琴：《治理语境下的信访制度》，《中共中央党校学报》2009年第1期。

的“行政监察专员”制度，将信访的解纷功能改造为行政ADR（即替代诉讼的纠纷解决）。行政监察专员（Ombudsman，也称“申诉专员”）是不受任何党派政治影响的独立监督行政权力运行的公共官员。监察专员由议会或政府首脑任命，负责处理公众对政府部门违法行政和不当行政的申诉，享有调查、报告以及对个案处理和行政程序规范的建议权。该制度创始于瑞典，目前已经遍布80多个国家和地区。监察专员制度的功能主要在于行政监督，也发挥着行政解纷、促进政策和制度改革的功能。该制度具有独立性（即独立于任何政治党派）、非正式性（灵活性）[①]、社会化（开放性）[②] 等特点。结合我国信访制度发展历史与现状，可以借鉴该制度，强化信访的监督与替代性纠纷解决功能，从赋予信访机构独立监督、建议权开始，逐步脱离政府职能部门性质，走向独立于政府的人大内设机构建制。

3. 引入第三方力量，提高信访公信力

社会组织参与信访矛盾化解难题是信访制度改革的内生需求。在社会转型过程中，面对社会矛盾多发、多元利益冲突、结构性矛盾解决难度大等问题，客观上需要社会组织发挥独特的作用。而社会组织的非官方、非营利和专业性强的特点，有助于消除信访人对信访工作的不信任，更有助于提高信访事项处理的质量与效果。从这个意义上看，社会组织作为社会中的一种重要力量，可以发挥联系政府与公民的桥梁和纽带作用，能促进实现民众与政府的沟通对话。[③] A市信访局2011年4月创建的“预防和化解突出信访问题专家智囊团”（以下简称“智囊团”）就是引入第三方社会力量，提升信访工作实效的有益实验。智囊团依托A市若干高校，聘请专家二十余人组成，跨越社会学、法学、政府管理学、心理学等等不同学科领域。智囊团工作机制采取“专家包案”方式，即选择矛盾突出、问题疑难（通常是信访老户、长期无法解决）的信访事件，根据当事人诉求和信

---

① 是指在不违反法律强制性规定的前提下，对既有规则和程序进行变通，为当事人提供特殊救济，如道歉、物质补偿救助、特殊待遇（职务、任职条件等）以及任何当事人能够接受的结果；可以采取协商、调解和裁决等方式。

② 申诉专员最初是作为行政官员为公众提供服务和救济的，目前则逐步向社会化方向发展。很多公共领域和行业的申诉专员由行业监管机构和行业协会选任，具有独立调查、处理（调解和裁决）投诉案件和纠纷事项的权力。

③ 杨国平：《转型期社会矛盾化解与社会组织的发展》，《人民论坛》2015年第2期（中）。

访案件自身的特点，由包案专家介入信访工作，通过听取信访人陈述和被信访行政部门工作人员介绍，查阅有关证据资料，提出解决方案，进行协调。专家们发挥自身专业特长，分别从法律、公共政策、心理等方面对当事人进行讲解、疏导，居中协调，促进沟通，直至提出解决方案建议。智囊团成立三年来，有效解决了一批疑难复杂突出信访事件，成功率达到80%。智囊团于2013年组建成非营利性组织“信访工作专家智囊协会”（以下简称“协会”），获民政部门登记。2015年11月，A市信访局在协会工作基础上，依托M省紫金传媒智库建设“信访社会矛盾研究中心”，围绕信访工作改革与发展、社会矛盾化解等问题开展智库建设。此举无疑有助于拓展协会的工作，促进第三方力量更加深入地参与信访工作。事实证明，第三方力量的介入在提高信访事件化解的实效性和公信力方面的作用显著。前述李某某的信访案件，即是由于法学专家的专家意见，法院改变了原先“落实政策问题”的看法，从而决定按照拆迁纠纷受理了案件。刘某某的信访案件也因第三方专家对其进行心理疏导，从而有效地回到问题解决的框架和思路上。引入第三方力量解决突出信访问题的经验证明，信访工作未来的发展方向是专业化。无论是信访事项分流还是发挥ADR作用，都需要专业知识与技术为保障。信访专业化发展可以从信访工作者队伍建设开始，加强信访工作人员法律知识、社会工作、心理学等专业知识与技能的培训，采取专兼职结合方式，邀请人大代表、政协委员、新闻媒体即其他领域专家参与，发挥律师和各种非政府组织的作用，提高信访的专业化和工作能力。

4. 司法的社会参与

司法领域的共治即社会参与司法的制度建设问题。社会参与司法的方式可以是多元化的，包括旁听庭审、人民监督员制度、舆论监督等，但法律程序意义上的制度化安排主要是陪审制。陪审制的目的是拉近法律与社会的距离，让裁判体现民意。所谓让裁判体现民意，并非直接根据民意做出裁判，更不是将纠纷付诸“公众审判”。陪审制的运作机理是“社会参与加法官论证”，即由陪审员将社会日常生活经验和朴素正义感带入司法，与职业法官的法律解释、法学原理进行对话，通过合议制“求同存异”的原理寻求法律与社会观念的重叠共识。以此作为裁判的理由，有助于最大限度地获得社会认同。在这个意义上，陪审制堪称司法过程中的“公共领域”。我国的人民陪审制存在制度目标不明、法院目标置换、脱离社会等问题，没有发挥应有的作用。当前改革完善陪审制的核心是去除审判权本位主义的制度设计，通过改革陪审员产生方式，增加陪审员数量，规定涉及公共利益和社会争议大的案件必须适用陪审制等举措，激活陪审制的沟通机能，让民众意见有序进入司法，保障司法的公共理性，提高司法公信力。

5. 发挥虚拟公共领域作用，增强政府回应义务与沟通能力

有学者敏锐地指出：随着信息技术的发展，真相和谣言同时在解构政府权威。以互联网、智能手机为代表的迅速发展的信息技术不仅深刻地改变着人们的日常生活，而且成为政治生活的重构力量之一。自媒体让民众有能力主动地通过网络发出议题甚至采取行动，赋予了公众对官方在主流媒体表达的意识形态的抵抗和消解的能力。现实中屡屡发生官方延迟发布的真相不但没有成为消除谣言的良药，反而起到解构政府权威的负面作用的事件。可见，信息技术已经对既有的通过信息管控维护稳定的治理模式提出了严峻的挑战。[①] 加上公民意识迅速增长，对民主的诉求和参与社会公共生活的愿望与能力日益增强，都对政府的回应义务和沟通能力提出了极高的要求。构建回应型政府成为当代政治现代化的重要命题。回应型政府是指注重与民众的沟通交流，积极关注、回应民众关切的政府。不同的国家机关负有不同的回应义务。政府的回应包括对公民表达的受理、传递、考虑、决定和反馈等程序和环节。[②] 如果说立法机构行使规范制定权要通过充分征求民意、论证和公开立法理由来履行回应义务，司法机关行使裁判权主要通过裁判文书说理来履行回应义务，那么政府各职能部门在行使管理权时同样要履行回应义务。而政府是否回应以及如何回应，不应完全取决于政府的自由裁量，还应有相关的制度规定。俞可平将“善治”作为回应性政府建设的出发点与落脚点，认为政府回应性越大，善治的程度也就越高。这与我国建设服务型政府与和谐社会的目标不谋而合。[③] 现代公共治理理论则强调：治理不是一整套规则或活动，而是一个过程；治理过程的

① 于建嵘：《当前压力维稳的困境与出路——再论中国社会的刚性稳定》，《探索与争鸣》2012 年第 9 期。

② 侯健：《论对公民表达的政府回应义务》，《法学》2013 年第 11 期。

③ 俞可平：《依法治国：良法善治的本土智慧与中国道路——深度解读十八届四中全会〈决定〉精神》，《中国法律评论》2014 年第 4 期。

基础不是控制，而是协调；治理既涉及公共部门，也包括私人部门，是政府与社会间的持续互动、合作共治。[①] 信访的本质属性就是在民意传达与政府回应之间的一个沟通交流、双向互动的制度化平台，是政府回应义务履行的主要机构型渠道。信访制度的核心内容应当是政府的回应义务。信访通过一定的程序过程，确保政府的回应做到及时、适切，认真、真诚，合法、合理、符合事实，实现社会与决策部门之间的充分对话，乃至形成关于公共利益的重叠共识。在这个意义上，信访工作具有让公共政策合法化的功能。

相对地，网络虚拟空间是一个影响力日益显著、不可忽略的社会性渠道。信访部门应当对这一现代社会发展趋势做出敏锐的反应，主动介入网络虚拟空间，将其建设为民意表达与政府回应的公共领域。国家信访局建设的国家信访信息系统就是这样一个平台。通过该系统，来信来访业务逐步实现网上流转、网上办理。据国家信访局统计，国家信访信息系统建成后，全国 30 个省（自治区、直辖市）和新疆生产建设兵团与国家信访局系统，以及民政部、人力资源与社会保障部等 9 个部委已经接入国家信访信息系统并投入使用，基本实现互联互通和资源共享。2015 年上半年以来全国网上信访量占到信访总量的 41%，超过 1/3 的省份网上信访量占到总量的 50% 以上，绝大多数群众网上投诉的信访事项得到及时有效解决。[②] A 市信访局 2014 年自主创新研发了“和谐信访信息化管理系统”，对接国家信访信息系统，旨在利用信息化技术开发网络平台受理信访，减少走访数量。一年中，市、区两级信访部门共受理网上信访 7485 件，占市、区信访总量的 29%，信访比重呈现“网升访降”的新变化，一定程度上发挥了分流、减少上访的作用。但仍然要认识到，对于信访人而言，网上信访能否成为其首选，关键看政府是否充分履行了回应义务的责任。只有让信访人及时收悉政府有关部门对其信访诉求的回应，充分保障信访人与相关部门对话权、异议权，让信访人感受到信访诉求问题能够得到切实的解决或重视，网上信访平台才能真正成为群众诉求表达的主渠道。

---

① 晏晓娟：《政府回应机制的创新：从回应性到回应力》，《重庆社会科学》2015 年第 4 期。

② 《信访制度改革再次吹响号角：聚焦三大领域》，人民网，发布时间：2015 年 7 月 25 日，http://www.chinanews.com/ll/2015/07-25/7427189.shtml，最后访问时间：2017 年 12 月 27 日。

法治与共治：社会治理新模式*

张海波**

党的十八大以后，中央提出“全面建成小康社会、全面深化改革、全面依法治国、全面从严治党”的治国纲领，作为国家治理制度重要组成部分的信访制度也迎来了全面改革的“政策窗口”（policy window）。在此之前，党的十六届四中全会正式提出“社会管理创新”战略，信访制度改革成为社会管理创新的重要组成部分。经过十年的发展，信访制度改革已经取得了一些成绩，如江苏淮安“阳光信访”作为网络信访的样本在全国范围内推广，这也为信访制度的全面改革提供了基础。

在前期研究中，笔者曾对社会管理创新与信访制度改革的关系进行了论述。① 作为后续发展，本文将集中讨论“四个全面”与信访制度改革的关系，主要讨论三个问题：第一，从社会管理创新到“四个全面”，信访制度改革的动力机制有何变化？第二，信访制度改革的内在逻辑有何变化？第三，在“四个全面”的要求下，信访制度改革的总体目标和政策框架是什么？

---

* 教育部人文社会科学青年项目“群体性事件源头治理研究”（12YJC810036）中期成果。原载于《南京社会科学》2016 年第 2 期，原文标题为《全面改革窗口期的信访制度改革》。

** 张海波，南京大学政府管理学院教授、博士生导师，南京大学社会风险与公共危机管理研究中心研究员。

① 张海波、童星：《社会管理创新与信访制度改革》，《天津社会科学》2012 年第 3 期。

一　从社会管理创新到“四个全面”：信访制度改革动力机制的演进

无论是社会管理创新时期，还是“四个全面”时期，信访制度作为中国政治制度的重要组成部分，其改革都是自上而下的，动力都主要来源于中央的政策推动。其中，在社会管理创新时期，中央对社会管理创新有三次重要的政策推动，每一次都在一定程度上推动了信访制度的改革。

第一次是2004年十六届四中全会，首次提出了“社会管理体制创新”的战略。十六届四中全会公报《中共中央关于加强党的执政能力建设的决定》第七部分的总体思想是“坚持最广泛最充分地调动一切积极因素，不断提高构建社会主义和谐社会的能力”，共包括五条，其中四条都与信访制度改革直接或间接相关。例如，第二条为“妥善协调各方面的利益关系，正确处理人民内部矛盾”，要求“健全正确处理人民内部矛盾的工作机制，完善信访工作责任制，综合运用政策、法律、经济和行政等手段和教育、协商、调解等方法，依法及时合理地处理群众反映的问题”；第三条为“加强社会建设与管理，推进社会管理体制创新”，要求“建立健全党委领导、政府负责、社会协同、公众参与的社会管理格局”；第四条为“健全工作机制，维护社会稳定”，要求“建立社会舆情汇集与分析机制，畅通社情民意反映渠道”；第五条为“坚持党的群众路线，加强和改进新形势下的群众工作”，要求“各级领导干部要深入基层，倾听群众呼声，关心群众疾苦，以群众关心的热点和难点问题为工作重点”。[①]

根据中央“社会管理体制创新”的战略要求，国务院于2005年启动了《信访条例》的修订。相比于已经废止的1995年的《信访条例》，2005年出台的《信访条例》在信访制度的体制和机制方面进行了改革，其中较为显著的转变包括：[②] 1）变归口管理为属地管理；2）赋予信访部门提出改进建

---

① 《中共中央关于加强党的执政能力建设的决定》，新华网，发布时间：2004年9月27日。http://news.xinhuanet.com/zhengfu/2004-09/27/content_2027021.htm，最后访问日期：2015年9月20日。

② 参见中华人民共和国国务院《信访条例》，1995；中华人民共和国国务院《信访条例》，2005。

议权、行政处分建议权、完善政策解决问题建议权等三项全新职权；3）新增畅通信访渠道一章，将建立信访信息系统、领导接待日、领导下访、社会参与化解纠纷等明确写入《信访条例》；4）规范信访行为，禁止围堵、冲击国家机关、拦截公务车辆等六类行为，提倡逐级走访，对越级上访不予受理，集体走访应推选代表，且代表不超过5人；5）由“一次办理、两次复查（原办理机构复查一次，原办理机构的上级机构复查一次）、两级终结”到“一次办理，两次复查（办理机构的上一级行政机关复查一次，办理机构的上两级行政机构复核一次）、三级终结”。

根据2005年的《信访条例》，地方信访部门开始尝试改革，其中以江苏淮安通过“阳光信访”畅通信访渠道的制度创新最为典型。2005年5月1日起，修订的《信访条例》开始实行，其中第十一条规定：国家信访工作机构充分利用现有政务信息网络资源，建立全国信访信息系统，为信访人在当地提出信访事项、查询信访事项办理情况提供便利。县级以上地方人民政府应当充分利用现有政务信息网络资源，建立或者确定本行政区域的信访信息系统，并与上级人民政府、政府有关部门、下级人民政府的信访信息系统实现互联互通。2007年3月10日，中央办公厅发布《关于进一步加强新时期信访工作的意见》，提出通过开通信访绿色邮政、专线电话、网上信访等多种渠道，引导群众更多地以书信、传真、电子邮件等书面形式表达诉求，确保民情、民意、民智顺畅上达。建立全国信访信息系统，设立国家投诉受理中心，为群众反映问题、提出意见建议、查询办理情况提供便利条件，为督查信访工作提供工作平台，确保群众诉求得到及时反映和有效处理。[①] 2007年1月，江苏省淮安市在全国率先自主研发了集信访投诉、查询、服务、督办、分析、管理等功能于一体的“阳光信访”综合服务管理系统。经过十年的实践，“阳光信访”效果显著。2014年4月11日，全国网上信访现场推进会在江苏淮安召开，将畅通信访渠道的“淮安经验”推广至全国信访系统。[②]

① 中共中央办公厅：《关于进一步加强新时期信访工作的意见》，中办发〔2007〕5号文件。

② 《全国网上信访工作现场推进会在江苏淮安召开》，人民网，发布时间：2014年4月14日，http://politics.people.com.cn/n/2014/0414/c1001-24892052.html，最后访问日期：2017年12月10日。

第二次是2007年党的十七大，要求健全基层社会管理体制，倡导党和政府主导维权。党的十七大报告第八章的总体思想是“加快推进以改善民生为重点的社会建设”，其中第六条提出“要健全党委领导、政府负责、社会协同、公众参与的社会管理格局，健全基层社会管理体制”，“妥善处理人民内部矛盾，完善信访制度，健全党和政府主导的维护群众权益机制”。[①]相比于党的十六届四中全会的报告，党的十七大报告对社会管理创新和信访制度改革的表述主要有两点变化：一是关口进一步前移，要求健全基层社会管理体制；二是要求党和政府来主导维权。

在健全基层社会管理体制上，广东佛山南海区推行的柔性社会管理探索有一定的代表性。[②] 2011年5月，佛山市南海区出台《关于加强和创新基层社会管理工作的意见（征求意见稿）》，设立城乡统筹部，减少因公共服务不均引发的社会冲突；撤并镇街下属办事处成立社会管理处，弱化街道的经济职能，强化街道的维权角色；购买第三方社会服务，柔性化解社会矛盾。[③]

在党和政府主导维权方面，河南义马探索了“信访扩权”。[④] 2005年1月，义马市撤销信访局，成立群众工作局。群众工作局被赋予四项权力：直接交办督办权、重大决策评估权、社会建设指导权、考核奖惩建议权，在保留原信访局职能的基础上，同时整合了与信访密切相关的民政、司法、国土、公安、城建等部门的部分职能。这些部门每天派出领导值班，现场答复群众诉求。2006年9月，群众工作局改组为市委群工部，由政府序列转为党委序列；同时恢复信访局的挂牌，与群工部合署办公。2009年11月，群工部再次扩权，由市委常委、政法委书记兼任部长。“信访扩权”的

---

① 《胡锦涛在党的十七大上的报告》，新华网，发布时间：2007年10月24日，http://news.xinhuanet.com/newscenter/2007－10/24/content_6938568.htm，最后访问日期：2008年1月20日。

② 张海波：《柔性社会管理》，《中国行政管理》2012年第6期。

③ 《柔性化社会管理的南海样本》，佛山新闻网，发布时间：2010年6月17日，http://www.citygf.com/FSNews/FS_002003/FS_002003002/201106/t20110617_1754356.html，最后访问日期：2018年1月20日。

④ 义马的“信访扩权”虽然自2005年就开始了，但从其实际做法来看，群众工作部的机构设置和职能范围都已经超越了2005年的国务院《信访条例》，更加符合党的十七大报告所强调的党委和政府要主导维权的要求。

后果毁誉参半：一方面，短期效果明显，得到国家层面的肯定；[①]另一方面，强化了对行政权力的依赖，遭到了学界的批评。[②]

第三次是2011年的省部级干部提高构建社会主义和谐社会能力专题研讨班，要求提升社会管理的科学化水平。胡锦涛在2月19日开班式上的讲话明确了加强和创新社会管理的意义、总目标、总要求和突破口等重大问题，其中与信访制度直接相关的是提升社会管理科学化水平8点意见的第二条，“进一步加强和完善党和政府主导的维护群众权益机制，形成科学有效的利益协调机制、诉求表达机制、矛盾调处机制、权益保障机制，统筹协调各方面利益关系，加强社会矛盾源头治理，妥善处理人民内部矛盾，坚决纠正损害群众利益的不正之风，切实维护群众合法权益。”[③]在这一年，加强和创新社会管理被写入各级政府“十二五”规划。

在社会管理的实践中，社会稳定风险评估最能体现社会管理的科学化水平，虽然并不由信访部门主导，但它能够直接减少社会矛盾的生成，从源头上降低信访总量。社会稳定风险评估虽然早在2005年就由四川遂宁先行探索，但在全国范围内得到推广却是由2011年发布的《国民经济和社会发展第十二个五年规划纲要》所推动的，要求建立重大工程项目建设和重大政策制定的社会稳定风险评估。

党的十八大以后，信访制度改革的动力机制进一步扩展，随着“四个全面”的相继提出，信访制度迎来了全面改革的契机。2012年，十八大报告在第七部分“在改善和创新管理中加强社会建设”提出要“建设中国特色社会主义社会管理体系，加快形成党委领导、政府负责、社会协同、公众参与、法治保障的社会管理体制”。其中与信访制度直接相关的是第六条，要求“正确处理人民内部矛盾，建立健全党和政府主导的维护群众权

① 《马凯：不断探索以群众工作统揽信访工作之路》，新华网，发布时间：2010年5月10日，http://www.ha.xinhuanet.com/add/hnnews/2010－05/10/content_19737207.htm，最后访问日期：2011年4月10日。

② 《河南义马信访扩权上访人数减少 专家指偏离法制》，人民网，发布时间：2010年11月27日，http://politics.people.com.cn/GB/14562/13332356.html，最后访问日期：2017年12月10日。

③ 《胡锦涛：扎扎实实提高社会管理科学化水平》，新华网，2011年2月19日，中国在线，发布时间：2011年2月19日，http://www.china daily.com.cn/dfpd/2011-02/19/content_12045105，htm.，最后访问日期：2017年12月10日。

益机制，完善信访制度，完善人民调解、行政调解、司法调解联动的工作体系，畅通和规范群众诉求表达、利益协调、权益保障渠道。建立健全重大决策社会稳定风险评估机制”。[①]此外，党的十八大还提出了全面建成小康社会的目标；十八届三中全会提出全面深化改革的要求；十八届四中全会提出全面推进依法治国；2014 年 10 月 8 日，习近平总书记在群众路线教育实践总结大会上提出全面推进从严治党。2014 年 11 月，习近平总书记在福建考察提出“协调推进全面建成小康社会、全面深化改革、全面推进依法治国”的“三个全面”；2014 年 12 月，习近平总书记在江苏调研时提出“协调推进全面建成小康社会、全面深化改革、全面依法治国、全面从严治党”的“四个全面”。至此，“四个全面”成型，并成为新时期治国理政的纲领。相比于之前，十八大对社会管理创新和信访制度改革在“党委领导、政府负责、社会协同、公众参与”的要求中又新增了“法治保障”，这与全面依法治国的要求一致，也已经被涵盖进“四个全面”。

综合来看，从社会管理创新到“四个全面”，信访制度改革的动力机制实现了演进，可以从三个方面来理解。

第一，从局部改革到系统改革。社会管理创新的目标是社会管理改革，后者是社会体制单一维度的改革；“四个全面”则包括了政治体制、经济体制、社会体制等多个维度的改革。实际上，如果没有政治体制改革，社会体制改革很快就会碰到“天花板”。因此，在社会管理创新的背景下，信访制度改革的空间非常有限；在“四个全面”的背景下，尤其是政治体制改革，对信访制度改革更具决定意义。例如，进京上访本质上是中央和地方关系的非预期后果，涉诉涉法上访则是行政体系和司法体系的权力错位的结果。这些都不是仅通过社会体制改革能够解决的问题。

第二，从功能改革到结构改革。社会管理创新主要强调功能改革，是由于传统的社会管理模式无法应对新情况，因此需要进行功能拓展。因此，社会管理创新多为形式上的改革，通常是就事论事、治标不治本，能够推动社会体制改革的并不多见。“四个全面”则强调结构改革，通过结构改革来进行功能适应，需要实质上的改革，强调标本兼治。例如，从这个角度

① 《十八大报告（全文）》，新华网，发布时间：2012 年 11 月 19 日，http://www.xj.xinhuanet.com/2012－11/19/c_113722546.htm，最后访问日期：2012 年 12 月 19 日。

来看，即便是作为社会管理创新范例的“阳光信访”，也只是信访渠道等形式上的改革，对信访制度并没有根本的触动。

第三，从散点改革到协同改革。社会管理创新主要是散点改革，虽然“亮点”不少，但彼此孤立，甚至相互冲突，缺乏内在一致的逻辑，难以协同。从一地来看，社会管理创新推动社会管理体制改革确有可能；但从全国来看，由于改革逻辑缺乏内在一致性，社会管理创新很难协同推动社会体制改革。例如，河南义马的“信访扩权”与通过引入律师代理来化解涉诉涉法上访的改革完全背道而驰，这样的改革不可能形成内在逻辑一致的协同改革。“四个全面”强调系统改革，要求信访制度改革具有一致的内在逻辑，这也意味着信访制度改革需要“顶层设计”。

二　信访制度改革的内在逻辑

那么，信访制度改革是否可能有一致的内在逻辑？从信访制度当前面临的功能异化来看，不管现象层面如何纷杂，信访制度在过去十年的实践中表现出一个共同的逻辑，那就是权利救济功能的强化。这就意味着，信访制度改革可以有内在一致的逻辑，那就是弱化信访制度的权利救济功能。

首先来看一下信访制度的功能异化。在现象层面，信访制度的功能异化主要表现为以下四种。

第一，“信访不信法”。这是当前信访制度被诟病的首要问题，主要表现为信访结果推翻司法判决。这显然与现代法治精神背道而驰。这主要是因为行政权力扮演了信访事项的最终裁决机制。在 2005 年的《信访条例》中，领导干部接待日、下访成为明文规定，这虽然可以在短期内提升社会矛盾化解的力度和效率，但它的非预期后果是导致了权利救济功能的强化。党政干部在面对具体的利益诉求时，很难排除个人情感的干扰，也可能会受到传统人治思维的影响，往往会选择通过行政批示的方式满足上访人的权利诉求，甚至包括对已经过司法判决的信访事项做出行政批示。当然，“信访不信法”与司法系统权威不高也有很大关系。“信访不信法”不仅严重干扰了司法权威，也使得信访制度陷入第一个“死循环”：上访→批示→进一步上访……

第二，“不闹不解决，小闹小解决，大闹大解决”。这也是当前信访制度被诟病的主要问题，主要体现为集体上访、越级上访、进京上访三种形式。集体上访往往可以造成“人多势众”的压力，迫使信访部门更加重视。虽然2005年《信访条例》规定集体上访必须推选不超过5人为代表；但在实践中，一旦造成集体上访，便很容易形成勒庞（Gustave Le Bon）所说的“乌合之众”的集体无理性，导致事态失控，诱发大规模群体性事件。[①] 按照2005年《信访条例》的规定，越级上访虽然不被受理，但可以通过信访登记排名考核来传递压力，迫使地方信访更加重视。进京上访是越级上访的特例，由于北京具有首都的政治含义，在信访登记排名考核的压力下，减少进京上访成为地方信访部门工作的重中之重。在进京上访中，还有一类更为棘手的上访——进京“非访”，主要是指到天安门等政治敏感地区的上访，由于目前的《信访条例》和《治安管理处罚法》对此类行为都缺乏明确规定，因此，既不能按照信访行为来处理，也无法按照违法行为来处理。一旦发生进京上访，地方信访部门必须进行接访（接回，并非信访接待）。相比常规上访行为，集体上访、越级上访、进京上访都属于“闹大”的行为，给地方信访部门造成巨大的压力，对这三种形式的上访行为更加重视，优先解决，这导致信访制度陷入了第二个“死循环”：闹大→重视→进一步闹大……

第三，“职业上访”与“花钱买平安”。这是同一个逻辑的两面：对于上访人而言，既然可以“信访不信法”，“不闹不解决，小闹小解决，大闹大解决”，一旦上访的预期收益超过上访的成本，职业上访便会成为理性选择；对于地方信访部门而言，既然不可能从根本上解决信访问题，就只能“花钱买平安”，这又会进一步鼓励职业上访，这就形成了第三个“死循环”：职业上访→花钱买平安→更多的职业上访。当然，“花钱买平安”是地方信访部门的普遍做法，并不仅仅针对职业上访，但却鼓励了职业上访，二者之间确实形成了相互强化的关系。

第四，“拦访截访”与“以气抗争”。这也是同一个逻辑的两面：对于信访部门而言，由于很多信访问题是由于权力结构或政策原因造成，信访

---

① 古斯塔夫·勒庞：《乌合之众》，冯克利译，广西师范大学出版社，2007，第85页。

部门无力从根本上化解矛盾，在上级部门信访登记排名考核的压力下，可能催生拦访、截访等行为，反而激化社会矛盾；对于上访人而言，拦访、截访可能使他们正当的信访权利受到损害，最初的信访诉求让位于“以气抗争”的信访诉求。[①] 这就形成了第四个“死循环”：拦访、截访→以气抗争→拦访、截访……

由以上四种“死循环”可以预见，如果信访制度的功能异化得不到纠正，以信访制度来进行“维稳”必然导致“维稳悖论”——“越维稳，越不稳”。[②]这又可以分为两类：一是诱发型，主要指三种“死循环”所致的“维稳悖论”；二是激发型，主要指第四种“死循环”所致的“维稳悖论”。导致信访功能异化的深层原因是系统性的结构性改革的缺失，以至于权利救济作为应急方式大行其道。通过行政权力进行权利救济虽然在短期内有效，但长期来看则反而有害。此前启动的社会管理体制改革虽然是结构性改革，但由于改革力度小，也缺乏其他维度的治理结构改革的配套，所以收效甚微。

那么，按照结构功能主义的分析思路，上述四种功能异化的结构性原因在哪里呢？第一，“信访不信法”实际上是行政系统与司法系统关系的非预期后果，地方司法部门的人财物都由地方政府保障，地方政府通过行政权力干扰司法判决的情况时有发生，信访自然也不例外。第二，“不闹不解决，小闹小解决，大闹大解决”实际上是中央与地方关系的非预期后果，即通常所说的“地方公司主义”（Local Corporatism）。改革开放以来的“政绩锦标赛”使得新中国成立之后的中央与地方的关系发生了变化，地方政府更多地成为追求经济绩效的“公司”，中央对地方政府的政治控制能力减弱。[③] 2003 年以来的强调民生的改革导向使得中央政府需要重新考虑如何激励地方政府保持追求经济增长和提高民生福祉的平衡，以信访登记排名为核心的考核制度使得信访成为中央政府可以监测地方政府的治理效果，加强中央政府的政治控制能力。此外，在集权制政治体系（centralized political

---

① 应星：《“气”与抗争政治：当代中国乡村社会稳定问题研究》，社会科学文献出版社，2011。

② 张海波、童星：《社会管理创新与信访制度改革》，《天津社会科学》2012 年第 3 期。

③ 周黎安：《转型中的地方政府：官员激励与治理》，格致出版社，2008。

system）中，中央政府和地方政府职责同构[①]，政府能力必然呈现逐层递减，中央政府能力最强，地方政府能力最弱，这也是导致越级上访和进京上访的结构性原因。第三，进京“非访”则是信访部门和公安部门之间权力关系的非预期后果。一旦二者的权力关系得以厘清，上访行为就是上访行为，非法行为就是非法行为，并不存在进京“非访”的模糊定义。第四，“职业上访”、“花钱买平安”则主要是地方信访部门与地方政府之间关系的非预期后果，相比于政府职能部门，信访部门处于弱势，虽不是“麻烦”的制造者，但不得不将这些“麻烦”全部兜底，只能采取“花钱买平安”的方式。在很大程度上，地方信访部门实际上充当了转型期地方政府推进各项政策的“救火队”的角色。第五，“拦访截访”与“以气抗争”则是信访系统内部层级关系的非预期后果，上级信访部门对下级信访部门的排名登记考核迫使下级信访部门寻求拦访、截访等替代策略。

因此，要破解信访制度的功能异化，就需要弱化信访制度的权利救济功能，从社会管理创新转向“四个全面”，推动系统性的结构性改革。这就是信访制度改革内在的一致性逻辑。

三　信访制度改革的总体目标与政策框架

如果将“四个全面”作为新时期中国改革开放的“顶层设计”，信访制度改革的总体目标就是通过系统性的结构性改革来破解信访制度的功能异化，与所有信访制度有关的改革都应该朝向这一总体目标，做到时机协同和逻辑一致。在政策框架的设计上，本文从功能定位（Function Setting）、结构调整（Structure Adjustment）、机制重构（Mechanism Redesign）、法制保障（Law Enforcement）等四个维度提出一个“四位一体”的“F-S-M-L”信访制度全面改革模型。

（一）功能定位

首先，信访制度的功能定位需要考虑当前转型期的阶段性特征。从法

① 朱光磊：《“职责同构”批判》，《北京大学学报》2005年第1期。

治社会的发展趋势来看，当前意义上的信访制度终将改变，社会矛盾主要应该通过法律渠道解决，这一点不应该有疑义；然而，从中国转型期的阶段性特征来看，立即废除信访制度并不现实。这是因为，造成当前社会矛盾的原因并没有消除，短期之内也无法彻底消除；政府的权力架构也没有发生变化，短期之内也不会发生重大变化；因此，利益受到损害的民众仍然会采取同样的方式要求政府回应，政府也不可能坐视不理，即便废除了信访制度，也会催生与信访类似的制度，简单废除信访制度是治标不治本。

什么是当前转型期的阶段性特征？这就需要科学分析信访诉求的构成与变化趋势。根据原因来划分，信访诉求的主体大致可以分为三类：一是政策类，主要指由于政策一刀切、不连续、不统筹、不开放等原因造成的上访，多发生于征地拆迁、企业转制等领域，这与中国高速的城市化和市场经济建设有关；二是行为类，主要指由于行政职能部门或执法部门行政不作为、乱作为等原因而造成的上访，也包括信访部门自身的行政不作为、乱作为，这与中国的政府职能转变有关；三是参政类，主要指上访人提出的建议和意见，这与中国的政治制度有关。这三类问题都是中国转型期的长期问题，也都处于进行时，短期之内无法一步到位。然而，这也并不意味着信访部门就应该毫无作为。实际上，这三类问题分别对应于2005年《信访条例》赋予信访部门的三项权力：完善政策解决问题建议权、行政处分建议权、提出改进建议权。因此，从功能定位上来看，信访制度可以回归2005年《信访条例》。

其次，信访制度的功能定位需要考虑中国政府的机构设置。从功能定位来看，信访部门承担的功能确实与其他相关部门有重合之处。例如，政府政策研究室、社科院等机构也具备完善政策解决问题建议权，纪委、政府监察部门也具有行政处分建议权，政协、人大也都有提出改进建议权。这一方面显示信访部门的功能具有替代性，另一方面也说明没有任何单一部门可以完全替代信访部门的职能。从功能相似的角度来看，将信访部门划归人大的建议最具可行性。[①] 人大既是立法机构，又是权力监督机构，也是政治参与的主要渠道，信访部门具备的三项建议权人大全部具备。然而，

① 于建嵘：《抗争性政治：中国政治社会学基本问题》，人民出版社，2010。

将信访部门并入人大在短期也不具有可操作性，因为地方人大代表主要仍由政府职能部门的主要领导构成，难以自己监督自己。另一种方案是撤销信访部门，将信访部门的三项建议权分解到政策研究、纪检监察等部门，这只是换了形式的信访制度，不仅无益于问题的解决，反而导致信访的分散，也不利于对信访诉求信息进行科学的分析。第三种方案是采取“谁惹麻烦谁负责”的方式。这实际上是从2005年《信访条例》的属地管理退回至1995年《信访条例》规定的归口管理，但如何监督归口管理部门，这也需要对政府权力的配置结构进行重大改革。

再次，信访制度的功能定位需要考虑中国的政治制度。改革开放以后，中国社会在三个层面出现分化：一是个体层面，从吃“大锅饭”到“一部分人先富起来”，首先形成了个体之间的贫富分化；二是在群体层面，得利群体总是得利，受损群体一再受损；三是在阶层层面，数量庞大的工人阶层和农民阶层处于社会低层①。如果承认中国当前的社会矛盾主要是人民内部矛盾，大部分的信访诉求都是合理的，信访矛盾的根源就在于基层群众的利益没有得到充分的照顾和尊重。“四个全面”的第一个全面就是全面建成小康社会，这就是要让工人阶层和农民阶层等基层民众从经济发展和改革中更多获利，充分照顾和尊重他们的利益诉求。信访人群多是在改革中利益受损的工人和农民。在中国现行的政治制度中，基层群众政治参与和利益诉求的渠道本就不多，简单废除信访制度无异于彻底堵死了基层群众的政治参与和利益表达。中国的社会矛盾总体上是反应性大于主动性，上访多数是利益受损后迫不得已的行为。② 这种被动的政治参与如果不能在制度内得到吸纳，就有可能被推到制度外，诱发群体性事件。③

综合来看，信访制度虽有负面功能，但也有正面功能，不宜简单废除。信访制度的全面改革需要根据中国转型期的阶段性特征、政府架构和政治制度，对信访制度重新进行功能定位。简而言之，信访制度的功能应从权利救济转向民意汲取，加强对信访诉求的收集、分析与利用，推动政策的精细化、连续性与系统性，加强行政执法行为的规范性，提升底层民众的

---

① 陆学艺：《当代中国社会阶层研究报告》，社会科学文献出版社，2001，第9～26页。

② 于建嵘：《抗争性政治：中国政治社会学基本问题》，人民出版社，2010。

③ 张海波、童星：《当前中国社会矛盾的内涵、结构与形式》，《中州学刊》2012年第5期。

政治参与，这样既不超出2005年《信访条例》赋予的三项建议权，避免干扰依法治国，也能对现行的政治和行政制度形成有益的补充。

（二）结构优化

在"四个全面"的推动下，信访制度的全面改革需要跳出信访制度，推动治理结构的优化，消除造成信访制度功能异化的结构基础。

一是中央与地方关系的优化。中国过去三十年的高速发展使得生态与环境的承载能力已经饱和，随着经济发展进入新常态，政府的经济发展职能将会减弱，而公共服务职能需要大力增强。由于中国经济结构的核心实质上是中央与地方关系，经济发展进入新常态也意味着中央与地方关系的转变，随着财税体制改革的推进，中央政府应重新设定政绩考核标准，激励地方政府将更多地致力于公共服务和民生事业，而非片面强调经济发展。这虽然不能解决全部的问题，但可以减少地方政府片面追求经济发展而忽视民生诉求的情况。

二是行政与司法关系的优化。在现行的权力架构下，司法与行政的关系虽无法绝对独立，但要使地方司法部门独立行使司法权。这样，地方法院在受理针对地方政府具体行政行为的起诉时就不容易受到地方政府干扰，地方政府及其行政部门败诉的概率就会增大，从根本上减少政府职能部门或行政执法部门因行政不作为或乱作为而引发的上访。

三是信访部门与地方政府关系的优化。信访部门不应该只作为事后解决"麻烦"的部门，而应该充分发挥三项建议权，介入重大政策制定与社会稳定风险评估，甚至可以考虑将社会稳定风险评估的职能转移至信访部门。

四是信访部门与公安部门关系的优化。在法律上明确界定和区分上访行为与违法行为，消除"非访"模糊地带。属于上访行为的，由信访部门处理；属于违法行为的，由公安部门处理。

五是上级信访部门与下级信访部门关系的优化。信访登记排名考核已经异化，导致地方信访部门更可能采取拦访、截访等行为来减少上访登记，负面作用大于正面功能，应予以废止。

（三）机制调整

信访制度的功能从权利救济转向民意汲取需要对信访制度的运行机制

做出重新设计，主要调整七项机制。

第一，废除接访制度。接访制度虽然可以提高信访矛盾化解的力度和效率，但本质上是通过行政权力来化解矛盾，是对信访制度权利救济功能的强化。因此，应全面废除党政领导接访制度以及下访、包案等其他形式的接访。

第二，发展网络信访。大力发展网络信访，健全基层信访部门的网络接入，加强公众对网络信访的知晓程度。赋予网络信访优先地位，将信访接待从个体化的利益诉求转向集体化的民意汲取，及时汇总、科学分析网络信访背后的政策原因、行为原因和参与诉求，充分发挥信访制度的三项建议权。加强对网络信访数据的分析，发展网络信访的社会矛盾预警功能和满意度评价功能，发掘网络信访在维护社会稳定上的潜力。

第三，规范信访流程。加强信访部门能力建设，确保信访办理流程规范，减少信访部门自身的行政不作为、乱作为。建立首访责任制，将信访办理责任明确到人，终身问责，加强信访办理的责任意识，减少信访办理中的消极懈怠、玩忽职守和违法行为。

第四，加强诉求分析。在信访部门内部设立诉求分析部门，强化信访诉求的收集、分析与利用，弱化信访接待。引进专业技术人才，加强对信访数据的分析与利用，将信访数据分析与“互联网 +”和大数据相结合。加强对信访数据的利用，将信访数据作为政策制定、绩效考核的重要依据。

第五，推行信访代理。引入律师、社工等第三方代理服务，所有涉诉涉法上访均由律师进行代理，不再受理已经司法终结的信访诉求，通过法律援助和社工包案加强对弱势人群的帮助。

第六，鼓励逐级走访。国家信访部门不再受理具体的信访事项，设立区域督察中心，重点转向信访办理的督察，将信访办理督察常态化。省、市、县三级信访部门实行逐级走访，取消对越级上访、进京上访的排名考核或排名通报，废除省、市、县三级信访部门的接访（接回，并非信访接待）制度。

第七，建立听证制度。对于已经三级终结的信访案例，建立公开听证制度，合法予以终结，消除职业上访。

（四）法制保障

为推动信访制度的全面改革，迫切需要制定《信访法》。2005 年国务院出台的《信访条例》不是法律，既不能有效规范信访人的上访行为和信访部门的办理行为，也不能保障信访部门信访三项建议权的权威，不利于弱化信访制度的权利救济功能。而且，2005 年国务院《信访条例》的许多规定已经过时，不能适应形势发展的要求。总体来看，制定《信访法》应该注意两个问题。

第一，对2005 年《信访条例》的吸收与纠正。2005 年《信访条例》中被证明行之有效的制度和做法，《信访法》可以吸收。例如，对信访事项实行属地管理，健全信访信息系统等。与此同时，一些不合时宜的规定应该及时废止。例如，对越级上访、进京上访的规定，对领导接待日、下访的规定等。

第二，与《治安管理处罚法》的衔接。《信访法》要明确界定信访行为的边界，对于已经涉嫌违反《治安管理处罚法》，不纳入《信访法》。对于不违反《治安管理处罚法》的行为，应该明确为信访行为。只要是信访行为，就不应该予以禁止。对于涉嫌违反《治安管理处罚法》但《治安管理处罚法》并未明确的行为，可以建议《治安管理处罚法》在修订时予以考虑。

第三篇　决策参考

社会矛盾研究智库建设进展与建议

彭华民*

一　中国智库发展政策支持与阶段特征

在中国特色社会主义发展的具体语境下，智库主要是指以公共政策为研究对象，以影响政府决策为研究目标，以公共利益为研究导向，以社会责任为研究准则的专业研究机构。中国智库是国家“软实力”和“话语权”的重要组成部分，对政府决策、企业发展、社会舆论与公共知识传播具有深刻影响。从组织形式和机构属性上看，智库既可以是具有政府背景的公共研究机构，也可以是不具有政府背景或具有准政府背景的私营研究机构；既可以是营利性研究机构，也可以是非营利性机构①。中国特色新型智库的发展过程既应当符合智库发展的一般规律，又必须立足“中国元素”、“中国语境”、“中国特色”，结合中国智库的成长环境与演化特点，确定相应的分类标准。

改革开放以来，中国智库大致经历了五个发展阶段，呈现波浪式增长

---

* 彭华民，南京大学社会学院教授、博士生导师，南京信访智囊协会副会长。

① 刘潇潇：《中国三种主要智库的发展及改革思路》，《中国社会科学评价》2015 年第 4 期；牛文元：《现代思想库建设的战略内涵》，《中国科学院院刊》2014 年第 6 期。

态势①：第一阶段是20世纪80年代改革开放伊始到改革进入攻坚阶段（1977~1987年），主要特点是智库体系初步建立，标志性事件和特点是1977年中国社会科学院成立，党政军智库和社会科学院得到迅速发展；第二阶段从20世纪80年代下半期到90年代初邓小平南方谈话前后（1988~1993年），主要特点是智库体系多元发展，标志性事件是中国最早的一批民间智库成立；第三阶段是从20世纪90年代中期到党的十六大召开（1994~2002年），主要特点是智库体系基本形成，标志性事件是以北京大学中国经济研究中心为代表的大学智库兴起；第四阶段是党的十六大以后到党的十八大前夕（2003~2012年），主要特点是智库体系进入转型发展阶段，标志性事件是社科院系统明确实现功能转型、确立智库定位，以及民间智库再次大发展；第五阶段是党的十八大召开以来（2013年至今），主要特点是智库体系创新发展，标志性事件是高校明确提出繁荣发展高校哲学社会科学、推动中国特色新型智库建设。总体上，中国智库从幕后走向台前，其演化动力内生于改革进程、政策需求、媒体推动、国际合作与世界形势的变化以及智库组织形态与运行规则的改变，存在着广阔的发展空间。

（一）改革开放的巨大推动：伟大实践是发展的内在动力

中国智库的发展是随着改革开放进程的逐步深入而不断发展。改革开放之前，由于特殊的历史原因，中国没有真正意义上的智库，哲学社会科学研究机构在政府决策中发挥的作用有限。改革开放以来，党和国家的发展方针、路线与改革的方案需要大量的政策智囊和研究分析者，一些智库研究成果在推动中国经济体制改革和社会发展方面发挥了重要作用。进入20世纪90年代中期以后，价格体制改革、投融资体制改革、财税体制改革以及国有企业改革等一系列改革问题，驱动中国智库进入又一波研究高峰。此时，智库关注的研究议题开始转向具体的专业化领域，其中既有学术研究、政策分析，又有企业咨询和商业规划等。与此相对应，中国智库类型

① 胡鞍钢：《建设中国特色新型智库：实践与总结》，《上海行政学院学报》2014年第2期；上海社科院智库研究项目组：《中国智库影响力的实证研究与政策建议》，《社会科学》2014年第4期；王战：《加快建设中国特色新型智库，推进国家治理能力现代化》，《全球化》2014年第10期。

也开始进入多元化发展阶段。21 世纪以来，随着改革开放的进一步深化，经济社会发展遇到的新问题与新挑战层出不穷。例如在气候治理、公共安全、食品安全、信息安全、城镇化和商业模式创新等公共政策形成方面，亟须智库专家专业意见的介入，由此产生了对智库发展的巨大需求。智库机构要为国家的各项决策提供智力支撑，为推进决策的科学化和民主化做出应有的智力贡献。

（二）党和政府的高度重视：民主决策、科学决策的现实需求当前，中国智库发展已上升为“国家战略”

大力推进智库建设，走中国特色新型智库发展道路，不仅符合国内经济社会发展阶段性的需要，也是提升国家“软实力”，在参与全球战略竞争中谋求新的比较优势的重大战略举措。进入 21 世纪以来，党和国家领导人多次对我国智库建设与发展提出新要求，明确了中国特色新型智库的发展方向。2004 年 1 月，《中共中央关于进一步繁荣发展哲学社会科学的意见》在党的历史上第一次以中共中央的名义明确指出，“党委和政府要经常向哲学社会科学界提出一些需要研究的重大问题，注意把哲学社会科学优秀成果运用于各项决策中，运用于解决改革发展稳定的突出问题，使哲学社会科学界成为党和政府工作的‘思想库’和‘智囊团’”。2005 年 5 月 19 日，胡锦涛同志主持中央政治局常委会议，听取了中国社会科学院的工作汇报，强调要“进一步办好社会科学院”。2006 年 11 月和 2007 年 7 月，先后在北京和上海召开第一、二届中国智库论坛，使中国智库有了自主发展的机会，彰显出中国智库寻求摆脱被动角色、自主发展的新气息。2009 年 6 月 17 日，温家宝在其主持召开的国务院常务会议上明确要求：“根据国内外经济形势变化和中长期发展需要，加强储备性政策的研究，提高宏观调控的前瞻性和针对性。”这是“储备性政策”一词首次进入大众视野。“储备性政策”是指针对未来可能出现的新情况和新问题，超前研究和拟定可供选择的政策。2011 年 10 月 18 日，党的十七届六中全会通过的《中共中央关于深化文化体制改革，推动社会主义文化大发展大繁荣若干重大问题的决定》，明确指出：“坚持以重大现实问题为主攻方向，加强全局性、战略性、前瞻性问题研究，加快哲学社会科学成果转化，更好服务经济社会发展。”2012 年，党的十八大提出了“坚持科学决策、民主决策、依法决策，健全决策机制和程序，发挥思想库作用”的新要求。2013 年 4 月，习近平总书记做出关于加强中国特色新型智库建设的重要批示，指出：“智库是国家软实力的重要组成部分，随着形势的发展，智库的作用会越来越大。要高度重视、积极探索中国特色新型智库的组织形式和管理形式。”党的十八届三中全会进一步强调要“加强中国特色新型智库建设，建立健全决策咨询智库”，为中国智库发展明确了方向。

二　中国智库的类型与创新特色分析

中国智库可划分为党政军智库、社会科学院智库、高校智库与民间智库四大类。它们在智库性质、组织形态、经费来源和研究方向上存在着一定的差别，这些差别是它们有别于彼此，并能在政策变迁过程中形成不同影响力和政策介入模式的基本原因①。

党政军智库。指通过立法或者行政组织条例组建的存在于党、政、军系列内部，为各级领导层提供决策服务的智库机构，多以党政机关和军队内部直属的决策咨询机构身份出现。其主要工作是通过内部渠道向领导人直接提供决策参考，在党和政府内部发挥决策“内脑”的职能。进一步来说，中国党政军智库在纵向上可以划分为中央和地方两个层面，如在中央层面有直接参与政策制定的发展与改革委员会宏观经济研究院、有负责起草政府工作报告的国务院研究室和国务院发展研究中心、有承担策划与宣传国务院重大决策和国家领导人执政理念的国家行政学院等“国字号”智库。地方层面则大体上参照中央智库的模式，如中央有国务院发展研究中心，各地就有地方人民政府发展研究中心；“国字号”智库中有国家行政学院，各地就有地方性的行政学院。这些都反映出中国行政体制的“条线”特点。而在横向上，中国党政军智库可以区分为发展研究中心、党校、干部学院、各部委办的附属研究机构以及军方智库等不同类别。

---

① 陈琴、蒋合领、王晴：《基于 CSSCI 的我国智库研究态势可视化分析》，《情报杂志》2015 年第 7 期；王振霞：《智库思想市场的功能、规制和管理创新》，《中国社会科学院研究生院学报》2015 年第 5 期。

社会科学院（简称社科院）智库。这是最具有中国特色的智库系列。从社科院系统的发展历程来看，1949 年中华人民共和国成立后，中国科学院成立了哲学社会科学学部，推动开展哲学社会科学研究。1957 年，中国科学院党组曾向中央提出单独成立哲学社会科学学部“分党组”的建议，并开始积极承担政策宣讲、建议、研究等职能。1958 年，上海在全国率先成立了地方社会科学院。1977 年，中国社会科学院在中国科学院哲学社会科学学部基础上成立。与此同时，各省、区市和一些地级市也纷纷创设地方社科院，逐渐形成了中国智库中的社科院系统。其鲜明特征是，名义上独立于政府体系，而实际上与政府部门有着千丝万缕的联系，是对政府政策的制定具有重要影响和推动作用的非政府机构。从经费来源角度看，社科院是由财政全额拨款或资助方式建立，通过项目委托等形式开展相关研究的政府咨询机构。从隶属关系上看，尽管得到政府的资助，但社科院又不直接隶属于政府，服务对象也不局限于政府机构，还可以服务于来自企业、行业协会、社会方面等的委托或咨询要求。

高校智库。即隶属于大学的从事政策研究和决策咨询的组织，这类智库是由大学单独或在其他机构、团体的协助下创建的。其经费主要来自校方的拨款和一些基金会、企业赞助或私人捐助，研究人员多为校内各学科的学者以及从其他大学和研究机构聘用的研究员，服务对象和研究课题亦相当广泛。由于这类智库一般没有权利和校外的独立法人签订合同，财务上不能独立核算，因此它们不属于独立法人智库，必须依附于所属大学。高校智库的优势主要是高层次人才集聚、学科领先且综合性强、资料丰富信息通畅，以及具有宽松的学术研究氛围等，这些优势往往能使得高校智库更易于产生创新性的思想、方法、成果和政策建议。

民间智库。民间智库主要是由民间出资组织并且体现社会公众呼声或者对政策需求的公共政策研究机构，大多由企业、私人或民间团体创设，在组织上独立于其他任何机构，且自筹经费。它们的研究人员大多由专家、学者或者前政府官员组成，可以自由选择服务对象和研究课题，规模大者设有专职人员队伍，规模小者除一些专职管理人员外，主要是根据课题的需要邀请各方面的专家和学者参加研究，组织形式相对比较松散。民间智库的声音大多围绕社会的公平与正义，希望政府的各项制度安排能够更多地倾向于社会底层成员。从经费来源角度看，民间智库可获得的政府资助占比较小，甚至不受政府财政支持，其经费大多来自大的基金会或企业赞助，但一般也能与政府部门保持密切的关系，甚至也有不少民间智库为政府决策咨询提供服务，因此，也能对具体部门的政策制定产生一定的影响。

三　建设信访与社会矛盾研究智库的紧迫性

2005 年《信访条例》颁布实施以来，国家期待发挥信访在民意传递、纠纷解决和维护社会稳定中的作用。然而，由于信访功能多元，不同功能实现途径和运作逻辑之间存在天然冲突，不仅削弱了各项功能的发挥，而且对司法、行政复议等法定解纷制度的运作形成干扰，一定程度上破坏了行政复议和司法裁判的权威，削弱政府和司法的公信力。毋庸讳言，信访的治理正普遍面临困境：信访总量与治理成本双双高企；而各级政府在信访上付出的努力和成本与社会满意度不成正比。信访工作体制机制改革成为一个迫切的命题。

信访制度改革的两个重点，一是信访的法治化改造；二是解决涉法涉诉信访问题，真正实现诉访分离。2014 年 3 月，中共中央办公厅、国务院办公厅印发《关于依法处理涉法涉诉信访问题的意见》，9 月，中央政法委印发《关于建立涉法涉诉信访事项导入法律程序工作机制的意见》、《关于建立涉法涉诉信访执法错误纠正和瑕疵补正机制的指导意见》、《关于健全涉法涉诉信访依法终结制度的实施意见》，启动了以涉法涉诉信访治理为突破口的信访改革，明确了改革涉法涉诉信访工作机制、依法处理涉法涉诉信访问题的总体思路，提出了诉访分离、法定途径分类化解、涉法涉诉信访事项导入司法程序和依法终结制度等改革举措。同时采取开通网上投诉、引导信访人依法逐级走访等创新信访工作方式。但是，改革推进过程中仍然有新的问题不断出现，大多是涉及体制、机制等深层次的问题。信访制度改革进入深水区，必须依靠顶层设计整体推进。而顶层设计需建立在扎实的理论研究成果基础之上，具体的对策建议也需要理论指导和论证。更重要的是，涉及体制机制的改革难免会超越现行的法律法规或与之发生冲突。党的十八届四中全会发布的《中共中央关于全面推进依法治国若干重大问题的决定》明确指出，要实现立法和改革决策相衔接，并做到重大改革于法有据，立法主动适应改革和经济社会发展需要。以法治思维，按照法治的规律研究探索信访制度改革之路是必然的要求。因此，进一步深化信访制度改革不仅需要信访系统工作人员的丰富经验和实践智慧，更需要专家学者们的理性思考和理论支撑。

江苏省处于经济发展和改革的前沿，社会结构转型和政策变迁引发的社会矛盾多发且解决难度大。这是导致全省信访工作压力一直居高不下的主要原因。为探索信访制度改革，研究江苏省社会矛盾的法治化治理，有必要尽快建立一个专门研究信访与社会矛盾的智库（以下简称“信访智库”）。信访智库建设的目的在于集中专家学者智慧和理论研究成果，为改革信访制度、化解社会矛盾提供决策参考，为破解信访工作现实难题提供思路和方案。信访智库不同于其他智库之处在于：以信访在化解社会矛盾纠纷方面面临的问题为导向，以信访制度的法治化改造和社会矛盾的有效解决为思路，集合信访部门、政法机关和高校法学、社会学、公共管理学等多学科研究力量协同攻关，围绕信访制度改革为党委政府决策提供智力支持。

四　成立信访与社会矛盾研究智库的可行性

（一）符合国家倡导的新型智库建设方向

2015 年初，中共中央办公厅、国务院办公厅印发了《关于加强中国特色新型智库建设的意见》（以下简称《意见》），明确指出中国特色新型智库是党和政府科学民主依法决策的重要支撑，是国家治理体系和治理能力现代化的重要内容，是国家软实力的重要组成部分。《意见》提出到 2020 年，统筹推进党政部门、社科院、党校行政学院、高校、军队、科研院所和企业、社会智库协调发展，形成定位明晰、特色鲜明、规模适度、布局合理的中国特色新型智库体系。据此，信访部门与高校联合，成立信访智库，既符合国家倡导方向，也是对中国特色新型智库体系的丰富。

（二）有成熟的省级智库平台可供依托

2015 年 7 月，江苏省成立了“江苏紫金传媒智库”。该智库由江苏省委宣传部牵头组建，由南京大学携手江苏省四大文化企业和传媒集团，整合南大社会学院、法学院、新闻传播学院、信息管理学院、政府管理学院等学科力量创建而成。目前，紫金传媒智库下设四个中心：舆论与社会心态研究中心、互联网与传媒发展研究中心、风险与公共危机研究中心及中国智库研究与评价中心。信访智库建设目标与该智库建设目标十分匹配，且研究的领域具有独立性，而且可以弥补上述四大中心的研究空白，其价值不可替代。基于上述考虑，南京市信访局牵头，联合南京大学法学院、社会学院，提出“信访与社会矛盾研究中心”的建设方案，申请纳入“紫金传媒智库”建设框架。

（三）南京市“信访专家智囊团”工作模式为智库建设奠定了良好的工作基础

2011 年 4 月，南京市信访局根据信访形势发展需要，创造性地采用第三方介入方式化解信访难题，在全国成立首个“预防和化解突出信访问题专家智囊团”。智囊团成员由南京大学、河海大学、省委党校、省社科院的高级专家学者组成，涉及社会学、心理学、法学、公共管理学等多个学科领域。2013 年 7 月，专家智囊团成长为独立的社团组织——南京市信访工作专家智囊协会（以下简称“协会”），在民政部门获得登记。协会成立两年来，与市信访局密切配合，在为政府决策咨询、建言献策方面做出卓有成效的工作。在第三方介入化解信访矛盾模式的构建和信访工作理论研究方面成果丰硕。比如，借助专家学者智囊资源和第三方身份优势建立起的一案一例信访矛盾介入制度，化解了 40 多件涉及面广、时间跨度长、久拖不决的疑难信访事项。再如，理论课题“柔性社会管理”、“社会矛盾化解多元化与新时期信访工作”获得省、市社科奖项，《进一步加强与完善信访制度的政策建议》一文被中宣部以《要报》形式呈送给党和国家领导人审阅，等等。经过四年多的互动协作，信访部门与高校院所之间形成成熟有效的沟通协作机制，这为信访智库建设打下了良好的基础。

（四）可开发的智力资源丰富

信访智库建设不仅需要多学科理论研究者的协同创新攻关，而且需要丰富的信访工作经验与实践智慧支撑。南京高校和科研院所云集，政法机关集中，市信访局在信访改革方面已经积累了相当丰富的成果。信访智库建设所需要的人力资源、调研资源和改革试点成果资源都十分丰富，亟待挖掘、开发、利用。

五　紫金传媒智库框架与信访智库运行模式

江苏紫金传媒智库是根据 2015 年初中共中央办公厅、国务院办公厅印发的《关于加强中国特色新型智库建设的意见》精神，以智库形式推进决策咨询制度、提升政府治理能力和增强国家软实力，为及时了解民情民生和公众社会心态的变迁，精准高效地向政府提供战略咨询，通过建构高校文化软实力来推动经济与社会发展的一项重要创新。

紫金智库依托部门。江苏省委宣传部与南京大学密切协作，整合社会学院、新闻传播学院、信息管理学院、政府管理学院、法学院等学科力量，与省内各大传媒集团、政府部门协同创新创建的智库。

紫金智库工作团队结构。下设五个相互渗透、密切协作的学部：舆论与社会心态研究中心、互联网与传媒发展研究中心、风险与公共危机研究中心、中国智库研究与评价中心、信访与社会矛盾研究中心。

紫金传媒智库以深入研究江苏为基础，逐步辐射全国，以把握社会心态、预警舆情问题、了望信息风险、建言政府决策、服务国家战略为宗旨，力争在三到五年内把自身打造成为长三角知名智库，五到十年内进入全国重点智库前列，并努力在十到二十年内跻身世界知名智库行列。

附件　信访与社会矛盾研究小组访谈提纲

1. 您的性别：　①男　　②女

2. 您的年龄：________周岁

3. 您的文化程度：

①小学及以下　②初中　③高中（职高）　④中专　⑤大专　⑥本科　⑦研究生

4. 您的政治面貌是：（　　）

①中共党员　②共青团员　③民主党派　④群众　⑤其他

5. 您从事信访工作的时间：________年

6. 您现在担任的职务是________

7. 您现在的主要职责是________

8. 您是否了解智库？您印象中的智库是从事哪些活动的？

9. 您认为智库重要的功能是什么？

（①为政府提供政策服务　②影响与引导公众　③专门性对策分析与建议　④吸引与储备人才）

10. 您认为建设化解社会矛盾的智库是否有必要？（追问：如果必要，原因是什么？如果不必要，原因是什么？）

11. 您认为建设化解社会矛盾的智库是否有利于推进信访工作改革发展？（追问：原因）

12. 您认为南京市化解社会矛盾的智库应该由哪些成员组成？

（①政府工作人员　②社区工作人员　③高校研究人员　④其他____）

13. 您认为智库参与信访工作是否可行？您认为智库应该如何参与信访工作？

14. 您认为智库对于解决信访工作中的困难能够在哪些方面起到作用？

15. 您认为现阶段南京市信访工作面对的主要问题有哪些？

16. 在您信访工作的经历中，您碰到的信访案例有哪些类型？您印象最深的信访案例是什么？

17. 您对南京市现阶段的信访工作有什么建议？

18. 您对化解社会矛盾智库的建设有何建议？

建立健全“六项制度”的建议

刘旺洪*

党的十八届三中全会《中共中央关于全面深化改革若干重大问题的决定》（以下简称《决定》）明确提出“把涉诉信访纳入法治轨道解决，建立涉法涉诉信访依法终结制度”。江苏省委也明确了依法解决涉诉信访案件的总的方向。江苏涉诉信访仍然处于高发态势，造成涉诉信访案件多发的原因十分复杂，必须进一步推动法院再审制度改革建立健全涉诉信访案件依法终结的具体司法机制。为此，应当确立以再审程序依法终结涉诉信访案件、推进法院再审体制改革、推进司法民主参与，用社会权威支撑司法权威的总体工作思路，深化信访案件体制改革，建立完备有效的信访案件工作机制。建议建立司法审判终结涉诉信访案件制度，取消涉诉信访的“领导包案”等非法治信访处置工作机制和方式；建立信访案件一次再审终结制度；完善法院再审程序制度；健全司法民主协商参与制度；健全裁判文书公开制度；建立对当事人说服教育工作制度等六项制度。

将涉法涉诉信访纳入法治轨道是改革我国信访工作制度，依法解决社会矛盾纠纷，推动我国信访法治化的重要举措，为我国涉诉信访案件的解决指明了方向，对于依法维护社会安全稳定、提高司法权威、推动社会治理的法治化具有重大意义。省委、省政府办公厅印发的《关于加强和创新群众工作促进信访突出问题解决的意见》要求依法处理涉诉信访问题，进一步明确了涉法涉诉信访案件解决的总体工作思路，指出：“改革涉法涉诉信访工作机制，实行诉访分离制度，把涉及民商事、行政、刑事等法律明

---

* 刘旺洪，江苏省社会科学院副院长，南京师范大学教授、博士生导师。

确规定有诉讼权利救济程序和途径的信访事项从普通信访体制中分离出来，由政法机关依法处理。直至案结事了或案件终结。”但如何妥善处理好涉法涉诉信访案件，做到依法公平合理解决纠纷，真正做到案结事了，需要进一步明确相关各方权利义务和责任，完善具体工作制度和工作机制。

一　江苏涉诉信访的基本状况

近年来，江苏涉诉信访案件有逐年下降的趋势，但仍然呈现高发态势，2013 年上半年有所上升（具体见表 1）。

表 1　江苏省 2010 ~ 2013 年上半年涉诉信访情况统计

年份	涉诉信访件次	与上年同比（%）	来信件次	与上年同比（%）	来访件次	与上年同比（%）
2010	43366	−14.5	21810	−6.23	21556	−21.51
2011	38727	−10.7	18644	−14.52	20083	−6.83
2012	35540	−8.23	16532	−11.33	19008	−5.35
2013（1 ~ 6 月）	17573	2.83	8278	1.92	9295	3.65

纵观近年来江苏涉诉信访案件的情况，具有如下特点。

1. 各类申诉、涉诉信访案件比重不平衡，数量有升有降

以 2013 年上半年为例，申诉案件 5050 件次，告诉类 2537 件次，非诉类案件 2313 件次，执行类案件 2861 件次，赔偿等其他类案件 4812 件次。与上年同期相比，告诉类、执行类案件分别下降 34.43% 和 2.32%，申诉、非诉、其他类型案件都有不同程度上升。涉诉申诉类案件 5050 件次，占全部申诉信访总数的 29%，比去年同期上升 8 个百分点；告诉类案件 2537 件次，占 14%，同比下降 9%。

2. 各大市涉诉信访有升有降

2013 年上半年，全省涉诉信访案件同期上升的有 8 个市法院，下降的有 5 个市法院。涉诉信访案件上升的有：南京 4.36%、无锡 6.42%、徐州

34.04%、常州5.68%、连云港180.13%、扬州15.35%、镇江2.94%、宿迁3.70%。下降的有：苏州8.48%、南通23.24%、淮安69.16%、盐城20.91%、泰州45.24%。由此可见，全省各市法院在司法公正、处置涉诉信访案件的情况严重不平衡。

3. 进京上访总体呈上升趋势，进京越级上访下降

2013年上半年全省法院共有进京正常上访547件次，比去年同期444件次相比上升了23.20%；进京越级上访324件次，比去年同期526件次减少了202件次，下降38.40%。这说明我省涉诉信访处置工作取得了一定成效，但一些长期难以解决的问题仍然未能解决。

4. 涉诉信访原因日益复杂，处理难度加大

通过近年来集中化解工作，全省解决了大量的涉诉信访案件，但遗留下来的信访积案多是疑难复杂的案件，其中部分已经经过最高人民法院甄别，或者经过省法院终结，相当比例的案件属于长期反复信访、缠访、闹访。

二　涉诉信访案件居高不下的原因

当前，我国信访案件多发的原因十分复杂，其中既有社会转型期社会利益关系复杂、社会矛盾冲突频发、解决难度较大等方面的客观原因，也有长期以来我们在信访工作理念、工作思路、工作机制方面存在的问题。把涉诉信访纳入法治轨道，建立信访依法终结制度，必须深入分析我国信访案件多发的原因，理性把握信访制度存在的问题，深刻反思用“维稳思维”、通过信访渠道解决问题在理念、方式上的偏差，有针对性地健全相关制度，完善信访案件工作机制。具体来说，当前，江苏省信访案件多发的原因主要有四个方面。

1. 确实存在部分案件裁判不公的问题

司法的生命在于公正，部分案件裁判不公污染了社会公平正义的水源，也导致了公民对司法的不信任。从一些案件的裁判文书看，确实存在裁判明显不公或存在明显的法律上的瑕疵问题。有的案件未按法定程序进行审理，公然违犯法定程序；有的案件违反证据规则，认定事实错误，法律关

系未能厘清；有的案件适用法律错误，导致明显不公；有的案件法律推理、法律论证出了问题，导致当事人不服。这些案件有的和司法腐败有关，有的是外部干预痕迹明显，有的与法官的专业水平、司法经验不足、能力不强有关。

2. 二审终审制度形同虚设

有些案件不断进行再审，甚至再审一二十次还在申请再审，不断信访，司法裁判的安定性不复存在，司法裁判的权威性荡然无存。我国实行二审终审制度，对一些特殊案件进行再审。但是，在司法权的实际运行中，有些案件不仅二审不能终结，甚至经过多次再审当事人仍然不服。曾经有一位当事人向笔者展示了他的13个裁判文书，仍然在上访。后来笔者在与政法系统的同志交流时谈到这个案件时，有人告诉笔者实际上有些案件已经审理了20多次，仍然无法案结事了，当事人不断上访。

3. 受“维稳思维”影响，用“领导包案”等非法治化方式解决涉诉信访导致更大的社会不公

由于受“维稳思维”的影响，前几年往往用“领导包案”、信访组织机构协调等方式解决信访案件，或者由政府、单位花钱买平安，或者用领导权力迫使一方当事人让步，结果使法院终审判决被实际改掉了，导致了更大的社会不公。

4. 社会对司法不信任

有的司法裁判本身总体上是公正的，并不存在司法不公的问题，但当事人和社会根本不相信法院的公正性，对法院的公正性持怀疑态度，长期反复信访和上访，甚至缠访、闹访。有些新闻媒体和网络舆论也推波助澜，客观上纵容社会滋生“闹事文化”、“痞子文化”。

三　建立健全涉诉信访依法终结制度的建议

针对上述问题，把涉诉信访纳入法治轨道，建立涉诉信访终结制度，必须按照党的十八届三中全会的《决定》和江苏省委确定的总的方向，确立以再审程序依法终结涉诉信访案件、推进法院再审体制改革、推进司法

民主参与，用社会权威支撑司法权威的总体工作思路，深化信访案件体制改革，建立完备有效的信访案件工作机制。健全这一工作机制应当遵循以下基本原则。第一，司法再审终结信访的原则。通过再审这一司法的自我纠错功能解决司法的不公问题，充分发挥司法最终解决社会矛盾的功能。第二，法官独立审判原则。通过司法再审机制改革在制度上保证法官独立办案，真正做到“让审理者裁判，由裁判者负责”。第三，责任追究原则。完善冤假错案的责任追究制度，依法严厉惩处司法腐败行为。第四，司法民主参与原则。让社会广泛参与涉诉信访案件的旁听、讨论和监督，借助社会权威树立司法权威。为此，应当建立健全以下六个方面的具体制度。

1. 建立司法审判终结涉诉信访案件制度

取消涉诉信访的“领导包案”、案外协调等非法治信访处置工作机制和方式。司法是社会公平正义的最后保障，涉及当事人对经过司法裁判不服的只能通过司法机制，即司法再审程序予以解决，任何组织和个人都不得未经司法程序改变司法终审裁判的结果，司法部门的信访机构也不得未经组成新的合议庭进行审理。信访部门受理的信访案件应当移交给原审上级法院信访机构，法院信访机构应当依法移交给审监庭进行再审。

2. 建立信访案件一次再审终结制度

所有对人民法院终审判决不服的信访案件一律重新组成合议庭进行一次再审，再审裁判做出后立即产生法律效力，当事人双方必须服从并执行，不得再进行信访。

3. 完善法院再审程序制度

新组成的再审合议庭对信访案件的再审对原审裁判和审理过程进行审查，全面审查案件事实、案件证据、争议焦点、法律适用、原审审理程序的合法性，确保事实认定、适用法律、利益权衡、审理程序的公正、合法、合理。对重大复杂的案件，由资深法官或者审监庭庭长担任审判长，特别重大复杂的案件由人民法院院长或者分管院长担任审判长，提高法庭的权威性。

4. 健全司法民主协商参与制度

涉诉信访案件再审除依法不得公开的审理外，一律公开审理。在审理过程中，法院应当广泛邀请相关党代会代表、人大代表、政协委员、法学专家、新闻记者、社区代表、当事人亲朋好友参与法庭旁听。庭审结束后，法院应当邀请各方代表对案件进行民主讨论，由法官对案件进行说理和解释，向参与讨论的人员说明该案的争议焦点、案件的事实认定、适用的相关法律、案件审理的程序制度、双方的诉讼权利和义务，对该案裁判的基本思路和初步方案，充分展示司法公正，争取最广泛的社会认同和支持，也给那些缠访、累访、闹访的人施加必要的社会压力。

5. 健全裁判文书公开制度

所有案件裁判文书，除依法不得公开的以外，一律在网络上全文公开。裁判文书公开后，人民法院应当就典型案件组织专家学者对裁判进行学理解读和评论，负责法制宣传的部门或者案件当事人所在社区应当组织社区居民或者单位人员，听取法官或者法学专家就案件裁判进行的讲解，并就案件进行公开讨论，促进涉诉案件依法解决与全民法制宣传教育有机结合。

6. 建立对当事人说服教育工作制度

裁判文书送达后，如果当事人仍然不服，坚持还要信访的，社区或者单位应当动员其亲朋好友对他进行说服教育，劝说其服判。通过说服教育当事人仍然坚持信访的，各级各类信访机构不再接访。当事人继续闹访，在上访过程中有过激行为的依法追究其相关法律责任，直至追究其拒不执行人民法院判决的罪责。

信访立法的目标与进展

陈小君*

党的十八届三中全会首次提出“国家治理”概念，把“推进国家治理体系和治理能力现代化”与“完善和发展中国特色社会主义”并列为全面深化改革的总目标。在这个大背景下，信访立法面临一些新的挑战和新的机遇，本文将从以下几个方面对信访立法的相关问题进行简要阐释。

一　站在国家治理的高度看信访制度改革

之所以要从“国家治理”这个高度来讨论信访问题，主要是因为“国家治理”与信访制度本身和法治化改革方向在很多方面存在着契合之处。

具体来说，我们发现20多年来，学术界研究信访问题大体经历了一个理念上从社会中心论到国家中心论，功能上从制度合法性到制度有效性，方法上从宏大叙事到本土化解释的转变，其所形成的主张，大致在取消、强化、整合三种观点中博弈，然而，这些研究成果对推动信访改革效用并不大，原因何在?

笔者认为，这很大程度上是因为既有的研究成果大多囿于信访本身，缺乏将信访问题置于整体国家治理变迁的视角下来审视与考察。信访问题的根源不在于信访制度设计本身。简言之，信访困局本质上是国

* 陈小君，中南财经政法大学教授、博士生导师。

家治理转型困境的缩影，信访制度在现实的政治运作中承担了国家治理转型的代价而积重难返。党的十八届三中全会提出“国家治理”概念，并以实现“治理体系与治理能力现代化”作为改革的总目标，十八届四中全会则从“依法治国”的角度强调了“推进国家治理体系和治理能力现代化”的目标。这一重大决策，为信访困局的解决提供了基本思路和方向，即信访问题的解决应放在“国家治理”和“依法治国”这两个大背景下进行。

二　信访制度存在的主要问题及原因

当前信访制度的主要问题可以归结为：信访制度在价值和理念上与国家治理理论的很多方面存在冲突。从某种意义上来说，信访制度是政治体制发展不成熟的产物，具有人治的色彩，而国家治理本质上是以法治为导向的治理，强调通过法治实现国家治理的制度安排与规则设置，国家治理体系最终应以法治化的形态呈现。在当前信访实践中，信访制度在价值和理念层面与国家治理理论之间的背离主要体现在如下几个方面。

第一，从制度设计的初衷看，权利救济并不是我国信访制度的主要目的或功能，但经过几十年，尤其是近 30 年的发展，该制度的权利救济功能实际已经得到了极大的扩展和加强，在现实的运作中严重消解着国家司法机关的权威。

第二，信访工作的实践创新办法异化了信访制度。比如领导干部大接访、下访、关口前移、定时接访、包案、带案督办等，上访民众从中获得相应收益，众口相传更是抬高了民众对于信访的期望，而信访解纷功能并没有随之提高，因此，必然加剧已经存在的紧张关系。

第三，信访制度无法发挥维护国家社会稳定的功效。新时期，当信访制度承担了国家治理转型的代价，并成为兜底性制度时，它被寄予了维护社会稳定的厚望。社会的稳定是改革开放事业得以持续发展的重要保障，然而，信访制度在维护社会稳定方面却存在难以克服的悖论。

三　信访立法是信访制度改革的必然要求

1995 年制定，2015 年修订的《信访条例》（以下简称《案例》）虽然使信访活动开始了“有法可依”的局面，但囿于其法律效力层级低，内容规定不完整且缺乏可操作性等方面的原因，《条例》在新形势下已经不能适应信访活动的需要。这里笔者就目前《条例》效力层级和协调性问题做具体简要说明。

就效力层级问题而言，目前指导我国信访活动效力最高的法律规范是 2005 年修订的《条例》，而《条例》只是一部行政法规，并非经全国人大通过立法程序制定出来的法律。这种效力层级较低的立法状况，一方面使部分国家机关从事信访工作之权力来源无实证法支持；另一方面也与党和国家对信访工作的高度重视极不相符。

就相互协调性而言，《条例》效力仅及于行政机关，地方信访条例则不及于地方人民代表大会等其他地方性国家机关，实践中经常会出现当事人权利因信访立法不统一、不协调，而无法实现的问题。例如，按信访复查、复核制度，对信访人不服省级人民代表大会所做出的信访事项决定的，其上一级复查、复核机关为谁？全国人民代表大会不是地方各级人民代表大会的上级机关且不受地方信访条例效力规范。

四　信访立法进展情况

应该说信访立法是信访研究团队共同参与、推动的结果。2011 年 1 月中南财经政法大学与北京市信访矛盾分析研究中心共同成立了“中国信访与社会稳定研究中心”（以下简称“研究中心”）。依据这个研究平台，在北京市信访矛盾分析研究中心的大力支持下，研究中心先后开展了“涉农信访与社会稳定”、“信访法治化”与“信访立法可行性与必要性研究”等重大课题的研究，为信访立法打下了坚实的基础。2014 年上半年，在国家信访局的牵头下，研究中心与全国各省、自治区、直辖市等地的信访局局长就信访立法问题进行了多次座谈。4 月 11 日，又邀请了全国研究信访的知名学者，召开了“信访立法专家座谈会”。在这些前期研究和准备的基础上，2014 年底中心为国家信访局起草了“《中华人民共和国信访法草案》及其专家意见稿”，并成功申报、立项 2014 年国家社科基金重大项目（第三批）研究、阐释党的十八届四中全会精神专项课题——“社会治理体制创新法制建设研究——以‘信访法’立法为重点”，北京信访局副局长张宗林为课题组子课题负责人之一，国家信访局副局长张恩玺亲自参加课题开题论证会。2015 年，在全国政协委员、中国法律史学会执行会长、南开大学法学院副院长侯欣一教授的大力支持下，在全国政协十二届三次会议上，侯教授正式提交了“关于提请全国人大启动《信访法》立法的建议”的议题，直接推动了信访立法工作。信访立法工作列入国务院 2016 年立法工作计划的预备项目，正按照立法程序，紧锣密鼓地进行。

五　信访立法的积极意义

统一《信访法》的制定，将对信访制度产生如下影响：

第一，统一的《信访法》的制定，可以凝聚关于信访制度法治化改革方向的共识，用法律的形式予以宣示和明确，杜绝信访制度过分政治化的倾向。

第二，《信访法》还可以在整体性共识的基础上，系统构建实在法，进而在制度的层面引导未来信访改革的讨论，防止“各说各话”情况的出现，最大限度地凝聚共识。

第三，既有信访制度设计的缺陷及其所引发的问题，可以通过统一《信访法》予以修补、改进，并将信访实践中一些好的做法纳入其中，完善、提升信访制度。

第四，制定统一的《信访法》，还可以消除中央和地方在信访立法方面的差异，防止中央和各级信访规范性文件中的不一致，甚至不合法的规定，为各级国家机关和信访群众表明信访制度改革的整体性共识，提供明确、权威的规范，指引其政策制定和行为选择。

六　信访法治化问题

当前信访立法的主要问题或困难，就是很多学者尤其是很多法学领域的专家都会有这样的疑问，信访是“人治”色彩很浓的一项制度，将其以法律的形式固定下来是否恰当，会不会加剧信访“人治化”的趋势？

的确，现行的信访制度有很多不合程序以及和既有法律制度相冲突的地方，但是同时也应当看到，信访制度中有很多好的内容，例如，信访是反映社情民意的晴雨表，信访可以起到权力监督的功能；公民通过信访在某种程度上可以实现我国司法救济有限性的问题，并在一定程度上实现宪法赋予公民诸多的权利。如果我们把中国目前的信访制度，看作一个公共产品的话，它既有“负的外部性”也有“正的外部性”，制定统一的《信访法》的过程就是将过去信访制度里带有“人治化”因素的“负的外部性”去除掉，将其所具有的“正的外部性”放大，把信访制度向法治化的轨道引导。所以，我们现在必须要凝聚制定统一的《信访法》这一最大的共识。

当然，信访立法、信访法治化也只是一个权宜之计，我们必须明确认识到信访制度改革是一个系统工程，涉及政治体制改革、司法独立、人大制度改革等多方面、多层次内容。我们认为，统一的《信访法》的制定并不意味着通过该法就能将信访的一切问题都可以彻底解决，相反，信访问题的最终解决还有赖于上述提到的其他配套性的改革抓紧稳步推进。

依法解决进京访难题的对策

刘旺洪*

进京非正常上访（以下简称“进京非访”）是当前我国社会治理中遇到的重大难题之一，是各级政府在协调社会关系、化解社会矛盾过程中遇到的重大挑战。进京非访导致我国维护社会和谐稳定的行政成本高昂，严重浪费国家行政资源，对各级地方政府的正常工作造成了严重困扰；严重削弱了《中华人民共和国信访条例》的法律权威，对我国正常信访法律秩序构成严重威胁。面对进京非访造成的巨大政治和行政压力，许多地方政府或者不惜代价，超越法律底线“花钱买平安”，以满足一些上访人的无理诉求，造成了新的社会不公；或者不惜采取过激手段，导致矛盾更进一步激化。因此，推进社会治理现代化，维护社会安全稳定，必须进一步运用法治思维和法治方式推进社会治理创新、提高化解社会矛盾和解决社会纠纷能力，深化信访体制机制改革，大力推进信访工作法治化，依法治理进京非访难题，依法维护公民合法信访权利，依法严厉惩处信访中的违法犯罪行为，坚决维护信访法制权威，维护信访法律秩序。

一　非访和进京非访的法律性质

非访是非正常上访的简称。迄今为止，非正常上访的概念并没有正式的政策和法律文件依据，据说，这是从医学上“非典型性肺炎”这一传染

* 刘旺洪，江苏省社会科学院副院长，南京师范大学教授、博士生导师。

性疾病名词转换而来的。2003年在国家信访局召开的有关全国信访工作会议上，有人借鉴当时公共卫生危机事件中医学上“非典型性肺炎”的名词，将违法违规上访行为称之为“非正常上访”。[①] 2005年，我国新的《信访条例》的颁布施行，为了进一步规范信访行为、依法依规处置信访中的违法信访行为，有些地方政府出台了相关文件，正式使用“非正常上访”这一概念。如2009年11月，根据深圳市委35次常委会议有关精神，深圳市中级人民法院、市检察院、市公安局、市司法局联合发布了《关于依法处理非正常上访行为的通知》（以下简称《通知》），开始对深圳市的信访秩序进行严格规范。在《通知》中，14种信访行为被认定为“非正常上访”，对其行为的法律后果也做了具体规定。关于进京非访的概念，国家层面没有相关的正式法律文件和政策文件加以明确规定，而有些地方文件做了相关规定。如2008年，湖南省高级人民法院、省检察院、公安厅联合发布了《关于依法处理在京非正常上访行为的意见》（湘公通〔2008〕53号），使用了“在京非正常上访”的概念；深圳市的《通知》规定的14种非正常上访行为中，第1项就规定了“到北京中南海、天安门、新华门、外国驻华使（领）馆等政治敏感地区上访的行为”，后来逐步定名为“进京非正常上访”。

关于非正常上访的概念内涵，一般是指信访人不到指定的场所和不按“逐级信访”程序的规定到有权处理信访事项的机关或组织提出诉求，而是采取蓄意的、过激的、相关法律法规明确限制或禁止的方式，以集访、闹访、缠访、越级访形态出现，影响党政机关办公秩序，损害社会治安秩序，恶化地区建设发展环境，妨害国家安全和公共安全等行为。按照《中华人民共和国信访条例》（2005年5月1日起施行）第18条、第20条的规定，进京非正常上访（到天安门广场、中南海周边、驻华使领馆区、中央领导人住地等非信访接待场所“上访”）的行为；围堵、冲击国家机关的行为；在重点地区、国家机关办公场所周围或其他公共场所非法聚集的行为；到非信访接待场所和机关走访的行为；五人以上集体走访不按规定推选代表的行为；在信访过程中侮辱、殴打、威胁国家机关工作人员，或者非法限制他人人身自由的行为；在信访接待场所滞留、滋事，或将生活不能自理

---

① 2015年8月，笔者率南京市信访局有关课题组成员到北京调研，在访谈中了解的情况。

的人弃留在信访接待场所的行为；煽动、串联、胁迫、以财物诱使、幕后操纵他人信访或者以信访为名借机敛财的行为；阻挠企事业单位工作、生产、营业、教学、科研活动的行为。[①] 有学者揭示了非正常上访七个方面的重要特征：一是上访时间长、次数多、出现职业化趋势；二是事由比较集中，集体访诉求所涉政策性问题较多，个体访无理诉求比例较大；三是群体性事件和集体访的组织性程度增强，个体访向群体化转变趋势明显；四是上访群众与地方党委、政府以及公安机关之间矛盾突出，上访人行为的对抗性明显增强，违法行为的暴力性有所升级；五是“告洋状”成为一个时期的突出上访现象；六是上访行为的合法性与上访行为的违法性相交织；七是一些上访者把上访作为敛财的一个渠道，甚至向信访责任主体，乃至党委政府敲诈。还有学者提出，要从行为界定、地点界定、诉求界定、程序界定、身份界定等五个方面，对非正常上访、正常上访予以界定、区分。[②]

纵观上述关于非正常上访和进京非正常上访的概念的来源、依据和概念内涵的界定，非正常上访是在特定时期产生的非规范、非正常、非法治的概念，是当时特定历史条件下的产物。非正常上访的法律性质是指违反国家信访条例及其他有关法律、法规、政策规定，不受法律保护，而应当依法予以取缔或者予以处罚的违法上访行为。进京非访是非正常上访的一种特殊形态，它是指违反《信访条例》、《集会游行示威法》、《治安管理处罚法》、《刑法》等法律法规和其他有关规定到北京进行上访的行为。因此，无论是非正常上访还是进京非访在法律上都属于违法上访，应当根据有关法律法规予以取缔或者处罚，构成犯罪的应当依法追究刑事责任。

二　进京非访的现状及其处置体制机制存在的问题

（一）进京非访的基本情况——以南京市为例

近年来，到底有多少人数、多少人次到北京上访，其中有多少属于进

① 参见“查字典”网站，“非正常上访”词条，http://www.chazidian.com/r_ci_18b762997f1f1a9c422cbe1a45a4b42f/，最后访问日期：2016 年 8 月 20 日。

② 王进忠：《解读非正常上访》，《辽宁警专学报》2009 年第 2 期。

京非访，并没有公开可引用的数据，本研究以南京市为例进行现状分析。2015 年，江苏省社会科学院接受南京市信访局委托，就“化解进京访和进京非访难题的思路和对策”课题进行了专题调研。从数据分析情况来看，多方面因素共同影响，2013 年南京市进京非访量创下历史峰值，非访 274 人中，非访 5 次以上为 121 人，5 次以下为 153 人。通过两年的有效治理，2014 年、2015 年进京非访人次呈现逐年回落的良好态势，但矛盾基数偏大，在全省所占比重偏高，影响了江苏在全国的排名。

从表 1 来看，近三年的变化趋势是进京非访总人次逐年下降，年度重复登记五次以上的老户数量有降幅，但是非访人数攀升，表明在积案化解难的同时，新发非访案件也在生成，非访形势依然严峻。

表 1　近三年南京市进京非访人数与人次统计

非访数量统计	2013 年	2014 年	2015 年
人数	274	418	443
人次	2806	1706	1565
5 次以上人数	121	119	96

从进京非访登记人数来看，2013 年为 162 人，2014 年为 201 人，2015 年 1 至 10 月为 227 人，三年实际进京非访登记总数为 590 人，呈逐年上升态势。分析对比情况：2014 年、2015 年两年登记人数总和与 2013 年相比，新增比例为 38%，2014 年登记人数与 2013 年相比新增 24%，2015 年登记人数与 2014 年相比新增 13%。从新增登记人数上访案件类型来看，2014 年、2015 年两年进京非访登记新发生情况为：城镇拆迁占比 52.4%；土地征用占比 18.4%；涉法涉诉占比 13.6%；其他占比 15.6%。这反映了南京市青奥会前场馆建设和城市基础设施在城镇拆迁和土地征用方面成为社会矛盾冲突的集中发生区域。

（二）进京非访处置体制机制存在的问题

当代中国进京非访原因是多方面的，从社会原因来说，是由于当代中国社会急剧转型，社会利益关系深入调整，各种社会矛盾冲突频发，群体性事件和突发事件的发生，在某些地区和领域矛盾纠纷高度集中，甚至在个别地方和领域还会激化，导致信访案件长期高发多发，部分信访人诉求难以得到满足，致使信访人累访、缠访、越级访、进京访，有的甚至发生暴力事件、自残事件。而进京非访问题长期难以得到解决，从体制机制的角度来看，则主要存在以下几个方面问题。

1. 信访制度和信访机构职能错位的问题

信访制度是依法保障人民群众向各级人民政府、县级以上人民政府工作部门反映情况，提出建议、意见或者投诉请求权利的法律制度；是中国特色的保障政务信息上下通畅、维护人民群众对国家权力民主监督和参政议政权利，保障合法诉求得到实现的法律制度；是我国正式民主监督制度和行政管理制度的重要补充。根据《信访条例》第6条第2款的规定，信访机构是信访事项受理、交办、转送、协调处理和督促检查的机构，而不是直接解决信访问题的机构。因此，从本质上说，信访制度不是替代国家其他纠纷解决制度而直接解决问题的制度，问题的解决还是要依靠国家相关正式法律制度和程序。但近年来，信访制度逐步脱离了法律功能定位，渐渐演化为代替政府及其职能部门直接解决信访问题的制度，信访机构也逐步代替其他政府职能部门成为直接解决信访问题的机构。信访制度和信访机构职能错位，使政府职能部门解决信访问题的相关责任转移到信访部门，信访工作部门压力日益加大，工作难点增多，很多问题难以得到相关部门全力支持。对此，全国人大代表、长沙市副市长何寄华指出："信访部门绝不是解决问题的部门，问题的解决还是在政府职能部门，可以转交、协助，但绝不是无所不能、大包大揽，否则就给老百姓一个误导，啥事都找信访局，那信访局就成了一个小国务院。国家信访局应该有所为、有所不为。国家信访局应该做什么？主要处理跨省跨部门的、重大的、多年的积案，其他就交给基层。"[①]

2. 混淆信访诉求的合法性、合理性与信访行为本身的合法性问题

长期以来，如何对待和正确处置进京非访问题引起广泛的讨论，有的主张应当对进京非访持宽容态度，有的主张严厉打击进京非访，有的主张应当依法处置进京非访问题等。在我们看来，进京非访问题之所以长期难以得到解决，其中一个重要原因就是许多进京非访人的信访诉求是有一定

① 《国家信访局长：不赞成严厉打击非正常上访》，http://xinwen.83133.com/doc/153808.html，最后访问日期：2016年8月20日。

道理的，许多非访事项与地方政府不依法行政，工作态度消极和工作方式简单粗暴，侵犯信访人的合法权益有关，因而是值得同情的。但是，处置进京非访问题，不能因为其诉求是有一定合理性、合法性，就对其信访行为本身的违法性予以放任，信访行为本身的违法性与其诉求的合理性、合法性不能混淆，必须要坚持依法处置非访中的违法犯罪行为，依法解决其诉求问题，满足其合理、合法的诉求。

3. *信访工作机制存在的问题*

目前进京非访问题造成地方政府压力和行政成本巨大，这也与信访工作机制不科学、不经济有很大关系。目前进京非访的工作机制主要有以下环节：一是地方政府对重点进京非访人员开展针对性工作，进行进京非访的防范和劝阻工作；二是进京非访人员在敏感时期和地点进行非访，由北京市公安部门用车送到丰台区马家楼和久敬庄两个国家信访局（中联办）服务接济中心进行统一登记；三是由国家信访局接济中心通知各地驻京办（驻京信访接待办公室）到马家楼或久敬庄接回当地处理；四是原来中联办定期给各地通报，现在尽管名义上已经取消通报，但实际上是直接通知各地主要领导，与各地政绩考核和信访绩效考核挂钩。这种机制的最大压力来自于上级部门的通报，这带来了以下几个方面的问题：第一，各地为了减少进京非访人数（人次）不得不采取各种形式阻止非访人进京，或者接回后采取措施尽力解决问题，有时不得不突破法律底线满足非访人的无理、非法诉求，“花钱买平安”。第二，大量地方接访人员长期驻京。在北京调研期间，我们了解到南京市“驻京办”有信访、公安等相关部门20多人长期驻京，并在敏感时间节点人数大幅增加，全国“两会”期间各地接访人数超过两会代表委员人数，“驻京办”在北京租房或购房作为办公和接访人员工作场所。第三，接人财政成本巨大。目前，我国没有任何一级政府公开过用于接待劝返进京非访人员的经费开支。在调研过程中，我们没有了解到南京市在劝返进京非访人员方面的财政支出情况，但在后来的全省法治建设调研过程中咨询了省辖市信访局的领导，据估算，接访一人次的进京非访人员的费用在15000元左右。[①] 假如按这一标准计算，仅非访劝返处

① 这一估算来自江苏某省辖市信访局领导，不一定准确。

置一项，各地财政支出数额不菲。近年来，一些网络媒体大肆炒作我国年度维稳经费预算超过军费，虽然与事实不符，但或多或少可以反映出一些问题。

4. 涉法涉诉信访的概念不科学

一般来说，所谓涉法涉诉信访，是指信访中有属于人民法院、人民检察院、公安部门和司法行政部门处理的信访案件，即属于涉法涉诉信访。近年来，中央高度重视涉法涉诉案件的依法处置。《信访条例》第十五条规定："信访人对各级人民代表大会以及县级以上各级人民代表大会常务委员会、人民法院、人民检察院职权范围内的信访事项，应当分别向有关的人民代表大会及其常务委员会、人民法院、人民检察院提出，并遵守本条例第十六条、第十七条、第十八条、第十九条、第二十条的规定。"2014 年中共中央办公厅、国务院办公厅印发了《关于依法处理涉法涉诉信访问题的意见》，并发出通知，要求各地区各部门切实加强协调配合，健全涉法涉诉信访工作机制，努力形成依法解决涉法涉诉信访问题的合力。而在我们看来，涉法涉诉信访这个概念是不科学的。第一，所有信访案件都涉及法律问题，都可以作为法律问题来对待，涉法信访这个提法不准确。第二，涉法涉诉信访中的"法"主要是指公检法司国家机关的信访案件，其中，公安机关和司法行政机关都属于国家行政机关，理应适用《信访条例》。因此，涉及国家政法机关的特殊情况，应当按照《信访条例》第十五条的规定；主要是涉及人民法院和人民检察院的信访案件，而其中又不应当包括涉及诉讼案件，根据中央和国务院的意见，涉诉案件要实现"诉访分离"，通过司法诉讼程序予以解决；所谓涉法信访应当主要是指检察院和法院工作人员的遵纪守法和廉洁性问题的信访案件，而与诉讼案件查处和审判活动无关，这类信访案件应当鼓励公民向纪律检察机关投诉或者控告，由纪检检察机关依法查处，信访机关不应受理。第三，涉诉信访更不应该存在，我国诉讼案件根据诉讼法的规定实行两审终审制，符合法定条件的可以依法启动再审程序，涉诉信访的存在使我国司法最终解决纠纷、维护社会公平正义、保障公民权益的"最后一道防线"失去了终决性，两审终审制度形同虚设，司法裁判的确定性不能得到切实维护，许多案件经过十多次乃至数十次审理当事人还不服判，甚至最高法院的终审判决都被不断信访，导致追求司法绝对公正的司法公正浪漫主义在社会上蔓延，“信访不信法”成为常态，长此以往如何提高司法的公信力和司法权威？

5. 信访终结终而不结

党的十八届三中全会《决定》指出：“把涉诉信访纳入法治轨道解决，建立涉法涉诉信访依法终结制度。”2014 年江苏省委、省政府办公厅印发的《关于加强和创新群众工作促进信访突出问题解决的意见》，确定了江苏涉法涉诉信访案件解决的总体工作思路；江苏省高级人民法院《关于推进涉诉信访工作法治化的实施意见（试行）》对推进依法终结涉诉信访工作进行了全面部署。在此基础上，江苏各级司法机关和信访部门先后依法终结了一批涉诉信访案件。但是，一些涉诉信访终结以后，当事人仍然不服，继续无理缠访、累访、越级访、进京访，试图使不合理、不合法的涉诉信访诉求得到满足，已经终结的信访案件起死回生，从而导致依法终结的上访案件无法终结，案结无法事了，涉诉信访终结“终而不结”，造成大量国家行政和司法资源浪费，影响社会安全稳定。

三　依法解决进京非访难题的思路和对策

解决非访和进京非访难题的总体思路是：以推进信访工作法治化为基本方向，以依法保障公民合法信访权利、依法规范公民信访行为、依法惩治违法信访行为、维护国家信访法律秩序为重点，以推进《中华人民共和国信访法》的制定和有效实施为抓手，深化信访制度改革，着力提高各级政府及其领导干部运用法治思维和法治方式创新社会治理、规范权力运行、协调社会关系、规范社会行为、化解社会矛盾、维护稳定的能力，着力推进进京非访问题的依法治理，将解决进京非访难题纳入法治化轨道，依法化解社会矛盾纠纷、维护社会和谐稳定，建设法治政府和法治社会。为此，建议尽快由全国人大常委会制定《中华人民共和国信访法》，并从以下几个方面深化信访体制机制改革，为依法解决进京非访难题提供坚实法律基础。全面实施信访法，依法解决信访工作问题，依法严厉惩处违法信访行为，维护信访法律尊严和权威，维护国家信访法律秩序。

（一）取消“非正常上访”和“进京非正常上访”概念，建立“违法上访”和“违法进京上访”概念

明确将非正常上访和进京非正常上访行为作为违法信访行为。凡是违反国家信访法律、法规和其他法律规定进行上访的行为为违法上访，违反国家信访法律、法规和其他法律规定到北京进行上访的行为都是违法信访行为；信访中的违法行为，不受法律保护，依法予以取缔；对违法信访中的违反治安处罚法、集会游行示威法等法律法规的行为依法予以惩处，实施犯罪行为的依据刑法追究刑事责任。将信访案件已经依法终结但仍然进行不断上访纳入违法信访范围。

（二）进一步明确信访制度和信访机构的法律性质和法律职能，明确信访机构的法定职责和职权

明确规定信访制度是人民群众参政议政和实施民主监督的国家民主政治制度的重要构成部分，是国家行政管理制度和纠纷解决制度的重要补充，是人民群众参政议政、民主监督和表达诉求的重要渠道，是人民群众监督政府权力公正合法行使的重要制度保障。明确做好信访工作是各级人民政府及其部门的重要职责，因为各级人民政府及其职能部门是解决信访问题，依法维护公民权利，保障信访人诉求得到解决的责任主体。明确国家信访部门是信访工作职能部门，是信访信息沟通，信访事项受理、交办和转送机构，是信访事项的协调处理和监督检查机构，而不是信访案件处理的责任主体。明确赋予信访部门对同级政府部门和下级政府的信访事项处理情况的监督检查和考核权力，并就考核情况定期向同级政府报告的职责；明确将信访部门对政府同级部门和下级政府履行信访案件处理情况作为领导班子和领导干部政绩考核重要依据；建立不能依法处置重大信访案件任务的一票否决制度。

（三）取消地方接访制度，实行违法行为地管辖制度

《信访条例》规定了信访工作的“属地管理”原则，这实际上规定的是合法信访案件处置的属地管辖原则，规定的是信访人和信访事项的属地管辖原则。而非访属于违法信访行为，不属于合法行为，进京非访的违法行

为地是北京市，越级访的违法行为地是省会城市或者省辖市政府所在地的市，实行违法行为地管辖制度。进京非访的违法行为地北京市公安部门依法对违法信访人进行管理，信访人在北京市未实施违法信访行为的，作为外地在北京流动人口管理；违法信访违反管理处罚法、集会游行示威法规定的，依据治安管理处罚法、集会游行示威法等有关规定予以处罚；对不听劝阻到法律法规规定的非法区域信访的，可以依法采取强制措施，包括强制驱散、强制带离现场、强制遣送等；对违法进京访，实施犯罪行为的，依据刑法追究刑事责任。

（四）切实取消进京非访通报制度，建立重大信访案件督办制度和信访案件办理督查制度

中联办、国家信访局取消对地方政府进京非访人数和人次的通报和直接向地方党政主要负责人通报的制度。同时，国家信访局、上级政府信访机构建立重大案件督查制度。明确规定重大信访案件的标准和条件，国家信访局可直接或者委托地方信访机构对重大信访案件的依法处置情况进行督办；建立国家信访局和地方各级信访机构信访办理和依法处置情况的定期督查制度，对下级政府及其部门信访案件的办理和依法处置情况进行督查，督查主要对督查对象（下级政府、同级政府部门）年度信访案件办理和依法处置的总体工作情况、典型信访案件的依法处置情况进行督查，形成督查报告，提出整改建议和要求，对典型案件依法处置不力、久拖不决，不能依法保障信访人合法权利的，列入下年度重点督办案件，对部门主要责任人和直接责任人提出给予行政处分的建议。

（五）取消涉法涉诉信访

1. 取消涉法信访

对人民检察院、人民法院工作人员违法违纪、贪污受贿行为，公民有权向同级或者上级党委纪检部门，上级或同级检察院、法院纪检监察部门举报、控告，不纳入信访范围。

2. 取消涉诉信访

对检察机关反贪侦查、批捕等行为不服的，依据有关法定程序检举控告，不纳入信访范围；对人民法院审理民事、行政、刑事裁决不服的，依

据二审终审原则有权提起上诉，对已经生效的裁判不服的，符合再审条件的申请再审；对已经经过再审仍然不服的，除了发现新的证据可能改变原裁判的以外，一律不得再审，当事人也不得进行信访。

（六）明确区分违法信访与信访诉求合法性和合理性，依法保障违法信访人合法权利，依法追究相关侵权人的法律责任

违法信访人的信访行为本身违反了国家法律法规，应当依法予以惩处。但是，这并不意味着他们的信访诉求本身就是不合理、不合法的。有些信访人之所以采取违法进京信访的方式表达诉求，恰恰就是由于其合法权益确实受到了地方政府部门违法行政的侵犯，而长期通过合法的方式、途径表达诉求却得不到地方政府部门的解决甚至回应，不得已采取激进手段和方式表达不满，维护权利。对此，各级信访部门和相关职能部门不能因为信访人信访行为的违法性而不依法满足信访人提出的合理合法的诉求，必须依法解决他们的合理合法的诉求，切实维护信访人的合法权益。为此，建议信访部门对违法信访人的权益保障和损失合理补偿问题进行专题督办，以使违法信访人心服口服，真正做到案结事了。

信访制度立法的困境与对策

吴英姿*

一 《信访条例》实施现状与信访立法难题

2005年国务院制定发布《信访条例》的目的，是要将信访工作进一步走上法制化、规范化轨道。但条例实施十年来的信访实践证明，信访法制化、规范化的目的并未能实现，突出表现为信访行为失范和诉访难分两个方面。

（一）信访失范表现在“非访”行为普遍存在、违法接访屡禁不止、信访程序“终结不终”、信访工作责任落实不到位等多个方面

在非访行为中，集体访、越级访、进京上访量居高不下，个别诱发群体性事件、自残事件。在信访考核排名通报机制压力下，信访工作中出现一些违规、违法甚至腐败问题。突出表现在对进京上访的处置上：第一，为减少信访人员进京上访，特别是在“非常时期”，信访工作会采取所谓“非常手段”杜绝进京访、非正常访行为的发生，比如专人陪吃陪喝陪玩的“全陪”。第二，“花钱买平安”，突破法律底线满足非访人的无理诉求。第三，大量地方接访人员长期驻京，信访工作成本巨大。第四，地方政府对上隐瞒信访信息、伪造信访数据、行贿消除进京访登记（即通常所称的

* 吴英姿，江苏紫金传媒智库“信访与社会矛盾研究中心”主任，南京大学法学院教授、博士生导师。

“销号”）等弄虚作假甚至腐败行为滋生。这些不仅损害着社会对政府的信任，而且有悖于法治建设的大方向。

（二）涉法涉诉信访持续高发

与行政诉讼、行政复议长期低迷形成鲜明对比，并直接影响到司法的正常运作，“信访不信法”情绪的弥散，严重削弱了司法公信力。2014 年 3 月，中共中央办公厅、国务院办公厅联合下发《关于依法处理涉法涉诉信访问题的意见》（以下简称《意见》），对涉法涉诉信访进行改革，目标是真正实现诉讼与信访分离。但调查表明，《意见》实施两年以来，诉访难分的局面没有得到明显改观。据江苏省高级人民法院、省人民检察院统计的数据，两年来受理的涉法涉诉信访数量明显增加，2015 年达到一个峰值。这可能与《意见》实施以后司法机关信访部门畅通信访渠道，释放了一批过去未获得受理的信访案件有关。但是，同期涉法涉诉当事人到党政部门信访的数量也是有增无减。据南京市信访局统计的数据，2014 年、2015 年受理涉法涉诉信访都接近 3000 件，超过全市信访总量的 7% 左右；2016 上半年 1824 件，占总量的 11.3%。当然，《意见》施行仅两年的时间，对于积重难返的涉法涉诉信访来说，要在这样短的时间内发生彻底的改变是不可能的。改革究竟能否走上良性发展轨道还有待进一步观察。但是，诉访依然难分是不争的事实。

（三）信访制度立法面临诸多困惑

不少人认为，信访制度实践中的困境在一定程度上是因为信访立法的缺失。1995 年制定，2015 年修订的《信访条例》虽然使信访活动“有法可依”，但它毕竟只是一部行政法规，并非经全国人大通过立法程序制定出来的法律。这种效力层级较低的立法状况，一方面使部分国家机关从事信访工作之权力来源无实证法支持；另一方面也与党和国家对信访工作的高度重视极不相符。另外，就相互协调性来说，《条例》效力仅及于行政机关，地方信访条例则及于地方人民代表大会等其他地方性国家机关，实践中经常会出现当事人权利因信访立法不统一、不协调而无法实现的问题。囿于《条例》法律效力层级低，内容规定不完整且缺乏可操作性等方面的原因，在新形势下已经不能适应信访活动的需要。如今信访立法已列入国务院2016年立法工作计划的预备项目。

但是，参与立法的学者注意到，信访立法面临诸多难题。首要的问题是：如何定义信访？既有的信访概念基本上是从信访活动的外观形态进行界定，角度既有信访的历史来源（控告检举），也有信访的现实状态（纠纷解决与权利救济），还有政治价值诉求（政府与民众关系）等。信访概念模糊导致观念上“信访是个筐，什么都往里装”，这也是现实中信访超大范围、超级负重的写照。其次，信访制度的基本原理与运作机理是什么。比如信访到底是什么性质的权利；信访往往是少数人的诉求，但这并不意味着这些诉求就不具有社会正义性，那么，如何处理公共决策与少数人诉求之间的关系；信访的正当性基础是什么；等等。有关学术因角度不同而有不同的问题意识，但远未能解决信访制度的基本原理问题，制度设计的指导思想不明确，立法缺乏理论支撑。最后，如何处理信访与法治的关系。信访在本质上是用行政权力处理具体问题，不可避免地带有“人治”色彩，将其以法律的形式固定下来是否恰当。会不会加剧信访“人治化”的趋势。肩负“维稳”政治使命的信访与法治建设是否可能融合？信访法治化是否可能实现。

上述问题关涉到信访制度的基本方面，在未能彻底厘清之前，信访立法的条件很难说是具备的。这表明，当下信访立法的时机并不成熟。

二　信访立法障碍的成因

任何制度的形成都是其所处的社会结构中诸因素综合作用的结果。近十年来，我国改革进入深水区，各种社会矛盾和冲突凸显，社会风险较大，迫切需要一个稳定和谐的环境保障改革的深入推进。2003年“非典”后，国家将维护社会稳定、构建和谐社会作为治理目标，加强了各级政府社会管控责任。在维稳压力下，各级政府都把信访当作解决纠纷、恢复稳定的重要手段。信访的社会治理功能得到前所未有的重视，信访结构扩张、功能泛化，广泛渗入行政管理、纠纷解决、权利救济、社会保障等各个政治制度领域；另一方面，信访机构普遍设立，党委、政府、人大、政协、法院、检察院、军队、武警、社会团体、国有企业事业单位等都设有信访机构承担信访职能，并按信访渠道处理权限范围内的信访事项。“大信访”格局下的社会治理结构已经形成一种“信访+”二元结构，其特点是：两种不同性质的治理手段和制度并存共生、交错运行。最为典型的是“信访-司法”二元结构。

从理论上讲，结构迥异的信访与司法不可能完全融合为一个稳定的结构。但是，因为正式法律制度的赋权加上政策推动，信访职能被植入司法机构，导致司法在处理具体纠纷时，经常与信访相互交错，客观上在同一个纠纷解决过程中可以同时发生信访和司法行为。在社会治理结构上则形成信访与司法并存的二元化结构特征。二元结构的特点是两种不同的结构交错并存、互相牵制，而不同的制度属性所遵循的不同运行逻辑和行动规则难免互相冲突。

（一）“信访+”二元治理结构有天然缺陷，是信访制度化程度低的直接原因

以信访-司法二元结构为例，信访在本质上是行政管理行为，而司法是通过法律的判断行为。前者遵循的是权力运行逻辑或政治逻辑，后者遵循的是法律逻辑；前者的目的是特定时期的社会治理目标（比如维护社会稳定），后者的目的是公正解决纠纷；等等。当二者交织为一体的时候，两套逻辑和规则的不兼容部分就会形成结构冲突，相互之间构成制度经济学上典型的“互替关系”，其结果往往是两种制度的零和博弈，双双陷入低效能状态。

（二）涉法涉诉信访改革存在路径依赖，难以从根本上实现诉访分离

从《意见》内容上看，其本质是针对涉法涉诉信访问题的解决，进一步细化《信访条例》的有关规定，试图通过受理机关、受理流程、处理方式和监督机制的法定化来实现信访法治化。但是，上述改革仍然是在政法一体的体制下进行，并未触及治理结构问题。换句话说，改革无意打破信访-司法二元结构，其重心是细化办事规则、强化贯彻落实。结果不过是既有信访制度的自我强化。从这个角度说，《意见》设定的改革框架的确存在路径依赖问题。表现为以下几个方面：第一，保留了信访与司法并行的格局。第二，沿用“谁主管，谁负责”的归口管理方式，突出政府主导地位。第三，沿用信访工作方式与制度逻辑。第四，仍然依赖行政权力解决问题。《意见》施行两年半以来的实践表明，涉法涉诉信访数量居高不下是不争的事实，当事人同时到司法机关和政府信访机构信访的双重行动逻辑并没有明显改变。这表明，至少到目前为止，涉法涉诉信访改革并没有改变将信访与诉讼交错并行的关系。按照这个逻辑，信访规则的细化、法定化只会加速信访－司法二元结构的锁定和自我强化。

（三）通过信访立法解决信访困境的有限性

将信访问题置于整体国家治理变迁的视角下来审视与考察就能发现，信访问题的根源不在于信访制度设计本身。信访困局本质上是国家治理转型困境的缩影。信访制度在现实的政治运作中承担了国家治理转型的代价而积重难返。从这个意义上讲，信访立法只是权宜之计。迄今为止信访制度改革之所以陷入瓶颈状态，与制度设计者和大多数执行者从信访“法制化”的意义上理解“法治化”有关。实际上，二者有本质区别。信访法制化的内涵很单纯，就是通过立法把信访行为规范变为有法律约束力的制度。而法治是治理上的概念，即“通过法律的治理”。因此，必须认识到信访制度改革是一个系统工程，涉及政治体制改革、司法独立、人大制度改革等多方面、多层次内容。《信访法》的制定并不意味可以一揽子解决信访的所有问题。换句话说，仅通立法将信访“法定化”的方式是无法实现信访法治化的，关键要进行治理结构改革。

三　彻底破除“信访＋”二元治理结构，构建“法治下的共治”新型治理架构

诉访难分的改革困境从一个角度说明，包裹在“信访＋”二元治理结构下的信访改革逃不掉顽固的制度惯性，制度逆向选择将会持续发生，改

革零收益的风险很大。只有彻底打破“信访+”二元治理结构，才能让信访制度获得“涅槃”的生机。党的十八届三中全会提出“国家治理”概念，并以实现“治理体系与治理能力现代化”作为改革的总目标，十八届四中全会则从“依法治国”的角度强调了“推进国家治理体系和治理能力现代化”的目标。这一重大决策，为信访困局的解决指明了方向，即信访问题的解决应放在“国家治理”和“依法治国”的框架下进行。党的十八届五中全会公报进一步提出了按照法治思维创新治理模式，构建“全民共建共享”的治理新格局的思路。

（一）信访功能的重新定位

信访功能定位应当跳出“维稳”的政策思维，理顺信访与核心政制的关系，从政治体制现代化的层面重新定位信访制度功能。现代政治体制的核心是法治，其重要指标是政治的制度化程度。政治制度化程度高的重要标志之一是不同制度分工明确且以立法形式固定下来。特定制度具有自身明确的制度目的与功能定位，可以与其他制度的目的做清晰的划分，具有其他制度不可替代的作用，该制度才有存在的必要和存续的基础。从社会认同的角度说，某种制度认同的形成首先取决于该制度与其他制度的识别度。如果信访与司法、行政、调解等其他制度共享纠纷解决的目的，制度边界不清、功能混同，不仅影响社会对信访的认知理解，也会破坏社会对法律、司法和政府的认同。中国特色的信访制度特有的、不能为其他解纷方式替代的价值，是其民意收集与传递的管道功能。但重新定位信访制度功能，不是简单回归该制度功能。信访的民意传递功能不能简单停留在“上传下达”的传声筒的作用，而应当进一步提升为公民政治参与的公共领域或民主对话沟通平台，服务于保障公共决策与立法的民主性、科学性。以全民共建共享为核心的“共治”，其本质是治理方式和决策过程的社会参与。信访如果能够发挥公民政治参与的公共领域或民主对话沟通平台的功能，那么就是理想的社会共治平台。

（二）收缩信访的解纷与救济功能

大幅收缩信访的解纷与救济功能，向行政 ADR（即替代诉讼的纠纷解决方式）转变，作为信访的辅助功能。以权利义务关系争议为内容的纠纷解决机制整体上趋向于程序性和专业性，而这些特征是信访不具备或不擅长的。从治理的逻辑出发，信访是通过利益诉求发现社会问题、促进决策调适、缓解社会矛盾的合适管道。在这个过程中附带地解决部分纠纷可以视为信访功能的延伸。在欧洲已经非常成熟的“行政监察专员”制度值得借鉴。

（三）信访体制改革暨机构调整

明确信访制度功能对信访体制改革奠定基础。信访体制改革的重点是信访机构调整与整合。应当改变信访机构隶属于地方政府的设置，避免“运动员－裁判员”合一的角色错位。取消司法机构和各职能部门的信访职能，整合信访机构，作为各级人民代表大会常务委员会的内设机构之一，发挥人大汇聚民意、反映民意、代表民意的制度功能。将信访职能转归人大，不仅为民主决策和民主立法提供了汇聚民意的直接管道，而且也契合人民代表履行监督一府两院的工作职责。这样有助于理顺信访工作机制，以加强系统性和协调性。在这个意义上，信访的另外一个附属功能是监督，即通过人大代表监督一府两院工作。

（四）信访工作机制创新

改革信访工作机制，由“受理－转处”改为“分流－对话”；引入第三方力量，提高信访公信力。社会组织参与信访矛盾化解难题则是信访制度改革的内生需求。在社会转型过程中，面对社会矛盾多发、多元利益冲突、结构性矛盾解决难度大等问题，客观上需要社会组织发挥独特的作用。而社会组织的非官方、非营利和专业性强的特点，有助于消除信访人对信访工作的不信任，更有助于提高信访事项处理的质量与效果。从这个意义上看，社会组织作为社会中的一种重要力量，可以发挥联系政府与公民的桥梁和纽带作用，能促进实现民众与政府的沟通对话。南京市信访局探索第三方力量介入化解突出信访事件的成功经验是很好的尝试。

四　结论

信访法治化的根本出路在于治理结构转型。当前制定《信访法》的时机尚不成熟，立法层次依然停留在国务院条例，难以跳出路径依赖。建议不要操之过急，当前应当将改革的重点放在信访功能的调整上。待信访体制与工作机制逐步理顺，立法条件具备后，再由全国人大启动立法程序。

进一步加强和完善信访制度的政策建议*

童　星　张海波**

认识不全面导致目标偏离，组织设计缺陷消解中央权威，考核制度弊端激化社会矛盾，“信访不信法”影响司法权威；提出应从正面看待信访和信访工作，转变信访部门职能，优化信访组织结构，完善信访考核机制，建立疑难信访事项专案制度，多方式拓宽信访渠道，进一步强化信访制度化解社会矛盾的能力。

信访制度是党和政府与群众沟通的桥梁，在不同的历史阶段，为密切党和政府与群众的关系、服务改革开放大局、化解社会矛盾等方面都发挥了重要作用。然而，当前信访制度在运行中也存在一些突出问题，亟待重视和解决。

一　当前信访制度运行的突出问题

1. 对信访制度的认识不全面，过于强调信访的“维稳”功能，导致信访制度目标偏离

信访是我党首创的群众工作方法，随着时代的发展，信访的功能也在

* 本文为南京大学童星教授、张海波教授完成的国家社科基金项目阶段性成果。

** 童星，南京大学政府管理学院教授、博士生导师；张海波，南京大学政府管理学院教授、博士生导师，南京大学社会风险与公共危机管理研究中心研究员。

扩展，现已成为群众表达权利诉求、监督党和政府工作、进行政治参与的重要制度。然而，一些地方政府认为上访特别是集体上访就是少数人“闹事”，对上访当事人的诉求回应不够，忽视了信访制度的政治整合功能；片面追求信访总量的下降，将精力花在如何防堵群众上访，却不注重从源头化解社会矛盾；或过于依赖“花钱买平安”的“摆平”方式，处置上访事件政治原则性差，主观随意性大。在社会矛盾总量居高不下甚至有所增加的情况下，上述认识和作为增加了发生极端社会行为和群体性事件的风险，削弱了党和政府对弱势群众的凝聚力。国家信访局统计数据显示，我国信访总量自 2005 年以来呈现下降趋势，2009 年同比下降 2.7%，连续 5 年保持下降态势，2010 年首次降到 1000 万件以下；但与此同时，群体性事件不断增多，2005 年为 7.4 万起，2006～2009 年每年约 9 万起，2010 年超过 10 万起。2011 年 12 月，发生在广东陆丰的“乌坎事件”就是村民多次集体上访无果后，才自己组织起来抗争。

2. 信访组织体系设计有缺陷，普遍职权小、效率低，且体系内部权力过分向上集中，容易诱发“集体上访”、“越级上访”、“进京上访”，消解中央权威，影响群众对信访制度的信任

信访部门往往只是办理接待和层层批转，面对众多案件，职权小、人手少，办事效率不高，导致很多上访当事人往返奔波而问题难以解决，迫使他们以“抱团”方式“集体上访”，以求获得重视、尽快解决问题。2011 年 6 月，发生在广东潮州古巷的群体性事件中，农民工就是通过同乡会“抱团”维权。信访部门内部越往上权力越大，解决问题能力越强，各地和基层信访部门也将解决国家和上级信访部门的批转事项作为关键任务来办，容易诱发“越级上访”、“进京上访”。最高人民法院来访接待登记显示，2009 年涉诉进京信访总量为 6.7 万余人次，同比上升 24.8%，其中越级上访占 47%。国土资源部的统计显示，2011 年第一季度，因农村问题集体进京上访 179 批、1744 人次，同比分别增加 22.6%、27.3%。“进京上访”数量攀升，最终还要层层批转到地方信访部门解决，周期长、效率低，消解中央权威。此外，各级党委、人大、政府及有关部门都设置了信访机构或具有信访职能，致使同一事项反复出现在多个信访部门，而不同部门给出的答复和解决方案又往往不尽相同，从而增添矛盾、出现误导；同一信访事项出现在多个部门

还导致案件重复计算和信访部门人员重复劳动，加剧案件积压，影响群众对信访制度的信任。

3. 信访考核制度存在“异化”现象，“维稳”变成“稳控”，甚至出现侵害上访当事人人身安全的问题

由于信访排名考核、“零越级上访”等规定，一些地方政府迫于考核和问责压力，加上对“零上访”存在错误理解，出现人盯人、拦访、截访、陪访、办“学习班”等阻扰上访方式，试图减少和消除“越级上访”和“进京上访”。例如，北京安元鼎保安公司参与截访，湖北信访学习班限制上访者人身自由等。这些行为无疑会将“维稳”异化为“稳控”，不仅不利于从源头上预防和化解社会矛盾，还会导致社会矛盾进一步积累和激化。

4. “信访不信法”影响司法权威

我国法律对证据及取证方式、起诉时限、诉讼费用等均有较严格的要求，而信访门槛低，加上有些司法判决不公正，老百姓有了诉求和冤屈，倾向于首选信访。然而，由于信访机构缺乏独立解决问题的权限和能力，信访事项的解决往往依赖于领导特别是主要领导的批示和干预，而部分领导处理问题时往往考虑“控制局势、维护稳定”的宏观需要，疏于对问题本身的细节考虑，这就导致上访收益与上访人“闹”的程度紧密相关，“大闹大解决、小闹小解决”，甚至出现信访推翻司法判决的情况，从而损害了法律的权威。

二　加强和完善信访制度的政策建议

1. 全面看待信访和信访工作，从“维稳”转向“维权”，通过维护群众合法权益来实现社会和谐稳定

首先，上访表明群众对党和政府信任，各级党委政府及信访部门应当欢迎、支持，尊重上访群众的人格和尊严，增强党和政府对上访群众的凝聚力。其次，不能仅看到信访者所携带的负面信息而对其诉求予以压制，应更多看到信访者携带的正面信息，包括对党委政府工作的批评建议、对社会矛盾的客观反映以及群众的合理诉求应及时回应，着力化解。最后，

即使部分来访者有一些不正确的意见和不合理的诉求，也应本着“有则改之，无则加勉”和“以理服人、以情感人”的原则予以对待。有关部门不能为“维稳”而“维稳”，应主动为群众维权，以维权求“维稳”。

2. 推行主要领导“接访”和人大代表“下访”相结合的制度，提高信访制度化解社会矛盾的效率

一方面，构建各级党政及有关部门主要领导接访的长效机制，建立和完善主要领导接访的包案、跟踪、反馈与评估制度，规范接访工作流程，并建立联席会议机制，对具有共性的问题统一协调处理，并将主要领导接访工作成效与政绩考核挂钩；另一方面，构建人大代表下访制度的长效机制，选聘部分人大代表担任信访专员，保障其调研经费，鼓励其深入社区、企业、学校等基层，排查社会矛盾，代理群众提出合理诉求。

3. 构建“椭圆型”信访部门结构，中央一级重点从政策层面预防和化解社会矛盾，省、市两级着重加强机构建设和解决问题的能力，县（区）和乡镇两级则逐步弱化信访职能

首先，中央信访部门的功能定位应是把握宏观，制定规划和政策，注重从政策层面解决问题，一般不直接受理和解决信访个案，从而缓解“进京上访”压力。其次，省、市两级信访机构的功能定位应确定为“解决问题而非往下批转”。省市信访部门对当地情况较为熟悉，且一般不会是信访事项的直接利益涉及者，有利于客观公正地解决问题。为此，应在机构设置、人力资源配备、工作权限授予、行政经费拨付等方面予以倾斜。最后，弱化乃至逐步取消县（区）和乡镇信访机构，既可避免其同时扮演“信访事件制造者”和“信访事件解决者”双重角色的尴尬局面，也可抑制上级信访部门往下批转信访事项的行为。此外，应淡化或免除就“越级上访”对下级部门的处罚，避免一些地方为规避处罚而侵害越级上访者的情况发生。

4. 完善信访工作考核机制，将信访登记的惩罚机制转化为信访结案的奖励机制

应取消对信访登记的惩罚制度和“零上访”的考核目标，建立信访结案的奖励机制，以信访结案率为主要考核指标。在信访系统内部，倡导关注并提升信访总量与群体性事件的比例、来信量与来访量的比例、个人上

访与集体上访的比例。鼓励街道、社区代理群众维权，主动向上反映群众的合理诉求。在经济较发达的地区，逐步取消街道一级的 GDP 考核机制，将街道工作重心转向社会管理和公共服务。

5. 建立疑难信访事项专案制度，引入第三方裁决和公示机制，加大对疑难信访问题的化解力度

一是建立专案制度，对于牵涉面广、时间跨度长、久拖未决的疑难信访事项，一案一例解决。二是形成矛盾双方之外的第三方裁决机制，依托具有广泛社会声望的专家学者、贤达人士等建立疑难信访事项咨询专家库，加大对疑难信访问题的化解力度。三是加大政府购买服务力度，引入专业社会服务化解疑难信访事项。四是建立公示制度，对疑难信访事项的化解过程和化解结果进行公开，发挥社会公众的监督与评议作用。

6. 增强信访部门能力，整合信访资源，建立信访事项信息共享和沟通机制

赋予信访部门一定的协调权、调查权、质询权、督办权、干部考核奖惩建议权，增强其督办能力，提升其在重大政策决策和建设项目社会稳定风险评估中的话语权，及时将信访接待与办理中发现的各类共性问题反馈于决策、政策制定和执行中。在党委、人大、政府、法院、检察院及有关部门之间，建立各级各类信访信息共享机制，建设信访事项信息互通平台；确定同一信访事项的包案、转案机制，避免同一信访事项在不同机构重复出现，减少重复工作和信访事项积累。

7. 广开信访渠道，推行网络信访、“阳光信访”，提升信访制度对社会矛盾的容纳能力

充分利用博客、微博、视频等网络平台，确保网络信访的响应速度和解决力度，增强网络信访对上访人的吸引力度，减少信访事项的中间环节，使上访当事人能够直接与职能部门沟通交流，减轻上访人的经济压力、精神压力和时间成本，增加信访制度对各类人群的适用程度。

8. 拓宽司法和调解渠道，分流社会矛盾

一是完善法律援助中心体系，引导适用于司法渠道的诉求通过法律援助中心进行代理。对于涉法信访，通过法律援助中心在司法系统内解决，避免信访对司法的干扰。对于无理的“缠访”、“闹访”和“职业上访”，

应通过法律程序予以终结，上传各级各类信访机构信息平台，适宜公开的还要向社会公示。二是引导适用于调解渠道的诉求通过人民调解和大调解制度解决。三是完善信访、司法和调解对接互补机制，使信访制度重点协调政府部门与群众之间的矛盾冲突。

参考文献

北京市《信访简报》1967年第4期，档号182-1-90，北京市档案馆。
薄钢主编《信访学概论》，中国民主法制出版社，2012。
蔡禾：《利益诉求与社会管理》，《广东社会科学》2012年第1期。
陈柏峰：《缠讼、信访与新中国法律传统——法律转型时期的缠讼问题》，《中外法学》2004年第2期。
陈柏峰：《农民上访的分类治理》，《政治学研究》2012年第1期。
陈成文、朱颖：《论加强社会工作与创新社会管理体制》，《社会工作》（学术版）2011年第6期。
陈广胜：《将信访纳入法治的轨道——转型期信访制度改革的路径选择》，《浙江社会科学》2005年第4期。
陈洪涛：《为什么要用“社会组织”》，《中国非营利评论》2008年第1期。
陈小君：《国际视野下中国信访制度的功能回归》，《信访与社会矛盾问题研究》2013年第2期。
陈振明、李德国、蔡晶晶：《政府社会管理职能的概念辨析——〈“政府社会管理”课题的研究报告〉之一》，《东南学术》2005年第4期。
刁杰成：《人民信访史略》，北京经济学院出版社，1997。
丁元竹：《中国社会管理的理论建构》，《学术月刊》2008年第2期。
董海军：《依势博弈：基层社会维权行为的新解释框架》，《社会》2010年第5期。
范静：《健全工作机制，妥善处理涉检信访案件》，《法制与社会》2011年第30期。

范明林：《信访社会工作：社会管理创新的一种尝试》，《中国社会工作》2012年第10期。
范愉：《申诉机制的救济功能与信访制度改革》，《中国法学》2014年第4期。
冯仕政：《国家政权建设与新中国信访制度的形成及演变》，《社会学研究》2012年第4期。
冯仕政：《社会冲突、国家治理与“群体性事件”概念的演生》，《社会学研究》2015年第5期。
干庆文、张延茜、董锐等：《创新信访维稳机制　构建基层政府“安全阀”：以成都市成华区的信访维稳工作实践探索为实证分析》，《成都行政学院学报》2012年第4期。
《各地各级人民政府应更加重视人民来信来访》，《人民日报》1953年1月19日，第1版。
管亚东、王冠：《深圳社工“勇闯”社会管理最前线》，《中国社会工作》2011年第29期。
何增科：《论改革完善我国社会管理体制的必要性和意义》，《毛泽东邓小平理论研究》2007年第8期。
《河北省交河县开展人民来信来访工作的几点经验》，《湖南政报》1960年第7期。
胡荣：《农民上访与政治信任的流失》，《社会学研究》2007年第3期。
黄超龙：《对基层安全生产管理的思考》，《特区实践与理论》2012年第6期。
黄俊会、石立春：《政府公共危机应急能力评价体系的尝试性构建》，《成都大学学报》（社会科学版）2011年第4期。
蒋冰晶、黄鹏：《信访矛盾化解中推进社会管理创新》，《法制与经济》（下旬刊）2012年第4期。
靳江好、王郅强：《构建和谐社会进程中的社会矛盾调解机制》，《中国行政管理》2006年第12期。
景云祥：《彰显信访作用构建和谐社会》，《行政与法》2006年第4期。
李栋：《信访制度改革与统一〈信访法〉的制定》，《法学》2014年第12期。
李连江、欧博文：《当代中国农民的依法抗争》，载吴国光主编《九七效应》，太平洋世纪研究所，1997。

李慕洁编著《应用信访学》，华龄出版社，1991。
李秋学：《中国信访史论》，中国社会科学出版社，2009。
梁振培：《浅析乡镇（街道）综治信访维稳中心的建设》，《法制与经济》（上旬刊）2011 年第 2 期。
林华：《信访性质的溯源性追问》，《中国政法大学学报》2011 年第 6 期。
林喆：《信访制度的功能、属性及其发展趋势》，《中共中央党校学报》2009 年第 1 期。
刘静林：《广州家庭综合服务中心项目实施中的“三大网络”》，《中国社会工作》2011 年第 34 期。
刘丽芳、房倩：《论信访制度的行政救济功能》，《法制与社会》2008 年第 19 期。
刘平：《单位制的演变与信访制度改革——以信访制度改革的 S 市经验为例》，《人文杂志》2011 年第 6 期。
刘正强：《信访的“容量”分析——理解中国信访治理及其限度的一种思路》，《开放时代》2014 年第 1 期。
刘中起、风笑天：《走向多元治理化解：新形势下社会矛盾化解机制的新探索》，《福建论坛》（人文社会科学版）2010 年第 1 期。
吕增奎：《执政的转型：海外学者论中国共产党的建设》，中央编译出版社，2011。
马斌：《探寻信访与法治的可能路径》，《电子科技大学学报》（社会科学版）2006 年第 4 期。
饶静、叶敬忠、谭思：《“要挟型上访”——底层政治逻辑下的农民上访分析框架》，《中国农村观察》2011 年第 3 期。
《山西省人民政府关于加强处理群众来信、来访工作的指示》，《山西政报》1953 年第 8 期。
《陕西省人民政府关于省级政府各机关处理群众来信和接见群众来访暂行办法》，《陕西政报》1953 年第 10 期。
申端锋：《乡村治权与分类治理：农民上访研究的范式转换》，《开放时代》2010 年第 6 期。
施美萍：《论和谐社会视野下弱势群体利益诉求机制的构建》，《行政与法》

2009 年第 9 期。
石发勇:《业主委员会、准派系政治与基层治理——以一个上海街区为例》,《社会学研究》2010 年第 3 期。
宋宝安、贾玉娇:《社会管理策略的转型: 从现代化到可持续生计》,《理论文萃》2009 年第 4 期。
《天津市 1960 年信访工作总结(摘要)》,《天津政报》1961 年第 14 期。
田秉锷主编《中国信访学论纲》,江苏人民出版社,2010。
田先红:《从维权到谋利——农民上访行为逻辑变迁的一个解释框架》,《开放时代》2010 年第 6 期。
田先红:《治理基层中国: 桥镇信访博弈的叙事(1995 – 2009)》,社会科学文献出版社,2012。
童之伟:《信访体制在中国宪法框架中的合理定位》,《现代法学》2011 年第 1 期。
王川兰:《重新理解社会管理——基于社会政策与社会组织的视角》,《探索与争鸣》2011 年第 2 期。
王凯主编《信访制度与国外相关制度分析研究》,中国民主法制出版社,2013。
王浦劬、龚宏龄:《行政信访影响公共政策的作用机制分析》,《中国行政管理》2012 年第 7 期。
王绍光、胡鞍钢、丁元竹:《最严重的警告: 经济繁荣背后的社会不稳定》,《战略与管理》2002 年第 3 期。
王思斌:《回归对社会工作职能的恰适定位》,《中国社会工作》2013 年第 1 期。
王显堂、陈鸿滨主编《信访学概论》,辽宁大学出版社,1987。
王学军主编《学习贯彻中共中央国务院关于进一步加强新时期信访工作的意见百题解读》,人民出版社,2008。
翁波、万伟岭:《建立“大信访”机制推进社会矛盾化解工作的实践与思考》,《中国检察官》2010 年第 13 期。
吴长青:《从“策略”到“伦理”对“依法抗争”的批评性讨论》,《社会》2010 年第 2 期。
吴超:《新中国六十年信访制度的历史考察》,《中共党史研究》2009 年第

11 期。
吴超：《新中国信访制度的创建和发展（1949－1957）》，《党的文献》2012 年第 4 期。
吴超：《信访制度的阶段性特征》，《重庆社会科学》2015 年第 10 期。
吴超：《中国当代信访史基本问题探讨》，《当代中国史研究》2011 年第 1 期。
吴晓林、陈潭：《信访听证的治理逻辑》，《决策》2012 年第 7 期。
吴毅：《“权力－利益的结构之网”与农民群体性利益的表达困境：对一起石场纠纷案例的分析》，《社会学研究》2007 年第 5 期。
夏周青：《社会管理中的信访工作法制化建设和制度化创新》，《行政与法》2012 年第 3 期。
肖唐镖：《信访政治的变迁及其改革》，《经济社会体制比较》2014 年第 1 期。
许楠、谢旻：《涉法涉诉信访处理机制研究》，《法制与社会》2010 年第 20 期。
颜如春：《完善信访制度研究》，《行政论坛》2011 年第 2 期。
尹利民：《“表演型上访”：作为弱者的上访人的“武器”》，《南昌大学学报》（人文社会科学版）2012 年第 1 期。
尹利民：《地方的信访与治理——中国地方信访问题调查与研究》，人民出版社，2015。
应星：《“气”与抗争政治：当代中国乡村社会稳定问题研究》，社会科学文献出版社，2011。
应星：《“气场”与群体性事件的发生机制——两个个案的比较》，《社会学研究》2009 年第 6 期。
应星：《草根动员与农民群体利益的表达机制——四个个案的比较研究》，《社会学研究》2007 年第 2 期。
应星：《大河移民上访的故事》，三联书店，2001。
应星：《“气”与中国乡村集体行动的再生》，《开放时代》2007 年第 6 期。
应星：《作为特殊行政救济的信访救济》，《法学研究》2004 年第 3 期。
于建嵘：《当前农民维权活动的一个解释框架》，《社会学研究》2004 年第 2 期。
于建嵘：《对信访制度改革争论的反思》，《中国党政干部论坛》2005 年第 5 期。

于建嵘：《中国信访制度批判》，《中国改革》2005年第2期。
俞桂海：《解决当前信访突出问题的政府策略调整》，《行政与法》2006年第9期。
俞可平：《中国公民社会：概念、分类与制度环境》，《中国社会科学》2006年第1期。
张成良编著《信访工作》，高等教育出版社，1988。
张海波、童星：《社会管理创新与信访制度改革》，《天津社会科学》2012年第3期。
张红、李栋：《中国信访制度：困境与变革》，《华中科技大学学报》（哲学社会科学版）2012年第6期。
张力：《公安涉法涉诉信访工作的探索与思考》，《公安学刊－浙江警察学院学报》2013年第1期。
张明锁、杜晓楠：《社会管理视角下的民众诉求渠道疏导机制探析——以“万警进社区”和“义马模式”为例》，《社会工作》2012年第16期。
张炜：《基层“和谐使者”——信访中社会稳定的基石》，《西南政法大学学报》2008年第3期。
张修成：《1978年以来信访工作研究——以山东威海为个案》，博士学位论文，中共中央党校，2007。
张娅：《信访与社会管理的关系探微》，《党政干部论坛》2012年第6期。
张永和、张炜：《临潼信访——中国基层信访问题研究报告》，人民出版社，2009。
张永和、赵树坤：《常县涉诉信访：中国基层法院涉诉信访研究报告》，人民出版社，2013。
张宗林：《对我国社会建设中信访工作的探讨》，《北京工业大学学报》（社会科学版）2011年第3期。
赵凌：《信访改革引发争议》，《南方周末》2004年11月18日。
赵晓力：《信访的制度逻辑》，《二十一世纪》（香港）2005年6月号。
中共中央文献研究室编《建国以来重要文献选编》（第二册），中央文献出版社，1997。
《中共中央转发〈关于加强信访工作和维护首都治安的报告〉的批示（摘

录)》，载金志良、孙伟汉、李发云主编《信访工作实用手册》，黑龙江人民出版社，1991。

《中国共产党山西省委员会关于加强处理人民来信、接见人民来访工作的决定》，《山西政报》1953年第7期。

中国行政管理学会信访分会编著《信访学概论》，方正出版社，2005。

中共中央办公厅信访局、国务院办公厅信访局编著《信访学概论》，华夏出版社，1991。

钟亿雄：《基层检察院开展涉检信访工作调研》，《法制与经济》（中旬刊）2010年第12期。

周海生：《江苏创新社会管理的实践及新的探索方向——以淮安市为例》，《中共南京市委党校学报》2012年第5期。

周红云，《中国社会组织管理体制改革：基于治理与善治的视角》，《马克思主义与现实》2010年第5期。

周永坤：《信访潮与中国纠纷机制的路径选择》，《暨南学报》（哲学社会科学版）2006年第1期。

Cai, Yongshun, "Power Structure and Regime Resilience: Contentious Politics in China," *British Journal of Political Science*, 2008 (38): 411 –432.

Chen, Xi, *Social Protest and Contentious Authoritarianism in China*. New York: Cambridge University Press, 2012.

Dimitrov, Martin K, *Why Communism Did Not Collapse: Understanding Authoritarian Regime Resilience in Asia and Europe*. New York: Cambridge University Press, 2013.

Heilmann, Sebastian and Elizabeth J. Perry, *Mao's Invisible Hand: The Political Foundations of Adaptive Governance in China*. Cambridge, Mass.; London: Harvard University Press, 2011.

Huntington, Samuel P., *Political Order in Changing Societies*. New Haven; London: Yale University Press, 1968.

Li, Lianjiang, and Kevin J. O'Brien, "Villagers and Popular Resistance in Contemporary China," *Modern China*, 1996, 22 (1): 28 –61.

Michelson, Ethan, "Climbing the Dispute Pagoda: Grievances and Appeals to the

Official Justice System in Rural China," *American Sociological Review*, 2007 (72): 459 - 485.

Michelson, Ethan, "Justice from above or Below? Popular Strategies for Resolving Grievances in Rural China," *The China Quarterly*, 2008 (193): 43 - 64.

Minzner, Carl F., "Xinfang: An Alternative to Formal Chinese Legal Institutions," *Stanford Journal of International Law*, 2006 (42): 103 - 179.

O'Brien, Kevin J., and Lianjiang Li, "The Politics of Lodging Complaints in Rural China," *The China Quarterly*, 1995, 143: 756 - 83.

O'Brien, Kevin J. and Lianjiang Li, *Rightful Resistance in Rural China*. Cambridge: Cambridge University Press, 2006.

O'Brien, Kevin J., "Rightful Resistance," *World Politics*, 1996, 49 (1): 31 - 55.

Qiang Fang, A Hot Potato: The Chinese Complaint Systems from Early Times to the Present (unpublished dissertation, University of Buffalo, 2006.)

Su, Yang and Xin He, "Street as Courtroom: State Accommodation of Labor Protest in South China," *Law & Society Review*, 2010 (44): 157 - 184.

图书在版编目(CIP)数据

服务为本的国家治理 / 孔祥勇主编. -- 北京 : 社会科学文献出版社, 2018.5 (2019.12 重印)
(民生智库丛书)
ISBN 978 - 7 - 5201 - 1983 - 2

Ⅰ. ①服… Ⅱ. ①孔… Ⅲ. ①信访工作 - 研究 - 南京 Ⅳ. ①D632.8

中国版本图书馆 CIP 数据核字(2017)第 315694 号

民生智库丛书
服务为本的国家治理

主　　编 / 孔祥勇

出 版 人 / 谢寿光
项目统筹 / 谢蕊芬
责任编辑 / 陈之曦　佟英磊

出　　版 / 社会科学文献出版社 · 群学出版分社 (010) 59366453
地址: 北京市北三环中路甲 29 号院华龙大厦　邮编: 100029
网址: www.ssap.com.cn
发　　行 / 市场营销中心 (010) 59367081　59367083
印　　装 / 北京盛通印刷股份有限公司

规　　格 / 开 本: 787mm × 1092mm　1/16
印 张: 17.25　字 数: 271 千字
版　　次 / 2018 年 5 月第 1 版　2019 年 12 月第 2 次印刷
书　　号 / ISBN 978 - 7 - 5201 - 1983 - 2
定　　价 / 79.00 元

本书如有印装质量问题, 请与读者服务中心 (010 - 59367028) 联系